KB141477

요즘 10대

요즘 10대

부모는 죽었다 깨어나도 모를
10대의 성과 사랑

• 정승호 지음 •

도서출판

좁쌀한알

차례

일러두기

이 책은 희곡의 형식을 빌렸지만, 희곡은 아니다. 또한 아빠와 딸의 대화 형식이지만, 현실 속 아빠와 딸의 대화는 아니다. 보수와 진보의 토론이라고 보는 것이 더 정확하다. 통상 토론은 딱딱하고 재미없다. 그래서인지 TV 토론 프로그램의 시청률은 바닥을 긴다. 하여 쉽고 흥미롭게 토론을 전달하고 싶어, 부러 희곡 형식을 차용했다. 형식은 픽션이지만, 내용은 논픽션이다.

책에는 10대의 주장치고 지나치게 전문적인 대목이 다수 있다. 이는 10대가 아닌 불특정 진보주의자의 관점을 투영한 것이다. 아빠의 주장역시 마찬가지다. 보수의 입장을 변론하고 있다. 보수와 진보의 불꽃 튀는 토론을 관전하듯 책을 읽었으면 한다.
"실제로 일반적인 아빠와 딸이 이런 대화를 할 수 있는가?"라는 질문의답은 당연히 "아니오"이다. 가망 없는 바람인 줄 모르겠으나, 현실에서도아빠와 딸이 자연스럽게 '대화'라는 것을 하는 가족이 많아졌으면 좋겠다. 가족 간 침묵은 가정을 파괴한다.

딸의 주장을 통해 10대의 간절한 심정을 대변하고자 했다. 10대를 하나의 인격체로 존중하지 않는 억압적인 한국 사회와 기성세대를 볼 수 있을 것이다. 역시나 아빠의 주장 속에서 기성세대의 관점과 욕망을 발견할 수 있다. 한국에서는 보수 부모든 진보 부모든, 자기 10대 자녀의 자유로운 성관계를 너그럽게 받아들이는 부모는 드물다.

'형식은 가상이지만, 내용은 현실이다.'

등장인물

김창호(아빠)

50대 직장인. 베이비붐세대의 막내급 또는 86세대. 두 딸의 아빠. 자녀와의 소통을 위해 많은 노력을 기울이지만, 뜻대로 잘 되지 않는다. 젊었을 때는 의협심도 강했고, 솔선수범하는 사람이었다. 나이가 들면서 점차 현실과 타협하며 살고 있다. 맹렬한 사내정치와 사회생활(?) 덕분에 회사에서 임원 타이틀을 달았다. 요즘 밀레니얼-Z세대의 언행에 불만이 참 많다. 스스로는 꼰대라고 전혀 생각하지 않는다.

김정인해 (작은딸)

19세 청소년. Z세대. 지적 욕구와 호기심이 누구보다 강한 고3. 무척 똑똑하고 말을 잘한다. 성격이 까칠하고 직설적이다. 학교 내에서는 '시사자켓'이라는 사회과학 및 시사 동아리를 만들어서 회장으로 활동하고 있다. 학교 밖에서는 '청소년 인권 모임'에 활발히 참여하고 있다. 아빠의 성(姓)을 물려받는 것은 가부장적인 사회를 강화하는 것이라며, 엄마의 성인 정씨로 개성(改姓)하고자 했다. 하지만 법원의 거부로 성을 변경하지 못했다. 포기할 수 없어서 이름에 엄마의 성을 넣어 '김정인해'로 개명했다. 즉 법적으로 본명이 '김인해'에서 '김정인해'로 바뀌었다.

셰익스피어는 꼰대?

(나른한 일요일, 소파에 반쯤 누운 채로 아무 생각 없이 TV 채널을 돌리고
있는 아빠에게 딸이 다가온다.)

아빠, 옛날에 극단에서 연극할 때 셰익스피어 공연도 해봤어?

(TV에 눈을 고정하고 무심히) 응.

어떤 작품?

햄릿.

거기서 무슨 역할 맡았는데?

(딸을 쳐다보며) 갑자기 그건 왜 물어?

아니, 그냥 궁금해서.

😊 (다시 TV를 보면서) 햄릿.

🙂 아니, 햄릿에서 무슨 역할을 맡았냐고?

😊 그래, 햄릿.

🙂 아빠가 햄릿 역할을 맡았다고? ㅋㅋㅋ 말도 안 돼. 이렇게 뚱뚱한 햄릿이 어디 있어?

😊 야! 내가 지금은 비록 아저씨 몸매지만, 젊었을 때는 날씬했어. 배에는 식스팩도 있었다니깐. 허벅지는 또 어떻고, 아주 그냥 말벅지 그 자체였지.

🙂 에이~ 뻥 치시네!

😊 우리 따님께서 아버지를 못 믿네!

🙂 (아빠의 배를 콕 찌르며) 믿게 하려면 이 뱃살 좀 빼시지요.

😊 나라고 근육질 몸매가 왜 안 부럽겠냐! 너도 내 나이 돼봐. 맨날 천날 야근에 술에, 어느 세월에 운동하니? 이 뱃살이 다 너 먹여 살 리다가 생겼어.

🙂 핑계 참 좋네.

아니, 이 녀석이! 주말에 아빠가 모처럼 쉬는데 자꾸 갈구고 난리야.

셰익스피어의 고향인 영국 중부 스트랫퍼드 어폰 에이번의 성 트리니티 교회에 있는 그의 무덤. 매년 수많은 관광객이 이곳에 방문한다. 정작 무덤에는 셰익스피어의 두개골이 없다는 설이 오랫동안 있었다. 18세기에 도굴꾼들이 두개골만 파내 훔쳐 가서 무덤에는 셰익스피어의 두개골은 묻혀 있지 않다는 설이다.

영국 일간지 《가디언》에 따르면, 2016년 셰익스피어의 무덤을 지하 투과 레이더(GPR)로 조사한 연구팀은 "셰익스피어의 두개골이 사라진 것으로 보이며 도굴꾼이 깊지 않은 무덤에서 훔쳐 간 것으로 추정된다"고 밝혔다. 연구팀의 미국 스탠퍼드대학교 케빈 콜스 박사는 "머리 부분에서 매우 이상한 훼손 흔적을 발견했다. 이것은 원래 안에 있던 것이 파헤쳐지고 다시 집어넣은 증거로 결론을 내렸다"라고 말했다. 콜스 박사는 "17~18세기엔 천재적인 인사들의 두개골을 분석하면 그들이 어떻게 그런 재능을 갖게 됐는지 알 수 있을 것이라는 생각이 만연해 두개골 도굴이 횡행했었다"며 "도굴꾼들이 셰익스피어의 두개골도 그런 대상으로 삼았을 것이라는 사실은 놀라운 것이 아니다"라고 했다.

셰익스피어의 묘비에는 "좋은 벗이여, 바라건대 제발 여기 묻힌 것을 파헤치지 마라. 이 묘석을 아끼는 자에게는 축복이, 내 뼈를 움직이는 자에게는 저주가 있으라"라는 글귀가 적혀 있다.[1]

 아빠, 셰익스피어가 10대 때 결혼했다는데, 맞아?

 응.

🙂 대박! 셰익스피어 완전 빨리 결혼했네. 아니, 그렇다면 「로미오와 줄리엣」은 셰익스피어 자신의 스토리를 바탕으로 쓴 희곡 아니야? 로미오와 줄리엣도 10대잖아.

😊 하하하. 너처럼 생각한 사람이 또 있었어. 세사르 비달이라는 스페인 작가가 쓴 「폭풍의 밤」이라는 소설에 보면, 로미오와 줄리엣의 거부할 수 없는 운명적인 사랑이 다름 아닌 셰익스피어와 그의 아내 앤 해서웨이의 첫 만남에서 따온 이야기라는 거야. 물론 이건 소설 속 이야기일 뿐이야.

사실 셰익스피어의 사생활과 관련해서는 남아 있는 자료가 많지 않아 팩트를 정확하게 알기는 어려워. 셰익스피어와 관련한 사적인 기록은 결혼 증서, 집 매매 증서, 유언장 정도가 남아 있어. 이 중에서 결혼 관련 기록은 비교적 정확하게 남아 있지.

19세기 영국의 애서가였던 토머스 필립스 경이라는 사람이 우스터 주교의 등록부에서 40파운드짜리 채권 증서를 찾아냈는데, 거기에서 셰익스피어 결혼 시기를 유추할 수 있어. 이 증서는 1582년 11월 28일자로 발행됐는데, 결혼식을 빨리 치를 수 있게 허락해달라는 내용이 있었지. 증서에 적힌 예비 신랑의 이름은 윌리엄 셰익스피어였고, 예비 신부의 이름은 앤 해서웨이였어. 실제 셰익스피어 부인의 이름이 앤 해서웨이니까, 이것이 셰익스피어의 결혼 증서일 확률이 높지. 재미있는 건 셰익스피어가 1564년에 태어났다는 거야. 이를테면 결혼 당시 셰익스피어의 나이는 18세였어. 신부는 여덟 살 많은 26세였지. 주목할 만한 건 결혼식을 서두르려는 이유였는데, 여섯 달 뒤인 1583년 5월 28일 또 다른 문서에서 그 이유를 알 수 있어. 바로 셰익스피어의 첫째 딸 수잔나의 유아 세례가 기록돼 있었거든. 요즘 말로 치자면 속도위반이었지. 그것도 10대가 말이야. 지금이야 혼전 성관계와 임신이 흔한 일이지만, 당시에는 그렇지 않았어. '가문의 수치다. 규범과 절차를 지키지 않는 근본도 없는 놈이다.' 이와 같은 비난을 받았을 것으로 추측돼. 아마도 셰익스피어는 결혼 과정에서 꽤나 속을 많이 태웠을 거야.

😊 와~ 셰익스피어 멋지네!

😆 멋지긴 뭐가 멋지냐! 10대가 사고 쳐서 급히 결혼하는 게 잘한 짓이야?

😊 사랑하는 사람과 열정적인 사랑을 나누는 건 멋진 일이지.

😆 에그그, 이 까진 10대야. 생각하는 것하고는!
셰익스피어의 유언장도 기록이 남아 있어. 유언장을 잘 살펴보면 이상한 점이 좀 있어.
"내 첫째 딸 수잔나 홀에게 내 모든 동산과 부동산을 양도한다. 내 둘째 딸 쥬디스에게는 내가 쓰던 은잔을 남긴다. 내 아내에게는 두 번째로 좋은 침대를 남긴다."
셰익스피어가 유명한 작가였으니 생전에 재산을 썩 모았을 텐데, 그 재산을 몽땅 첫째 딸에게 준 거야. 마누라와 둘째 딸은 박탈감이 심했을 것 같아.
이건 정확한 자료는 없고 시중에 떠도는 야사인데, 셰익스피어는 가정적인 사람이 아니었대. 셰익스피어는 가족들을 고향인 스트랫퍼드에 내버려둔 채 런던에서 살면서 거의 가족을 만나지 않았다는 설이 있어. 더군다나 막내 아들이 페스트를 앓아 죽을 때도 얼굴 한 번 비치지 않았다는 이야기도 있어. 말하자면 가족에 대한 사랑이 지지리도 없는 나쁜 남편이자 불량 아빠였다는 말이지.

풀리처상 수상 작가이자 셰익스피어와 르네상스 영문학 연구로 정평이 나 있는 스티븐 그린블랫이라는 하버드대학교 교수가 있어. 그는 "셰익스피어는 자신과 앤 해서웨이의 결혼이 처음부터 잘못된 결합이었다고 생각했을 수 있다. 셰익스피어는 마지못해 결혼식장에 끌려오다시피 했을 것"이라고 주장했어. "나이 어린 셰익스피어보다는 임신 3개월에 접어든 앤 해서웨이 쪽에서 보증 채권을 만들 만큼 결혼식을 서둘렀을 가능성이 훨씬 더 높다"라고 분석했어. 아내에게 두 번째로 좋은 침대만을 상속한 것은 "세상을 떠날 때조차 그는 자신의 재산이 아내에게 가는 것을 원치 않았다"라고 추론했어. 갑작스런 임신으로 10대의 셰익스피어가 여덟 살이나 많은 여자와 급히 결혼하게 되었어. 셰익스피어의 아내는 당시 기준으로는 노처녀였지. 고로 처음부터 아내와 가정에 대한 애착이 없었을 거라는 주장이지.

물론 반론도 있어. 두 번째로 좋은 침대는 아내를 무시해서가 아니라는 거야. 사실은 그 반대로 각별한 애정과 보살핌을 드러낸 것으로 해석해야 한다는 주장이야. 영국 국립문서보관소의 법적 기록 전문가 아만다 비번 박사라는 사람이 셰익스피어의 유언장을 X선과 자외선, 적외선 촬영의 비파괴 검사로 분석한 결과 두 번째로 좋은 침대라는 문구가 셰익스피어 생전에 추가된 것임을 밝혀냈어. 아만다 비번 박사의 분석에 의하면 셰익스피어는 사망하기 한 달 전인 1616년 3월에 전체 3쪽 분량인 유언장의 1쪽과 3쪽을 수정하면서 "두 번째로 좋은 침대를 아내에게 남긴다"라는 문구를 추가했대. 물론 가장 좋은 침대는 고스란히 집과 함께 첫째 딸에게 넘겼지. 아만다 비번 박사는 "죽음을 예감한 그는 명민한 사업가처럼 일일이 재산을 꼼꼼히 살피고 아내에게 무엇인가를 남길까 배려함으로써 침대 선물을 애틋하게 만들었다. 아내 앤에 대한 경시가 결코 아니다"라고 말했어.

😊 반론이 궁색해. 두 번째로 좋은 침대라는 문구가 셰익스피어 생전에 추가됐다고 쳐. 그래도 그 엄청난 재산 중에 겨우 침대를 남겼다는 건 아내를 개싫어했다는 방증이라고 봐.

😆 좀 더 궁색한 반론을 계속 들어볼래? 당시에는 침대가 굉장히 고가였대. "매우 값비싼 물건을 유산으로 남겼으니, 아내에 대한 애정이 그윽하다"는 거지.

😊 셰익스피어 부부 사이가 졸라 별로였나 봐.

😆 셰익스피어 유언장에는 아까 그 내용 말고도 "첫째 딸은 그 재산을 온전히 보전하여 '그녀의 몸에서 낳은 첫아들'에게 상속해야 한다"라는 것도 있었어.

😊 헐… 대박! 자신이 죽을 때가 되었는데, 친아들은 이미 오래전에 세상을 떠나고 없으니 재산을 남성인 손자에게 물려주겠다고? 그것도 아직 태어나지도 않은, 아니 태어날지 알 수도 없는 손자에게 준다니! 손자 중에서도 첫째에게만 준다고? 셰익스피어는 장자 상속과 남아 선호 사상이 뿌리 깊게 박힌 꼰대였네!

😆 뭐, 그렇다고 꼰대라고 할 것까지는….

😐 꼰대가 아니면 뭐야? 셰익스피어는 가부장적인, 일종의 한남충인 셈이야?

😀 한남충이라고 재단하긴 섣부르지. 객관적으로 확인 가능한 자료가 거의 없고, 여러 가지 정황으로 추론하는 게 퍽 많으니까.

😐 당시 영국의 시대상과 셰익스피어 작품 내용이나 유언장을 종합 분석해보면, 최소한 이것만은 확실해 보여.
'영국은 여성보다 남성을 더 우월한 존재로 떠받드는 가부장적인 문화가 팽배했다. 셰익스피어는 아빠로서 혹은 남편으로서 충분히 제 역할을 한 적이 거의 없다. 더구나 가족들과 같이 살지도 않았으니, 자녀들이 자라면서 아빠 얼굴도 자주 보지 못했다.'
만약 셰익스피어가 한국에서 태어났다면, 아마도 말년에 젊은 사람들한테 꼰대 소리 꽤나 들었을 거야. 어쩌면 아내한테 황혼 이혼을 당했을지도 모르지. 아~ 유산을 첫째 딸한테 거의 다 줬으니까, 둘째 딸과 아내가 유류분 반환 청구 소송을 할 수도 있겠네.

😀 그렇기는 하네. 지금의 한국이었으면 상속 분쟁으로 상당히 시끄러웠겠어.

😐 결과는 어떻게 됐어? 셰익스피어 재산은 남자 후손에게 넘어갔어?

😀 안타깝게도 셰익스피어의 바람은 실현되지 못했어. 둘째 딸은 자식을 셋이나 낳았는데, 모두 일찍 죽었어. 재산 대부분을 상속받은 첫째 딸은 외동딸을 낳았고, 그 딸이 결혼을 2번이나 했지만 자식을 낳

지 못했어. 종내 셰익스피어에게는 손자는커녕 직계 자손도 없어. 세계적으로 위대한 작가인데, 직계 자손이 없다는 건 좀 안타깝네.

1장

거침없이 키스~

아빠, 셰익스피어 작품 중에 「로미오와 줄리엣」 있잖아. 이 작품은 완전 대박 비극이잖아. 왜 셰익스피어 4대 비극에 속하지 않아?

작품 전반적으로 주인공들의 결함보다는 외부의 잘못과 실수가 대부분이기 때문이지. 알다시피 로미오와 줄리엣이 마지막에 죽잖아. 그 이유가 이들의 인성 문제는 아니잖아. 줄리엣의 거짓 죽음을 로미오가 몰랐던 것도 그들의 잘못이 아니라 우연한 사고였을 뿐이지. 죽음의 진정한 원천은 가문 간의 대립이라고 할 수 있어. 이들이 쉽게 사랑하기 어려웠던 것도 자신들의 잘못이 아니라 가문의 문제 때문이었지.
반면 셰익스피어 4대 비극으로 일컬어지는 다른 작품들은 캐릭터와 이야기 구조 속에 비극적인 요소가 다분해. 햄릿은 우유부단함의 극치를 달리다가 일을 엉망으로 만들어버렸어. 리어왕은 근거 없는 자만심으로 사리분별력도 없이 선한 자를 내치고 악한 자를 믿어버렸지. 맥베스는 권력에 대한 욕망에 빠져 물불 가리지 않고 앞만 보고 달려 나갔어. 오셀로는 질투심에 사로잡혀서 아내를 의심하고 죽이기까지 하잖아. 이런 스스로의 모순 까닭에 이야기는 차츰 파멸로 치닫다가 필경 다 죽고 몰락해버리지.
「로미오와 줄리엣」은 셰익스피어의 4대 비극으로 분류되는 이 작품들과는 차이가 있어. 주인공들의 결함보다는 주변 환경에 의해 죽음의 결말로 치닫지.

😊 오~ 아빠, 예전에 극단 활동한 보람이 있네.

😄 이 정도는 연극을 하고 안 하고와는 상관없이 셰익스피어 작품에 관심 있는 사람은 웬만하면 다 알아.
「로미오와 줄리엣」 관련한 재미있는 이야기 하나 해줄까? 이 연극의 배경이 된 도시가 베로나인데, 이곳에는 해마다 수천 통의 편지가 전 세계에서 날아온대. 마치 줄리엣이 실존하는 사람인 것처럼 그녀에게 자신의 연애 사연이나 고민을 털어놓는 편지가 엄청나. 특히 발렌타인데이가 다가오면 절절한 편지가 더 쇄도해. 그러면 줄리엣 클럽이라는 자원봉사 단체가 그런 편지에 답장해주고, 발렌타인데이에는 가장 아름다운 편지를 선정해 시상도 하고 있어. 이런 걸 보면 「로미오와 줄리엣」이라는 연극이 얼마나 많은 사람의 심금을 울렸는지 알 만하지?

😊 (화제를 바꾸며 음흉한 목소리로) 그나저나 아까 이야기를 곰곰이 생각해보니까, 셰익스피어가 10대 때부터 성관계를 했네? 로미오와 줄리엣도 10대 때 사랑을 나눴고?

😄 (의심의 눈초리로) 발라당 까진 우리 따님께서 무슨 이야기를 하고 싶으신 건가?

😊 음훼훼훼. 그냥 뭐 그렇다는 얘기지. 예나 지금이나 10대도 성관계를 한다는 건 부정할 수 없는 사실이라고!

그건 그렇고, 아빠는 10대가 서로 사랑하고 성관계하는 걸 어떻게 생각해? 셰익스피어도 10대 때 결혼했고, 셰익스피어의 대표작인 로미오와 줄리엣도 어린 나이에 뜨거운 사랑을 했잖아. 줄리엣은 만 14세가 채 안 됐으니까 우리로 치면 중학교 2~3학년쯤이었겠네. 로미오는 10대 중후반 정도로 추정되니까 고등학생이었겠고….

😐 (단호히 말을 끊으며) 너는 그걸 빌미로 지금의 10대가 성관계하는 것이 정상이라고 말하고 싶은가 본데, 아빠 생각에는 비교가 잘못되었어. 셰익스피어는 옛날 사람이고 「로미오와 줄리엣」은 연극일 뿐이거든. 지금의 현실과는 달라.

예전에는 평균수명이 40세 남짓이었고, 세상살이도 복잡하지 않았으니까 결혼을 빨리 하는 게 일반적이었어. 지금은 어때? 평균수명은 100세 시대를 눈앞에 두고 있고, 세상은 매우 복잡해졌어. 이 길고 복잡한 세상을 살아내기 위해서는 많은 공부를 하고 준비를 해야 해. 농사가 주된 일이었던 옛날보다 성년이 되는 과정이 더 길고 복잡해졌다는 말이지. 하여 요즘 세상에서는 10대 때 결혼하는 게 사실상 어려워.

게다가 연극이나 영화에 나오는 이야기를 현실에 그대로 적용할 수는 없어. 상상 속의 이야기와 실제 삶은 차이가 커. 「로미오와 줄리엣」은 다큐멘터리가 아니잖아. 현실에서 로미오와 줄리엣 같은 방식의 사랑을 하는 사람은 거의 없어.

또 하나 네가 간과하는 중요한 부분이 있어. 바로 로미오와 줄리엣이 사랑에 빠진 후 죽음에 이르기까지 걸린 기간이 불과 5일밖에 안 된다는 거지. 어린 나이에 격정적인 사랑은 위험해. 뭐든지 다 때가 있는 법이야.

😊 아이고 꼰대 같은 소리 한다. 결론이 뭐 그러냐? 이래서 사람이 나이를 먹으면 차차 보수적으로 변한다는 소리가 나오지.

😊 게다가 로미오와 줄리엣이 만나자마자 키스하는 장면은 희곡에 나오지만, 결혼식 이후 첫날밤에 성관계를 했는지는 명확하지 않아.

😊 아니, 아빠. 만나자마자 키스하는 뜨거운 10대가 결혼식 첫날밤에 성관계를 안 했을 리가 있어? 문학작품을 읽으면서 꼭 직설적으로 섹스라고 적혀 있어야 섹스를 하는 건 아니잖아. 똑똑하신 아바마마께서 이 부분에서만 갑자기 우매한 척하시네.

😊 흠흠흠. (화제를 돌리며) 너 「로미오와 줄리엣」 희곡은 읽어봤니?

😊 당연하지. 「로미오와 줄리엣」뿐만 아니라 셰익스피어 4대 비극, 5대 희극까지 다 읽었지.

😊 오… 대단하네.

😊 아빠, 내가 이래봬도 우리 학교 사회과학 및 시사 동아리 '시사자켓' 회장이야!

😊 예~예~ 어련하시겠소!
너 희곡 읽을 때 소리 내어 읽지 않고 그냥 눈으로 읽었지?

😊 응.

😀 희곡을 읽을 때 연극배우인 양 소리 내어 읽으면 그 맛이 달라. 특히 셰익스피어 작품들은 운문 형식의 대사가 많아. 한 편의 시와 같은 글, 노랫말 같은 글이라는 말이지. 소리 내어 읽어야 그 맛을 온전히 느낄 수 있지.

😊 아~ 그렇군! 어쩐지 눈으로 읽을 때 약간 답답한 느낌이 있었어. 그 이유가 번역의 문제이거나, 르네상스 시대의 언어라서 그런가 싶었는데 운문 형식이라서 더 그랬구나!

😀 「로미오와 줄리엣」 대사를 한번 읽어볼까!

로미오와 친구의 대화 중…

벤볼리오 내 충고를 따라봐. 그녀 생각 잊어버려.
로미오 오, 생각부터 어떻게 잊을 건지 가르쳐줘.
벤볼리오 네 눈에 자유를 부여하면 되는 거지. 다른 미인 살펴봐.
로미오 그렇게 해봤자 절묘한 그녀 미를 더 곱씹게 할 뿐이야.
고운 숙녀 이마에 입 맞추는 행복한 가면은 검기에 뒤에 감춘 흰 살결을 떠올리지.
갑자기 실명한 사람은 잃어버린 보물인 소중한 시력을 잊을 수 없는 거야.
빼어나게 아름다운 아가씨를 보여줘봐.
그녀의 미모는 누가 그 빼어난 미녀보다 더 빼어난지를 알리는 주석밖에 더 되겠어?
잘 가, 넌 내게 잊는 법을 못 가르쳐.
(중략)
로미오 큐피드의 가벼운 깃털로 날기에는

내 몸에 그의 화살 너무 깊이 박혀 있고
맥 빠진 비탄의 한계를 못 넘는 게 내 한계야.
무거운 사랑의 짐 때문에 내려앉으니까.
머큐쇼 네가 내려앉으면 사랑에겐 짐 될 텐데… 부드러운 것에게 너무 큰 압박이지.
로미오 사랑이 부드러워? 너무나 거칠고 난폭하고 시끄럽고 가시처럼 찌르는데.

(윌리엄 셰익스피어, 최종철 역, 『로미오와 줄리엣』, 민음사, 2017, 이하 출처 동일)

너도 「로미오와 줄리엣」 희곡을 다 읽어봤다고 했으니, 지금 이 대사가 어떤 상황에서 나왔는지 알지?

로잘린이라는 여자를 짝사랑하는 로미오가 방황하고 있는 거잖아.

그래 맞아. 이 상황을 모르는 사람이 대사를 읽으면, 로미오가 줄리엣을 사랑하게 되면서 읊조리는 말로 착각할 수 있지. 상사병에 걸린 로미오가 절망의 나날을 보내는 모습이 비참하기 이를 데 없지. 로미오가 원수지간인 캐플릿 가문의 파티에 몰래 참석하는 이유도 로잘린이 이 파티에 초대받은 정보를 입수하고 그녀를 만나기 위함이지.

(두 눈을 감고 음미하듯) 첫사랑에게 차였을 때의 심정이란… 심장이 쪼여오면서 손발이 축 늘어지는….

딸! 되게 감정이입한다. 왜? 갑자기 옛 그가 떠오르니?

😐 아… 이 아바마마께서 심장이 뚫린 듯한 이 따님의 감정을 이렇게도 몰라주시나?

😄 아, 예예. 많이 슬퍼하셔요!
로미오도 그렇고 너도 그렇고, 심장이 쪼여오는 느낌이 어떻게 그리 쉽게 아무냐? 로잘린을 만나러 간 파티장에서 줄리엣을 보자마자 곧바로 사랑에 빠진 로미오는 바람둥이인 거니, 줏대가 없는 거니?

😐 에혀, 10대의 뜨거운 심장을 배 나온 중년 아저씨가 어찌 알겠노?

😄 로미오든, 우리나라 10대든 참 쉽게 마음이 변해.

😐 (한심한 듯 쳐다보며) 아빠, 마음이 변하는 게 아니야. 사랑의 아픈 상처를 또 다른 사랑으로 치유하는 거지. 아빠는 왜 이렇게 삐뚤어졌어? 세상을 좀 긍정적인 관점으로 봐. 그리고 우리 10대만이 아니라 사람은 원래 다 그래.

😄 뭔 소리? 10대의 연애 기간이 평균 1달은 넘어? 겨우 100일만 넘어도 기념 파티한다고 호들갑 떨잖아. 금방 좋아졌다가, 금방 싫어졌다가! 이렇게 변덕스러운 10대 주제에 진지하게 사랑이니 뭐니 하는 말은 어불성설이야. 깃털처럼 가벼운 10대가, 뭐? 성관계씩이나 한다고?

😐 10대의 연애 기간이 짧은 건 변덕스러워서가 아니라 그만큼 심장이 더 뜨거워서 그래.
헨리 데이비드 소로라는 사람이 있었어. 세계적인 고전 중 하나인

『월든』과『시민의 불복종』을 쓴 작가이자 미국의 노예해방 운동에 앞장선 사람이지. 훗날 그의 정신은 인도의 마하트마 간디를 비롯해 마틴 루서 킹, 톨스토이, 헤밍웨이, 우리나라의 법정 스님까지 크게 영향을 끼쳤어.

🙂 헨리 데이비드 소로, 아빠도 잘 알아.『월든』은 예전에 2번이나 읽었어. 근데 뭔 말을 하려고 서론을 장황하게 푸니?

🙂 헨리 데이비드 소로가 말했어.
"당신 속의 자연의 깨어남에 대해 아무 반응도 일어나지 않는다면, 이른 아침 산책의 기대로 마음이 설레어 잠에서 떨쳐 일어나지 않는다면, 첫 파랑새의 지저귐이 전율을 일으키지 않는다면 눈치채라. 당신의 봄과 아침은 이미 지나가 버렸음을."
10대의 사랑을 그저 변덕스러운 그 무엇으로 치부하며, 심장의 뜨거움을 모르는 아빠의 봄과 아침은 이미 지나가 버렸어. 알고 있어?

🙂 아~ 녀석, 더럽게 말 잘하네. 그래, 너 잘났다!
아무튼 로미오는 너무 쉽게 마음이 변해. 방금까지 로잘린 때문에 상사병에 걸려서 지금 당장 죽을 듯했어. 로잘린을 향한 애타는 심정을 구구절절 뱉은 지 반나절도 지나지 않았지. 그런데 첫눈에 줄리엣에게 반했어. 게다가 만나자마자 키스부터 했지. 이쯤 되면 완전 바람둥이잖아!

로잘린을 만나기 위해 참석한 파티에서 줄리엣을 처음 본 후…

로미오 오, 횃불보다 더 밝게 빛나는 아가씨다!
검은 여인 귓밥 위의 값비싼 보석처럼
밤의 뺨에 그녀가 걸린 것 같구나.
땅 위에서 쓰기에는 너무 귀한 아름다움!
까마귀 무리 속의 흰 눈 같은 비둘기가
자기 또래 가운데 저 건너 숙녀구나.
춤곡이 끝났을 때 서 있는 곳 지켜보고
그녀 손을 만지면 거친 내 손 복 받으리.
내가 사랑했었던가? 시각이여 부인하라,
진정한 아름다움 이 밤에야 봤으니까.

😊 와… 거의 기억상실증 환자 수준이네. 조금 전까지 로잘린에게 상사병이 걸려서 죽네 사네 했잖아. 줄리엣을 보자마자 "내가 사랑했었던가?"란다. 쯧쯧쯧, 10대의 변덕이란!

🙂 물론 로미오가 좀 지나치긴 해. 하지만 내가 방금 말했잖아. 10대라서가 아니고 원래 사람 마음이 다 그렇다고! 대한민국의 그 많은 모텔이 성황을 이루는 이유가 뭐야? 중년 아저씨·아줌마들의 불륜 때문 아니야? 아저씨·아줌마들도 자기 배우자를 버리고 다른 연인을 찾은 거잖아. 그러면 중년들의 변덕이 더 심한 거네.
아니, 아니! 가만히 생각해보니, 로미오는 우리나라 아저씨·아줌마들보다 더 낫네. 로미오는 로잘린과 연인 관계가 아니었고 일방적으로 짝사랑하다가 차인 거잖아. 한국의 중년 불륜 커플보다 훨씬 도덕적이네.

(약간 겸연쩍어하면서) 흠흠흠. 중년들이 다 그런 건 아니고, 일부 그런 사람이 있는 거지.

내가 보기에는 일부 그렇지 않은 사람이 있고, 대부분의 중년이 그런 것 같은데?

우리 따님이 속고만 살았나. 어른들을 왜 이렇게 못 믿어.

그래, 속는 셈치고 한번 믿어주지.

로미오와 줄리엣은 사랑의 진도도 겁나게 빨라. 어떻게 만나자마 자 키스를 하냐?

첫 만남에서 로미오와 줄리엣의 대화

로미오 (줄리엣에게) 너무나 가치 없는 이 손으로 제가 만일 이 성전을 더럽히면, 제 입술은 곧바로 얼굴 붉힌 두 순례자처럼 부드러운 키스로 거친 접촉 지우려는 고상한 죄 짓겠지요.

줄리엣 순례자님, 경건함을 이렇게 공손하게 보여주는 그 손에게 너무 잘못하십니다. 성자상도 순례자가 만져보는 손이 있고 맞붙인 두 손은 순례자의 키스인데.

로미오 성자상도 순례자도 입술은 있잖아요?

줄리엣 예, 순례자님. 기도에 써야 하는 입술이죠.

로미오 그렇다면 성자여, 입술로 손의 일을 합시다. 기도를… 허락해요. 믿음이 절망 되지 않도록.

줄리엣 성자상은 기도는 허락하나 움직이진 못해요.

로미오 그렇다면 기도하는 동안에 움직이지 말아요.

(그녀에게 키스한다.)

이렇게 내 죄는 그대의 입술로 씻겼소.

줄리엣 그렇다면 내 입술로 죄가 옮겨 왔군요.

로미오 내 입술에서요? 오, 이 달콤한 범법 재촉!

내 죄를 돌려줘요.

(그녀에게 다시 키스한다.)

😊 성급해도 너무 성급해!

🙂 사랑한다면 그럴 수도 있지. 이건 나이의 문제가 아니라 감정과 성향의 문제야. 보자마자 끌리는 사람이 있는가 하면, 오래 봐도 싫은 사람이 있어. 적극적으로 감정을 표현하는 성향이 있는가 하면, 내성적인 성향도 있지. 키스를 얼마나 빨리 했는지는 중요하지 않아. 사랑하는 마음이 있는지 없는지가 중요해.

😊 빨라도 적당히 빨라야지! 키스를 아주 가볍게 여기고 있어. 예전에 우리 때는 사랑하는 사람과 벼르고 벼르다 키스를 했어. 요즘은 키스방이라는 유사 성매매 업소도 있으니, 나 원 참! 키스방 종업원 중에는 10대도 많다는 얘기가 있어.

🙂 아~ 또 꼰대 같은 소리 하신다. 아빠, "예전에 우리 때는 안 그랬는데" 식으로 말하면 젊은 사람들이 개싫어해. 나나 되니까 아빠 얘기 들어주지, 회사 가서는 절대 이런 식으로 얘기하지 마.

아빠 젊을 때 안 그랬으면, 지금은 그러면 안 돼? 시대가 바뀌고 트렌드가 변했어. '우리 때는'이라고 훈계질하면 젊은 사람들은 귀를 닫아 버려. 훈계도 상대방에게 들려야 의미가 있잖아.

😀 우리 때는 어른들이 말씀하실 때 너처럼 꼬박꼬박 말대꾸하지도 않았어. 상상도 할 수 없었지.

🙂 고대 그리스 소피스트들이 자주 한 말이 뭔지 알아? "요즘 젊은 것들은 버릇이 없어. 우리 때는 어른들의 말을 귀담아들었는데…" 이런 말은 BC 1700년경 메소포타미아 수메르 점토판에서도 발견되었고, 이집트 피라미드 벽화에도, BC 300년경 그리스 아테네 유적에서도, BC 200년경 중국 한비자에도, 가장 오래된 법전인 함무라비 법전에도 나와. 전 인류사적으로 꼰대가 보기에는 기원전 1700년 전이나 지금이나 요즘 애들은 버릇이 없어. 아빠도 할아버지한테는 '버릇없는 요즘 아이'라는 말이야! 어른들의 꼰대질은 과거나 지금이나, 동양이나 서양이나, 그야말로 시공간을 초월해.

😀 아~ 녀석! 딱 한 번 말했구먼. 되게 예민하게 구네.

🙂 한 번이라니! 아빠랑 대화하면 매번 듣는 소리거든.
꼰대 육하원칙이 있어.
누가(Who) "내가 누군지 알아?"
무엇을(What) "네가 뭘 안다고"
어디서(Where) "어딜 감히!"
언제(When) "나 때는 말이야! 내가 왕년에!"

어떻게(How) "어떻게 나한테 (그럴 수가 있어?)"

왜(Why) "내가 그걸 왜?"

내가 볼 때 아빠는 중증이야. 회사에서 밀레니얼-Z세대 직원들하고 소통이 잘 안 되지?

😀 야! 나만큼만 해봐라. 내가 회사에서 젊은 직원들한테 얼마나 인기 있는지 모르지? 참 나! 내가 너한테나 이런 대접 받지, 회사 가면 무척 스마트한 선배로 칭송받아.

🙂 헐… 거짓말! 믿을 수 없어.

여하간 키스방 같은 유사 성매매 업소와 10대의 키스에 대한 태도는 관련 없어. 억지로 비교하지 마.

😀 관련이 있지, 왜 없어? 성에 대한 관점이 많이 변했다는 얘기야. 이런 말 하기는 좀 그렇지만… 예전에는 하물며 매춘부조차도 몸은 팔지언정 키스는 안 된다며 거부했어. 키스는 진정으로 사랑하는 사람하고만 할 수 있는 거라면서 말이야.

🙂 압! 아빠, 방금 한 말 당장 취소해.

😀 뭐가? 내가 뭘 잘못했는데?

🙂 와… 심각하네. 아빠의 그런 말들은 젠더 감수성이 떨어져도 한참 떨어지는 발언이야. 여성의 입장에서 아빠 이야기를 들으면 얼마나 불쾌할지 생각 안 해봤어?

걸핏하면 젠더 감수성이니, 성적 불쾌감이니… 아우~ 당최 뭔 말을 못 하겠네.

으~ 답답해. 아빠랑은 도대체 대화가 안 돼!

요즘 젊은것들은 버릇이 없다 1

今有不才之子, 父母怒之弗爲改; 鄕人譙之弗爲動; 師長敎之弗爲變. 夫以 '父母之愛' '鄕人之行' '師長之智' 三美加焉, 而終不動, 其脛毛不改.
(금유부재지자, 부모노지불위개; 향인초지불위동; 사장교지불위변. 부이 '부모지애' '향인지행' '사장지지' 삼미가언, 이종부동, 기경모불개)

지금 덜떨어진 젊은 녀석이 있어 부모가 화를 내도 고치지 않고, 동네 사람들이 욕해도 움직이지 않고, 스승이 가르쳐도 변할 줄을 모른다. 이처럼 '부모의 사랑', '동네 사람들의 행실', '스승의 지혜'라는 세 가지 도움이 더해져도 끝내 미동도 하지 않아, 그 정강이에 난 한 가닥 털조차도 바뀌지 않는 것이다.

– 한비자(기원전 281?~기원전 233) 「오두(五蠹)」

요즘 젊은것들은 버릇이 없다 2

요즘 대학생들 정말 한숨만 나온다. 요즘 대학생들은 선생들 위에 서고 싶어 하고, 선생들의 가르침에 논리가 아닌 그릇된 생각들로 도전한다.
그들은 강의에는 출석하지만 무언가를 배우고자 하는 의지가 없다. 그들은 무시해도 되는 문제에 더 관심을 가진다. 사랑이니 미신이니 하는 것들 말이다. 그들은 그릇된 논리로 자기들 판단에만 의지하려 들며, 자신들이 무지한 영역에 그 잣대를 들이댄다. 그렇게 해서 그들은 오류의 화신이 된다. 그들은 멍청한 자존심 때문에 자기들이 모르는 것에 대해 질문하는 것을 창피해한다.

(중략)

그들은 주일에는 성당에 가서 미사를 드리는 대신, 친구들과 마을을 쏘다니거나 집에 틀어박혀 빈둥거리며 기껏 펜을 든다는 게 연애편지나 끄적인다. 만약 성당에 가게 되면, 하느님에 대한 신앙심으로 가는 게 아니라 여자애들을 꼬시러, 또는 잡담이나 나누려고 간다. 그들은 부모님이나 교단으로부터 받은 학자금을 술집과 파티와 놀이에 흥청망청 써버리며, 그렇게 결국 집에 지식도, 도덕도, 돈도 없이 돌아간다.

― 1311년 여름, 알바루스 펠라기우스*

(*14세기 볼로냐 대학을 졸업한 스페인 프란체스코회 사제)

요즘 젊은것들은 버릇이 없다 3

요즈음 가만히 살펴보건대, 세상이 갈수록 풍속이 쇠퇴해져서 선비의 버릇이 예전만 못하여 경학(經學)에 밝고 행실을 닦아 치체(治體)를 잘 아는 자는 적고, 문사(文辭)를 숭상하여 경학을 버리고 녹리(祿利)를 좇는 자가 많으니, 어찌 우리 조종(祖宗)께서 학교를 일으켜 인재를 양성하는 본의이겠는가?

―『조선왕조실록』 숙종 17년(1691년)

2장

까진 10대들의 섹스

아빠는 10대의 성에 대해 완전 꽉 막혔어!

막혔다니? 아빠는 충분히 이성적이고 합리적이야. 요즘 10대는 성을 무척 가볍게 생각해.

가볍게 생각 안 하거든! 어른들이 보기에 우리가 아무 생각 없이 행동하는 것 같지? 우린 나름 진지해.

객관적인 데이터를 봐도 청소년의 성의식이 얼마나 경솔한지 알수 있어. 질병관리청이 2019년에 5만 7,303명의 청소년을 대상으로 한 '청소년 건강 행태 조사'를 보면, 청소년의 성관계 경험률은 무려 5.9%야. 과거 조사와 비교하면 2005년에 4.8%였으니, 10여 년 사이 1.1%나 증가했어. 성관계 시작 연령은 평균 13세 정도야. 겨우 13살짜리 애기가 성관계를 한단다. 아이고….

아빠! 13세들이 전부 성관계를 한다는 말이 아니잖아. 성경험이 있는 중1부터 고3 청소년의 성관계 시작 연령이잖아. 전체 청소년이 아니고, 5.9% 청소년 내에서의 통계라는 말이지.

😊 알아. 그래도 그렇지 13세면 아직 애기잖아!

🙂 만 13세거든요! 우리 나이로 따지면 중학교 2~3학년이야. 중학생이 어떻게 어린아이야? 10대도 알건 다 알아. 중학생이 세상 물정을 모르면 그게 더 이상해.

😊 너희들 생각에는 중학생이면 다 큰 것 같지만, 어른들 보기에는 안 그래. 중학생이면 아직 철부지야.
고등학생들도 성관계 문제는 심각해. 같은 조사에서 고3 남학생의 경우 100명 중 15명(14.6%), 고3 여학생의 경우 100명 중 7명(7.2%)이 성관계 경험이 있대.

🙂 아빠는 자꾸 15명'씩이나'라고 얘기하는데, 내가 보기에는 15명'밖에'야! 청소년의 그 왕성한 욕구와 호기심에 비하면 7.2%, 14.6%라는 통계는 굉장히 낮은 거라고 봐. 만약 청소년들이 욕구를 자제하지 않았다면, 절반 이상의 고3은 성경험이 있을 거야.

😩 허 참… 말세다, 말세!

🙂 나는 10대도 서로 사랑하면 성관계할 수 있다고 생각해. 로미오와 줄리엣도 10대고, 춘향이와 이도령도 10대였어. 셰익스피어도 10대 때 결혼했지. 옛날에는 대체로 10대 때 결혼했잖아. 20대 넘어서까지 결혼 못 하면 노총각 노처녀 소리를 들었다며? 옛날 10대는 죄다 성관계를 했는데 지금 10대는 왜 안 돼?

15〜19세 여성이 출산한 아이의 수

2016년	2017년	2018년	2019년
1,907명	1,520명	1,292명	1,096명

출처: 통계청

성관계 경험률 추이

4.8%
2005년

5.9%
2019년

2019년 청소년 성관계 경험률

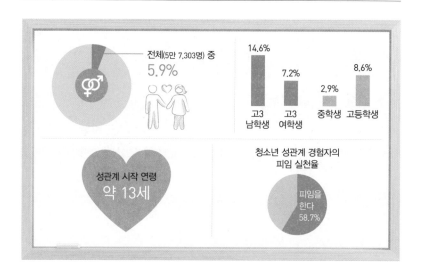

전체(5만 7,303명) 중
5.9%

14.6%
고3
남학생

7.2%
고3
여학생

2.9%
중학생

8.6%
고등학생

성관계 시작 연령
약 13세

청소년 성관계 경험자의
피임 실천율

피임을
한다
58.7%

출처: 질병관리청

😊 내가 아까 말했잖아. 옛날보다 지금은 평균수명이 더 길어졌고, 세상살이도 훨씬 복잡해졌어. 결혼 적령기가 올라갈 수밖에 없다니까! 옛날하고 지금을 단순 비교할 수는 없어.

😊 인류의 모든 역사에서 '사랑'은 가장 중요한 주제야! 모든 노래에서, 모든 소설에서, 모든 연극에서 사랑은 제일 많이 다뤄졌어. 그 이유가 뭐겠어? 예나 지금이나 사람들이 사랑에 지대한 관심이 있다는 거잖아. 사랑하면 세상이 달라 보이고, 가슴이 콩닥콩닥 뛰고, 괜스레 웃음이 나오고, 세상만사가 마냥 즐겁지. 한마디로 인생이 행복해져. 10대도 사람이야. 어른들이 느끼는 사랑의 감정을 똑같이 느껴! 이를 잘 아니까, 셰익스피어도 10대의 사랑을 연극으로 만들었다고 봐.

😆 아이고… 불타는 이 청춘을 어찌하면 좋을꼬!

😊 아까 아빠가 한 말 기억 안 나? 「로미오와 줄리엣」이 셰익스피어 4대 비극에 속하지 않는 이유는, '주인공들의 결함보다는 주변 환경에 의해 죽음의 결말로 치닫는' 것이기 때문이다. '(로미오와 줄리엣) 죽음의 진정한 원천은 가문 간의 대립'이며 '이들이 쉽게 사랑하기 어려웠던 것도 자신들의 잘못이 아니라 가문의 문제 때문'이다. 어른들이 10대의 사랑을 억압함으로써 그 10대는 죽음의 고통을 느낄 수 있어!

😆 야! 어디서 함부로 죽음이라는 단어를 쓰냐!

😊 그만큼 어른들이 10대의 사랑을 탄압해서 힘들다는 뜻이잖아.

힘들면 죽어야 하니? 그런 단어는 함부로 쓰는 게 아니야.

 아빠는 나보고 자꾸 옛날과 지금을 단순 비교하지 말라고 하는데, 아빠야말로 단순 비교하지 마. 아빠의 10대 시절과 지금 10대를 단순 비교하면서, 성관계가 빠르니 성의식에 문제가 있느니 하면 안돼! 아빠가 청소년이던 세상과 지금 세상은 완전히 달라. 아빠 때는 케케묵은 순결주의가 통했을지 모르지만, 지금은 아니야!

평등한 관계에서 자유의지에 따라 선택했다면, 10대도 얼마든지 성관계를 할 수 있어. 중요한 건 성관계 시 피임 여부야. 질병관리청 조사에 의하면, 10대 성관계 경험자의 피임 실천율은 58.7%에 그쳤어. 피임을 안 하거나 못 하는 10대가 많다 보니, 자연스레 원치 않는 임신과 출산으로 이어지는 경우도 개많아. 통계청 인구동향조사 '엄마의 연령별 출생아 수'를 보면, 15~19세 여성이 출산한 아이의 수는 2016년 1,907명, 2017년 1,520명, 2018년 1,292명, 2019년 1,096명이나 된대.

학교 성교육이 형식에 그치니까 피임 실천율이 낮아. 학교에서의 성교육은 정자 이동 경로가 어떻고, 사정 후 임신이 되기까지의 과정이 어떻고, 여성의 임신 가능 기간이 어떻고 수준의 따분한 내용이 대부분이야. 성교육 시간에 졸고, 스마트폰 쳐다보고, 장난치는 학생들이 넘쳐나는 이유가 다 있지. 그러다가 막상 성관계할 때는 피임을 못 하거나 안 하게 돼. 이제는 보다 구체적인 성교육이 필요해! 선진국의 성교육은 우리와 차원이 달라.

3장

잘 자요,
학교 성교육!

《경남도민일보》가 고등학생들의 학교 성교육 체험담을 기사로 쓴 적이 있어.[2] 기사에는 10대의 리얼한 목소리가 그대로 담겨 있어.

"포르노를 본 시기는 언제인가?"라는 질문에 대해 남녀 학생 모두 "초등학교 고학년에서 중학교 저학년 정도에 접했다"라고 했어. 한 반에 2~3명을 제외하고는 다 봤어.

학생들은 학교 성교육에 대해 "딱히 기억나는 것이 없다"라며 "학교에서 성교육은 할 의지가 없어 보인다"라고 지적했어.

그러면 "성교육을 어떻게 했으면 좋겠나?"라는 질문에 대해 "반마다 전문 강사가 와서 교육을 해줬으면 해. 구체적인 성행위와 관련된 모든 이야기들을 할 수 있어야 된다고 봐"라고 응답하거나, "고등학생은 성인이 되기까지 얼마 남지 않았잖아. 현실에서 도움이 되는 실습이나 교육이 필요해"라고 말했어.

성교육의 수위에 대해서는 "건강하고 안전한 성생활을 위해 애널 섹스같이 기존에 배우지 않던 성행위에 대한 부분까지 다 알려줘야 할 거 같아"라고 응답했어.

"성교육이 도움이 될까?"라는 질문에 대해서는 "성관계같이 성에 대한 지식이 필요한 상황이 오면 교육을 통해 얻은 지식이 도움을 줄 거 같아. 피임 같은 건 직접적으로 필요하고"라는 대답도 있었어.

고등학생들은 전반적으로 형식적인 성교육을 규탄했어. 보다 실질적이고 구체적인 성교육을 원했어. 성인이 되기까지 얼마 남지 않았으니, 건강하고 안전한 성생활을 위해 성관계 시 필요한 모든 것을 알고 싶어 했어.

우리나라 학교 성교육의 연혁[3]

▶ 1950년대: 1950년 후반 성교육에 대한 논의 시작되었는데, 이때는 '정결교육'으로 미풍양속 계승 차원에서 접근함.

▶ 1960년대: 급격한 인구 증가로 성교육이 강화되었으며, 그 관점은 기존 '정결교육'에서 '순결교육'으로 전환됨.

▶ 1970년대: 경제 수준이 향상되면서 성숙 시기로의 변화가 시대적으로 요구되면서 기존의 '순결교육'에서 '성교육'으로 전환됨.

▶ 1980년대: 인간존중에 입각한 인간교육, 즉 성지식, 성의식, 성윤리관 확립 교육으로 확립됨.

▶ 1990년대: 성범죄, 성폭력 등 성 문제가 확산되면서 성범죄 예방교육에 초점을 두면서 성교육을 위한 자료 개발과 보급이 시작됨.

▶ 2000년대: 체계적 성교육이 강조되면서 2000년 학교 성교육 기본계획이 발표됨. 이때 관련 교과 및 재량활동을 통한 성교육 시간을 10시간 학년별로 확보하도록 함.

▶ 2010년대: 성교육 시간이 기존 10시간에서 15시간으로 확대되었고, 인간발달·심리·관계·건강·사회문화 등 인간 삶의 전반을 다루는 융합형 교육과정형으로 그 내용이 발전함. 그러나 학교 현장에서의 성교육은 체계적으로 정착되지 못함에 따라 2013년부터 학교 성교육 표준안 작업이 시작. 2015년 3월 성교육 표준안이 발표됨.

😊 그래도 많이 좋아졌네. 아빠 때는 성교육이 아예 없었어. 여학생은 생리나 2차 성징 수준의 성교육을 받은 경우도 일부 있다고는 하더라만, 남학생에게 성교육은 일절 없었어. 우리 때 성교육은 학교가 아니라, 까진 친구들의 경험담이나 포르노 영화를 통해서였지.

😐 이래서 대한민국 중년 아저씨들 중 꼰대가 많은 거야. 건강한 성교육은 전혀 없었고 음침한 곳에서 왜곡된 성만 배웠으니, 쯧쯧쯧! 혹시 중년 아저씨들이 포르노와 현실을 구분 못 하는 거 아니야? 포르노에서 남성은 거칠고 폭력적이고 군림하는 자세로 그려지고, 상대 여성은 이런 행동을 불쾌하게 여기기는커녕 개좋아하잖아. 그러니 현실에서도 여성을 함부로 대하는 것 아니냐고?

😊 그런 걸 왜 아빠한테 묻니?

😐 한국의 중년 남성들이 가부장적인 여러 이유 중에 이런 왜곡된 성문화도 한몫한다고 봐.

😊 심히 억지다. 포르노의 파급효과가 가부장제까지 영향을 미친다고?

😐 미치고말고! 이런 왜곡된 성문화를 바로잡기 위해서라도 보다 현실적인 성교육이 필요해.
지난번에 우리 동아리 토론회 때 발표 준비하다가 유럽의 성교육 프로그램을 봤는데, 짱 리얼하더만! 콘돔 끼우는 방법을 상세히 알려주는 것은 물론이고, 다양한 성관계 체위까지 교육하고 있었어. 애무하는 방법이나 성감대도 알려주고, 오르가즘에 대해서도 교육하는 등 성관계 시 알아야 하는 모든 내용을 교육했어.

우리나라 학교 성교육도 이제는 변해야 해. 일회성 교육이 아니라 정기적이고 지속적으로 교육해야 해. 주입식 교육만 하지 말고, 토론식 교육이나 모의 실습을 하는 참여형 교육도 필요해. 가령 애널 섹스나 동성 간 섹스에 대해 토론해보는 것도 좋겠지.

야야! 지나치다. 그 정도는 어른이라도 수위 조절이 필요해. 아이들에게 그렇게 노골적인 성교육을 하면 괜히 호기심만 더 자극해서 부작용이 커.

우리나라 성교육은 수준이 대단히 낮아. 학생은 2차 성징이 일어나고 성에 대한 호기심이 극에 달하는데, 학교 성교육은 학생의 요구를 따라잡지 못하고 있어.

2020년에 전남 담양군의 모 고등학교 교사가 성교육 수업에서 '콘돔 끼우기 시연'을 하려고 했어. 해당 교사는 임신과 출산 수업 시간에 관련 내용을 원활하게 설명하기 위해 바나나에 콘돔 끼우는 시연을 할 예정이었다고 해. 구체적으로 성교육을 해야 교육 효과가 있다고 판단했었대. 이를 전해 들은 학부모들이 교장과 해당 교사에게 강력히 항의하는 바람에 교사는 수업을 취소해야 했어. 학부모들은 "콘돔과 바나나까지 준비하면서 자세하게 성교육을 시키는 것은 성폭행을 부추길 수 있다"라며 항의했어. 학부모들의 주장은 근거가 없어. 자세한 성교육이 성폭행을 유발한다니? 수많은 전문가들은 성폭행을 예방하기 위해 현실적인 성교육이 필요하다고 주장해. 학부모들은 거꾸로 생각하고 있어.

선진국처럼 실용적인 성교육을 하고 싶어도 꼰대 학부모들의 등쌀에 할 수가 없어. 비참한 우리의 현실이지.

😀 그 학부모들의 지적이 맞네. 바나나에 콘돔을 씌우면서 학생들이 야한 상상을 하지 않겠니? 더구나 고등학생들이 콘돔 사용법을 알아서 뭐 하게? 이런 교육은 학생들이 성관계를 한다는 전제 하에 하는 거잖아. 95% 절대다수의 학생들은 성관계를 하지 않고 있어. 그렇다면 그 순수한 학생들의 관점에서 성교육을 해야지.

🙂 아빠 논리대로 해도 5.9%의 학생들은 이미 성관계를 하고 있어. 이들은 배제해도 돼?

더욱이 교육은 미래를 대비하는 거잖아. 아직은 경험이 없더라도 10대 후반이면 성관계가 곧 현실이 돼. 그때 원치 않는 임신을 막고, 보다 건강한 성관계를 하기 위해서는 콘돔 사용법을 미리 배워둬야지.

우리나라 성교육은 10대의 현실적인 고민을 애써 무시하고 있어. 청소년 성 상담 교사 중에는 은밀하고 짙은 농도의 고민 상담을 해본 사람이 많대. "남자친구가 애널 섹스(항문성교)를 요구하는데 어떻게 해야 하죠?" "오럴섹스(구강성교) 때 냄새를 참기가 어려워요." "콘돔을 끼면 느낌이 별로예요." 청소년들의 성 상담은 대단히 현실적이야. 어른들이 생각하는 것보다 수위도 훨씬 높아.

우리나라는 성을 억압하거나 불경시하는 풍조가 만연해. 이 때문에 청소년 스스로도 성관계를 부끄럽게 생각하거나 잘못된 행동으로 착각하는 거야. 성을 지나치게 신성시하는 문화. 성에 대해 말하거나 호기심을 갖는 것을 부끄럽게 여기는 문화. 청소년을 무성적 존재로 취급하는 문화. 청소년의 성행동을 무시하거나 잘못된 것으로 치부하는 문화. 청소년의 성을 현재가 아닌 대학 이후나 결혼 이후로 유보하려는 문화. 이런 한국 사회의 억압적인 성문화가 오히려 각종 청소년 성 문제를 낳아! 10대가 공중화장실 같은 곳에서 아이를 출산하고 유기하는 문제의 근본적인 이유가 뭐겠어?

😃 너는 뭔가 단단히 오해하고 있어. 어른들이 청소년을 잘 보호하려는 의도를 잘못 받아들였어. 게다가 10대가 출산한 아이를 유기하는 문제는 이와 별개야. 어른들의 태도와는 관련 없어. 억지로 연결시키지 마.

😃 관련 있지, 왜 없어! 어른들은 10대의 성관계를 '부끄러운 짓'으로 여기잖아. 그러니 10대들은 성관계를 음성적으로 할 수밖에 없어. 청소년이 임신을 하게 되면, 부모를 비롯해 상담할 사람이 없어. 왜냐하면 임신한 청소년은 '부끄러운 짓'을 했으니까! 어른들이 손가락질하는데, 정상적으로 아이를 출산할 엄두가 나겠어? 어찌할지 몰라 망설이다가 시간은 흐르고, 마침내 남몰래 출산하게 되는 거지. '부끄러운 짓'에 대한 비난을 회피하고 싶으니까, 아기를 유기하게 되지.

😃 너는 매사 몹시 극단적이야.

😃 내 말이 뭐가 극단적이야? 청소년의 성을 억압하는 문화가 극단적이지! 내 말은 졸라 현실적이야! 언제까지 세상 끝에 내몰린 청소년을 외면하기만 할 거야?

😃 성은 새로운 생명의 잉태와 관련된 순수한 것이야. 자유롭게 분

출하는 성질의 것이 아니야. 때와 장소를 가릴 줄 알아야 해. 성관계는 적절한 시기가 있어. 성에는 자유가 아니라 절제가 필요해. 그렇지 않으면 이 사회는 무질서해지고 도덕 불감증에 빠져.

성적으로 문란한 사진과 영상이 판치는 사이버 세상. TV 드라마에서 19금을 방불케 하는 야한 장면. 걸그룹과 보이그룹의 적나라한 의상과 춤. 이런 퇴폐적인 문화가 판치니 청소년의 성행동도 갈수록 타락하게 된다고 봐.

피츠버그대학교 의과대학 보건연구소 브라이언 A 프리맥 교수는 "성적인 노래 자주 들으면 성행동을 모방한다"라는 연구 결과를 《미국 예방의학 저널(American Journal of Preventive Medicine)》을 통해 발표했어. 미국 대도시 거주 9학년(한국의 고등학교 1학년) 711명을 대상으로 조사했어. "조사 표본이 된 10대가 퇴폐적인 섹스 묘사를 많이 언급하고 있는 팝송을 자주 들을 경우 그 같은 성적 행동을 벌일 확률이 높다"라고 발표했어. 조사 대상의 10대는 퇴폐적인 섹스를 묘사한 팝송을 매주 평균 14시간 이상 들었대. 프리맥 교수는 "퇴폐적인 섹스를 묘사한 팝송을 많이 듣는 10대는 남녀를 불문하고 적게 듣는 10대보다 성관계를 가질 가능성이 2배 이상 높다"고 했어. 이 연구 결과는 "언론 매체를 통해 무분별하게 노출되는 성적 메시지의 팝송이 이를 반복적으로 듣고 있는 청소년에게 조기에 성적 행동을 유발할 위험 요소를 던져주고 있다"라는 증명을 한 셈이지.

요즘 가요 프로그램은 의상부터 노래와 춤까지 눈 뜨고 보기 힘들어. 어린 여자아이들이 몸매가 다 드러나는 의상을 입고, 야한 춤을 추면서 적나라하고 직설적인 가사의 노래를 불러. 이런 화면이 공중파 TV에서 반복적으로 나오지. 스마트폰과 컴퓨터로 접하는 사이버 세상은 더 가관이야. 프리맥 교수의 연구처럼 이런 문란한 대중문화 속에서 자란 10대의 성 문제는 심각해질 수밖에 없어. 결과적으로 성 문제에 대해서는 자유가 아닌 절제가 필요해. 어휴… 도대체 세상이 어떻게 되려고 이러는지 모르겠다.

아빠가 "어휴…"라니! 내가 진정 어휴~다! 10대 성 문제에 대해 왜 이렇게 꽉 막혔어? 어~~휴~~! 한국의 한심한 성교육 문제를 지적하고 있는데, 논점을 일탈해서 이상한 교수의 말도 안 되는 연구 얘기나 하질 않나, 세상 답답한 꼰대같이 걸그룹 야하다는 소리나 하질 않나, 아빠 도대체 왜 그래?

야, 답답한 건 나다. 너 왜 이렇게 까졌냐?

대화하다가 논리적으로 딸리니까, 겨우 한다는 소리가 "왜 이렇게 까졌냐"라고? 아빠 참 수준 이하다!

너 점점…! 아빠한테 수준 이하가 뭐니? 오냐오냐하니까, 너무 버릇이 없어.

토론에서 밀리니까, 감정적으로 나오시네. 언제는 동등한 가족이니, 탈권위의 부모니, 하고 싶은 말은 자유롭게 하라느니, 순한 양처럼 좋은 말씀을 하시더니 완전 양의 탈을 쓴 늑대구만!

으… 우리 따님께서 어찌나 예의가 바르신지! 내가 참는다, 참아!

아빠가 참기는! 내가 하고 싶은 말이다.

하여튼 지금 10대 중에는 제대로 된 피임 교육을 받지 못한 사람이 다수야. 그렇다 보니 피임 없이 성관계하는 청소년이 부지기수야. 이는 원치 않는 임신으로 이어질 가능성이 있지.

'아하! 서울시립 청소년 성문화 센터'가 2018년 11월에 만 13~18세 청소년 333명을 대상으로 설문조사를 했어. "학교 성교육 시간에 받았던 내용이 도움 됐나?"라는 질문에 "별로 또는 전혀 도움 되지 않았다"라는 불만족 응답률이 남학생은 27.4%, 여학생은 49.2%로 나타났어. 주목할 점은 여학생의 절반가량이 불만을 표시했다는 거야.

불만족을 표현한 응답자들은 그 이유로 "학년이 바뀌어도 성교육 내용은 계속 똑같아서"(남 71.4%, 여 73.9%), "교육 방식이 지루하고 전달성이 떨어져서"(남 60%, 여 58.8%)를 꼽았어. "폭력 예방교육에 집중돼 있어서"(남 25.7%, 여 22.2%)란 응답도 5위 안에 들었어. 특히 남학생보다 여학생의 응답률이 높은 항목은 "피임 등 성행동 준비 및 결과에 대한 실질적 내용이 부족해서"(남 38.6%, 여 51.6%), "성차별적 내용을 포함하고 있어서"(남 18.6%, 여 28.1%)였어.

한국여성정책연구원의 조사 결과에서도 학교 성교육에 대한 불만족 의견이 다수 나왔어.[4] 2018년 11월 6일부터 12월 5일까지 전국 중학교 1~3학년에 재학 중인 4,065명의 중학생을 대상으로 직접 방문 설문조사를 실시했어.

"학교 성교육이 도움 되었다"라는 응답은 전체의 65.9%였고, "도움이 되지 않았다"라는 응답은 34.1%였어. 도움이 되지 않은 이유는 "일반적으로 강의만 해서"(34.7%), "필요한 정보를 주지 않아서"(34.4%), "이미 다 알고 있는 내용이어서"(34.3%)라고 응답했어.

앞의 조사와 마찬가지로, 도움이 되지 않았다고 응답한 경우가 남학생보다 여학생이 많았어. 학교 유형으로도 여학교에서 도움이 되지 않았다는 응답률이 높았어. 이는 여학생이 남학생보다 성교육에 대한 욕구가 높기 때문이라고 봐. 이러한 학생들의 높은 기대에 부응해서 학교 성교육을 보다 내실 있게 개편해야 해.

😀 너는 참 보는 눈이 이상하다. 네 눈에는 불만족한 학생만 보이고, 만족한 학생은 안 보여? 학교 성교육에 불만족을 표현한 중학생이 34.1%인 반면, 만족을 표현한 중학생은 65.9%잖아. 만족한 학생이 훨씬 많아. 거의 3분의 2가 만족하는 교육인데, 뭐가 그리 문제야?

😐 불만족한 학생이 34.1%라는 건 결코 적은 수치가 아니야. 사교육도 아닌 공교육이 34.1%의 의견을 무시할 순 없어. 그들의 목소리에 귀를 기울여서 불만 사항을 개선해야지. 명색이 공교육인데, 절대다수가 만족하는 내용으로 교육해야지.

😀 물론! 전체가 만족하는 내용으로 교육하면 좋지! 하지만 현실적으로 그건 불가능해. 사람은 관점이 다 달라. 각자 생각이 다른 10대들을 어떻게 100% 만족시킬 수가 있겠어?

😐 최대한 노력해야지. 100% 만족시킬 수는 없더라도, 최소한 34.1%씩이나 불만족하게 만들지는 말아야지. 학생들을 위한 학교 성교육인데, 학생들의 의견을 존중하는 건 당연하잖아.
"학교 성교육이 도움 되지 않았다"라는 응답률은 고학년일수록 높았어. 학생들은 학년이 올라가면 성교육의 수준도 올라갈 거로 기대해. 그러나 '일반적으로 다 아는 내용'을 교육했어. 혹은 정작 '필요한 정보'는 교육하지 않았어. 이러한 연유로 불만족이 높아졌어.

사실 학생들의 학교 성교육에 대한 불만족은 어제오늘의 일이 아니야. 2011년에 보건복지부 인구보건복지협회가 실시한 전국 학교 성교육 실태조사에서는 불만족 비율이 더 높았어. 학생들은 학교 성교육에 대해 "만족한다"(46.2%), "만족하지 않는다"(32.9%), "전혀 만족하지 않는다"(15.6%)로 응답했어. 불만족 응답률이 자그마치 48.5%나 됐어. 거의 절반에 가까운 학생들이 학교 성교육에 불만족했어. 2011년 조사에서나 2018년 조사에서나, 학교 성교육에 대해 학생들은 불만족하고 있었어. 내 장담컨대, 오늘 다시 조사해도 학생들의 불만족도는 여전할 거야.

까탈스럽기는… 10대들은 욕망이 심히 높아서 만족할 줄을 몰라. 다른 부분도 만찬가지야. 늘 구시렁거리지. 우리 때는 학교 성교육 자체가 없었다니까! 요즘은 예전보다 훨씬 잘 알려주잖아. 이만하면 됐지! 뭘 더 알고 싶어? 과유불급이야. 청소년 시기에 너무 자세히 알면 도리어 문제 행동을 유발할 수 있어.

위의 한국여성정책연구원 조사에서 중학생들은 향후 학교 성교육 내용에 대해 사춘기의 신체적 변화(27.7%)를 가장 기대했어. 다음으로 성폭력 17.2%, 안전하고 건강한 성관계 방법 15.1%, 페미니즘 7.1%, 피임 6.2%, 성적 권리의 이해 5.1%, 청소년 성에 관한 법과 제도 4.5% 등의 순이었어.

사춘기 신체 변화나 성폭력에 대한 교육은 필요해. 학교 성교육에서는 이런 내용을 다뤄야 해.

😀 그런 내용 '만' 다루는 게 문제지. 신체 변화나 성폭력에 대한 학생들의 요구가 많기는 하지만, 다른 내용도 배우고 싶어 해. 음식을 편식하면 안 되듯, 성교육도 편식은 금기야. 성관계 방법, 페미니즘, 피임 등에 대한 10대의 학습 욕구를 충족시켜줘야 해.

학교에서 충분히 성교육을 안 해주니까, 학생들이 자구책을 찾고 있어. 학생들은 성 관련 고민이 있으면 주로 "혼자 인터넷이나 책을 통해 정보를 찾아"(35.2%)보고 있었어. 또는 "친구와 상의"(30.8%)하고 있었어. 또래 친구들이나 온라인상의 왜곡된 정보를 무분별하게 습득할 우려가 있어. 무려 35.2%와 30.8%야! 학교에서 충분하게 학생들의 성 관련 궁금증이나 고민을 해결해줬으면 이렇게 높은 결과가 나왔겠어? 학생들은 성 관련 도움을 받을 수 있는 기관에 대해서도 "모른다"는 응답을 64.4%나 했어. 성교육의 수준이 낮고, 성 관련 정보 전달이 잘 되지 않은 결과야!

😀 학교에 보건선생님도 계시고, 담임선생님도 계시잖아. 궁금한 게 있으면 선생님한테 물어보면 되지! 엉뚱한 곳에서 정보를 찾는 학생들이 문제지, 학교가 무슨 잘못이야?

😀 물어볼 수 있는 환경과 분위기가 안 되잖아. 성에 관심 있으면 까졌다는 낙인이 찍히는 분위기에서 어떻게 물어봐?

우리나라에선 교육부 지침으로 학년당 15시간의 성교육을 해야 해. 스웨덴은 학교 성교육 시간으로 매년 4주나 편성돼 있어. 우리나라의 15시간은 대단히 짧아. 한술 더 떠서 일선 학교에선 이 15시간마저 형식적으로 채우는 경우가 종종 있어.

학교 성교육 담당 교사들도 나름대로 고충이 있어. 교사들은 학교 성교육에 만족하지 못하는 학생이 많다는 걸 잘 알고 있어. 그렇지만 짧은 수업 시간, 사회적 흐름을 반영하지 못하는 교육 자료, 보수적인 교육을 원하는 학부모나 관리자로 인해 실질적인 성교육을 하기 어렵대.

4장

네가 진짜로 원하는
성교육은 뭐야?

성교육은 유럽이 전반적으로 모범적이야. 핀란드는 청소년에게 피임 교육을 하는 것은 물론이고, 콘돔 등의 피임기구도 무료로 배포하고 있어. 10대의 원치 않는 임신과 낙태를 줄이기 위한 노력이지. 북유럽 국가들이 다른 나라에 비해 상대적으로 성에 더 개방적임에도 10대 임신율과 낙태율은 세계적으로 낮은 수준이야. 그 비결은 실용적인 성교육과 개방적인 사회문화라고 봐.

유럽의 성교육이 반드시 올바르다고 할 수는 없어. 교육과 문화는 각 나라의 역사와 사회 조건에 따라 다를 수 있어. 우리나라 현실에서 유럽의 성교육은 지나쳐. 너는 우리나라의 문화와 현실을 무시하고 있어.

내가 현실을 무시했다고? 아빠야말로 현실을 무시하고 있어. 아까 청소년의 성관계 통계를 봤잖아. 모르긴 해도 청소년 성관계 경험자 중에는 왜곡된 사회적 시선 탓에 진실하게 답하지 않은 경우도 있을 거라고 봐. 그러니 5.9%라는 수치는 결코 낮지 않아. 이미 많은 청소년은 성관계를 하고 있어. 청소년의 성적 욕구를 인정하면서도 임신과 출산 등 성관계에 따른 책임을 스스로 고민하게 하는 성교육이 필요해. 이미 서양은 그런 성교육을 하고 있어. 피임약과 콘돔을 무료로 제공할 만큼 정부의 지원도 탄탄해.

《경향신문》이 2019년 하반기에 〈성교육, 이제는 젠더교육이다〉(이하 《경향신문》 기사)라는 기획보도를 했어.*5 유럽, 미국 등에 가서 성교육 관련 심층 취재를 했지. 이 기사에 대해 민주언론시민연합은 "선진국의 성교육 사례를 폭넓게 취재하여, 사회의 성평등 수준과 성교육 제도의 밀접한 연관성을 드러내고 낙후된 한국 성교육 시스템에 대안을 제시했다"라며 2019년 10월 '이달의 좋은 보도상'에 선정했어.

《경향신문》 기사에 의하면, 북유럽 국가 중 하나인 스웨덴의 학생들은 15세부터 성적 자기결정권을 갖는대. 중학교에 입학하면서부터 피임 교육을 받아. 콘돔도 어디서나 무료로 제공되니까 손쉽게 구할 수 있어. 한국의 10대는 상상하기 어렵지. 피임 교육에서 학생들은 콘돔을 직접 모형에 씌우거나 물을 채워 모양이 변화하는 모습을 관찰해. 피임기구가 어떻게 작용하는지 과학적 원리에 대한 이론부터 시중에 판매되고 있는 제품들의 특징, 제조 날짜 확인하는 법, 콘돔이 찢어지지 않게 뜯는 방법 등 세밀한 내용까지 수업 시간에 배워. 덕분에 스웨덴의 10대 출산율은 출산인구 100명당 0.98명으로 유럽 국가 중 최저 수준이래. 영국(3.45명)과 프랑스(2.30명)에 비해서도 현저히 낮은 수준이지. 같은 북유럽 국가인 핀란드(1.66명), 덴마크(1.0명)보다도 낮아.

😊 스웨덴의 성교육은 아이들이 성관계를 한다는 전제 하에 교육 커리큘럼이 짜여 있구먼. 기본 전제가 우리 현실과는 다르네.

———

* 이 연재기사 원문을 보고 싶은 분은 QR코드를 찍어보세요.

😐 우리 현실과 다르긴 뭐가 달라?

😀 우리는 성관계 해본 10대가 5% 수준이야. 반대로 생각하면 95%는 성관계를 안 한다는 뜻이지. 당연히 성교육 시 대다수인 95% 학생에게 초점을 맞춰야지. 그렇다고 나머지 소수의 5% 학생을 방치하자는 말은 아니야. 그들을 위한 특별 과정을 마련하면 되잖아.

😐 5%를 어떻게 선별할 건데? "성관계해본 사람 손들어" 해서 상담실로 데려가? 그게 말이 돼?

😀 아니지. 대다수인 95% 학생들에게 맞는 성교육 커리큘럼을 마련해서 교육하면 돼. 나머지 소수의 학생은 부족함을 느낄 수 있으니, 필요한 사람만 보충 수업을 하면 되지.

😐 공교육은 책임지지 않을 테니까, 필요한 학생은 알아서 자율학습하라는 거야? 그런 무책임한 국가가 어딨어? 이러면서도 선진국 대열에는 들어가고 싶지?

😀 모두를 만족시키는 교육은 없어. 어쩔 수 없이 선택과 집중을 해야지. 그렇다면 절대다수를 차지하는 95% 학생들에게 맞는 내용으로 포커스를 맞춰야 해. 합리적으로 교육해야지.

😐 아휴~ 답답해! 내가 졌다, 졌어. 그래, 그 합리적인 성교육의 주요 내용이 뭔데?

😊 이 95%의 학생들도 성적인 욕구나 충동은 있어. 단지 10대 학생이라는 나이와 신분을 생각해서 자제하는 거지. 학교 성교육에서는 절제를 위한 여러 가지 방법을 알려줄 필요가 있어.

가령 10대 남녀가 데이트할 때는 단둘이서 하지 말고 친구들 여럿이 집단으로 해야 해. 사랑하는 남녀가 은밀한 곳에 둘이 있으면 성에 대한 유혹을 느껴. 10대도 마찬가지겠지. 단둘이 데이트하지 말고 성에 대한 가치관이 비슷한 친구들끼리 집단으로 데이트할 필요가 있어.

😐 참 나… 그게 대안이야? 아빠 정말 꽉 막힌 사람이구나?

😊 아빠가 막힌 것이 아니라 네가 지나치게 열렸어. 아빠 세대는 대부분 아빠와 비슷한 관점이야.

😐 관점이 유사한지 아빠가 어떻게 알아? 기성세대라고 전부 아빠 같은 꼰대는 아니야.

그래서? '성에 대한 가치관이 비슷한 친구들'은 어떤 친구들이야? '혼전순결주의'의 망상에 빠진 '건전한' 친구야? 당최 이 건전하다는 말이 풍기는 꼰대이즘의 냄새는 불쾌하기 짝이 없어.

😊 혼전순결주의가 어때서? 결혼 전에 순결하게 몸과 마음을 다잡아야지. 성은 생명과 직결되는 문제야. 함부로 몸을 더럽혀서는 안 돼.

😐 혼전에 성관계를 맺으면 더러워? 와~ 대박… 내가 이런 대화 같지도 않은 대화를 계속해야 하나!

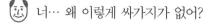 너… 왜 이렇게 싸가지가 없어?

🙂 또, 또 시작되셨네! 논리적으로 딸리면 바로 감정적으로 나오시지. 싸가지가 있네, 없네 같은 말은 꼰대들의 전유물이야. 내가 아까 '요즘 애들 버릇없다'의 역사적 기록을 알려주지 않았어? 그 논리라면 아빠도 할아버지 세대에게는 '싸가지 없는 요즘 애들'이라니깐!
"말은 맞는데, 싸가지가 없다." "다 좋은데, 말투가 마음에 안 든다." "바른 소리지만, 어린놈이 꼬박꼬박 대들며 말해서 기분 나쁘다." "네 주장은 맞는데, 눈빛이 반항적이다." "네 말이 옳더라도, 짝다리 짚고 말하지 마라."
꼰대는 자기가 불리하다 싶으면, 이런 식으로 주제와 상관없는 핑계 대면서 말을 돌리지. 방금 아빠의 화법이 전형적인 꼰대식 대화법이야. 상대방의 말이 맞으면 쿨하게 인정해! 잘못했으면, 미안하다 말하고!

🙂 어휴~ 어른인 내가 참아야지!
아무튼 학교 성교육에서는 절제할 수 있는 여러 가지 방법을 알려줄 필요가 있어. 10대 남녀의 데이트를 권장할 수는 없지만, 완전히 막을 수 없다면 최소한 성관계로는 이어지지 않게 해야 해. 데이트하면서 건전하게 함께 할 수 있는 활동들을 사전에 많이 정해두면 좋을 것 같아. 10대는 데이트하다가 할 일이 없으면 성적인 상상을 많이 하거든! 특히 부모님이 없을 때 집에서의 데이트는 절대 금기야. 아주아주 위험해. 공공장소에서 건전한 여가를 즐기는 데이트 노하우를 알려줘야 해.

참 가지가지 하신다. 건전한 데이트 노하우가 성교육이야? 아까부터 계속 '건전한, 건전한' 하시는데, 도대체 건전한 건 어떤 거고 불건전한 건 어떤 건데?

너는 열아홉 살이나 되어서 건전한 것과 그렇지 않은 것도 구분 못 하니? 네 질문의 의도가 불순해서 답변 안 하련다.

흥, 답이 생각 안 나서 못 하시겠지!
아빠가 생각하는 성교육에 딱 맞는 교육부의 성교육 표준안이 있어. 수많은 여성단체와 청소년단체, 국제인권단체, 유엔, 국내외 언론 등이 지속해서 비판하고 있지.

학교 성교육 표준안, 너는 당최 뭐니?

교육부 학교 성교육 표준안(요약)

◆ 건전한 성 욕구 해소 방법은 무엇인가?

: 이성과 단 둘이 있을 때 성적 충동이 일어나면, 화제를 갑자기 바꿔본다. 이성과 단 둘이 만나기보다는 여러 사람이 함께 만나면서 이성교제를 하는 것이 좋다.

(고등 16차시 성욕과 성 욕구의 해소)

◆ 청소년기 금욕

: 무분별한 성 욕구 충족은 사회문제가 될 수 있다(임신, 미혼부, 미혼모, 성병, 학업 중단, 성폭력 등). 성 욕구를 성관계를 통해 해결하는 것은 성인이 되어 결혼할 때까지 자제하는 것이 바람직하다.

자위를 많이 하면 음경 찰과상이 생길 수 있고, 드물지만 음낭이 이완되거나 성기 변형이 올 수도 있으니까 조심하는 것이 좋다.

: 성충동을 일으키는 주변 환경에 대처하는 방법알기 ⇒ 자극을 주는 옷차림을 삼가고, 피한다.

(중등 15차시 성 욕구의 조절)

◆ 성적 행동은 일순간에 끝날 수도 있으나, 그 결과는 삶 전체에 영향을 미친다는 것을 명심해야 한다.

(중등 10차시)

한심하다 한심해. "성관계는 결혼 후에 하라"가 뭐야? 이 자료를 진정 21세기를 살아가는 인간이 만들었단 말이야! 완전 시대착오적이다.

설사 이 교육 자료를 존중한다고 하더라도 "이성과 단둘이 있을 때 성적 충동이 일어나면, 화제를 갑자기 바꿔서" 성적 충동을 없앨 수 있어? 성욕이 그렇게 간단히 사라졌다 생겼다 해? 대단한 조절 능력 이네. 어른도 이 정도의 조절은 못 하잖아. 청소년에게 퍽 고차원적인 자제력을 요구하고 있어. "여러 사람이 함께 만나면서 이성교제"를 하라고? 여럿이 만나든, 단둘이 만나든 그건 데이트하는 당사자들 마음이지!

학교 성교육 표준안은 10대의 성욕을 억눌러야 하는 것으로 보고 있어. 10대의 성행동은 나쁘다는 인식을 노골적으로 보여주는 교육 자료라고 봐.

😀 성교육 자료로서 훌륭하구먼! 당연히 성관계는 결혼 후에 해야지. 책임도 못 질 10대가 임신·출산을 할 수도 있는 성관계를 하면 되겠어? 바람직하지 못해. "성적 행동은 일순간에 끝날 수도 있으나, 그 결과는 삶 전체에 영향을 미친다는 것을 명심해야 한다." 딱 내 말이다. 성적 충동을 참지 못해 잘못된 성적 행동을 했다가, 임신이라도 해봐! 죽을 때까지 짊어질 짐을 겨우 10대가 지게 되는 거야. 10대의 성충동은 최대한 잘 컨트롤해서 참도록 만들어야 해.

학교 성교육 시 성관계 교육을 하라는 일부 몰지각한 여성단체들의 주장은 잘못되었어. 학교에서 성관계 교육을 하면, 학생들에게 마음 놓고 즐기라는 오해를 살 수 있어. 성적 행동을 할 때 임신과 출산은 생각하지 말라고 착각하게 만들지. 이런 좌파 여성단체들은 "청소년의 성적 관계를 잘못된 것, 부정적인 것으로 보지 말아야 한다"고 주장해. 이들은 서양의 잘못된 '프리섹스 이데올로기'를 따르고 있어. 전통적인 유교 문화와는 배치되는 주장이지. 우리나라의 미풍양속에 어긋나.

🙂 유교 국가인 조선이 망한 지가 언젠데 아직도 유교 문화 타령이야! 성관계를 부정적으로 보지 말라는 입장을 어떻게 프리섹스 이데올로기로 해석할 수 있어? 과장이 심해도 너무 심하네. 극우 수구 꼴통들의 과장, 왜곡, 거짓 선동을 언제까지 들어줘야 하나… 참 나!

😊 이 녀석이 아빠한테 버릇없이 못 하는 말이 없네.

🙂 앗 차차차. 제가 무지하여 삼강오륜을 잠시 잊었사옵니다. 아바마마! 부위자강(父爲子綱, 자식은 아버지를 섬기는 것이 근본임), 부자유친(父子有親, 아버지와 자식 사이의 도리는 친애에 있음)하지 못해 송구하옵니다!

😄 하… 자식을 잘못 키운 나를 탓해야지, 누구에게 원망을 하겠노!

🙂 학교 성교육 표준안에서는 "자극을 주는 옷차림을 삼가고, 피한다"라는 것이 "성충동을 일으키는 주변 환경에 대처하는 방법"이래. 이 말은 성폭력의 원인이 여성의 옷차림에 있다는 거잖아. 성폭력의 원인을 가해자의 왜곡된 욕망과 잘못된 행동에서 찾아야지, 왜 피해자에게서 찾아? 여성이 짧은 치마를 입으면 성폭행해도 된다는 의미야? 옛날 성폭행 사건 판결 중에 강간당한 여성이 청바지를 입고 있었으므로 강간이 아니라는 판례가 있었어. 여성이 죽을힘을 다해 저항해야 하는데 그러지 않았다는 거지. 말하자면 청바지는 치마보다 벗기기가 어려운데, 여성이 저항을 안 했으니 벗길 수 있었다. 고로 강간이 아니라 합의로 한 섹스다. 뭐, 이런 저급한 생각 아니겠어! 수준이 상당히 떨어져서 이런 판례는 군사독재 시절에만 나왔다고

생각할 수도 있어. 천만의 말씀! 1990~2000년대 들어서도 유사한 판례가 여러 건 있었어. 1990년대 서울지법의 한 판사가 청바지를 입은 여성을 승용차 안에서 성폭행한 혐의로 기소된 남성에게 무죄를 선고했어. "포니 승용차 조수석에서 청바지 입은 여성을 어떻게 성폭행하느냐"라는 피고인의 주장을 받아들였지. 2008년에도 유사한 판결이 있어. 서울고법 재판부는 강간치상 혐의로 1심에서 징역 7년이 선고된 남성에게 항소심에서 무죄를 선고했어. 재판부는 그 이유로 "당시 피해자는 아래로 갈수록 폭이 좁아져 벗기기 어려운 청바지를 입고 있었다"라고 판시했어.

해외에서도 유사한 판결이 있었어. 호주 시드니 법원은 청바지 스키니진 입은 여성을 성폭행한 남성에 대해 "힘으로 벗기기엔 스키니진이 너무 달라붙어 있다"라며 무죄를 판결했어. 1999년 이탈리아 대법원도 "청바지는 단단하기 때문에 입은 사람의 도움 없이 벗기는 건 거의 불가능하다"라며 가해 남성에게 무죄를 선고했어.

이탈리아 대법원의 판결은 엄청난 비난을 받았어. 이탈리아 여성 국회의원들은 판결에 항의해 청바지를 입기로 결의했지. 여기에 동참한 각국 여성들은 '강간에는 어떤 동의도 없다'는 뜻에서 해마다 4월 24일에 청바지를 입는 '데님 데이' 캠페인을 벌이고 있어. 벌써 20년 넘게 이 행사가 성황리에 지속되고 있지.

성폭행 판단은 피해자의 저항 여부, 옷차림, 행동 등을 기준으로 하면 안 돼. 피해자의 '동의 여부'에 따라 판단해야 해. 현재까지 우리나라 형법에서는 폭행이나 협박에 의한 것만 강간으로 인정하고 있어. 유엔 여성차별철폐위원회는 "이같이 규정한 형법을 개정해 '피해자의 자발적인 동의 여부'를 중심에 놓고 판단하도록 해야 한다"라고 권고했어. 이미 영국, 독일, 스웨덴 등의 선진국들은 동의 여부를 성폭행 구성 요건으로 규정하고 있어. 더는 강간 피해자에게 책임을 돌리는 걸 멈춰야 해.

😊 판사가 어떻게 동의 여부를 정확히 파악할 수 있니? 형법의 판단은 증거가 명확해야 하는데, 동의 여부는 대단히 추상적이잖아. 억울한 가해자가 나올 수 있어. 무고나 과잉 처벌이 늘어날 확률이 높다고 봐.

성폭행 가해자로 지목된 사람 입장에서는 합의로 성관계를 했다고 생각했는데, 상대방이 고소하는 경우도 있을 수 있어. 성관계의 특성상 명확한 단어로 "예스"를 말한 후에 하는 경우는 별로 없잖아. 처음 성관계를 하는 사이는 더욱 그렇지. 남성이 생각하기에는 그날 분위기가 되게 좋았고, 상대 여성이 자신에게 애정 표현을 했다고 느꼈어. 분위기가 무르익어 술을 먹고 모텔까지 갔다고 쳐. 이쯤 되면 대한민국의 상식적인 남성은 상대 여성이 성관계에 동의했다고 생각할 수 있어. 그런데 다음 날 여성이 자신을 강간범으로 고소하면 황당하지 않겠어? 단순히 동의 여부로 성폭행을 판단하면, 억울한 피해자가 생길 수 있어.

😐 마초 남성들은 '여자의 노(NO)는 예스(YES)'라고 생각해. 여자가 내숭을 떨어서 NO라고 한 것을 진짜 NO로 받아들이면 바보라는 거지. 기본적으로 여성은 자기표현을 잘못한다는 관점이 깔려 있어. 혹은 '자기표현을 정확히 하는 여자는 드세다'는 인식도 있어. "용기 있는 남성이 미인을 차지한다"라는 말도 있지. 여성의 동의 여부를 무시하고 저돌적으로 들이대면 여성을 가질 수 있다는 저급한 관점이야. 이런 마초 남성들에게 여성은 수동적 존재로 대상화되었어.

그동안 여성에게 침묵을 강요하는 문화가 만연했어. 강요된 '침묵'을 '동의'로 받아들이는 남성 중심적인 사고는 성폭력으로 이어질 수 있어. 이제 상대방의 YES를 YES로 받아들이는 인식의 전환이 필요해. 어찌 보면 무척 당연해. YES는 YES이고, NO는 NO니까! 상대를 존중하는 문화도 필요해. 성관계는 혼자 할 수 없어. 상대방과 함께하는 거야. 성관계가 아니라 그 무엇이라도, 함께하는 사람의 동의를 구하는 것은 상식이지. 상대의 의사를 존중하고, 배려하는 자세가 필요해. 이러한 의식과 태도를 바탕으로 성관계를 하면 아빠가 우려하는 일은 생기지 않을 거야. 학교 성교육 표준안도 성폭력 예방의 대안을 이런 관점으로 제시해야 해. 성폭력에 있어서 자극을 주는 옷차림 같이 피해자 책임론의 관점은 없어져야 해.

교육부 학교 성교육 표준안(요약)

◆ 성은 남성(아빠)와 여성(엄마)의 혼인과 관련한 일
　(유치원 1~3차시)

◆ 성(性)은 생물학적 측면의 성(sex)과 사회적인 측면의 성(gender), 두 가지 면에서 남성과 여성으로 구분된다.
　(유치원 17차시)

◆ 성은 남녀의 관계
　(고등 1차시)

◆ 성 정체성의 의미 알아보기 – '나는 남자 혹은 여자'라는 사실을 인정하고 수용하는 것 – 남성 또는 여성으로서 기본적인 생물학적 특성의 자기 이해로 이를 정서적으로 수용하여 자신의 성에 맞는 성격, 관심, 기호, 행동

등을 채택하는 것

(중등 6차시)

◆ 성 정체성과 관련된 장애

: 건강한 성 정체성을 가진 사람들은 자신 있게 '나는 남자' 또는 '나는 여
자'라고 이야기할 수 있다. (중략) 사회·심리학적 원인론이 우세하다. 즉 양
육 시 어떤 성으로 자라는가 하는 문제이다. 어린이의 기질, 부모의 태도,
양육 방법, 부모와의 부정적 관계가 영향을 미친다. 전통 정신분석학에서
는 성장 과정 중 외디푸스 콤플렉스(oedipus complex)가 주가 되는 남근기
상태에 고착된 현상으로 본다. 성적 학대를 받은 경험이 많을 때도 이 장애
가 생긴다는 연구도 있다. 발생 빈도에 대한 정확한 통계는 없으나 성전환
수술을 원하는 사람들을 통해 추정하면 남자가 압도적으로 많다.

(중등 6차시)

정부의 성교육 표준안은 성을 여성과 남성 두 성별의 관계로만
다루고 있어. 다른 성별은 언급조차 없고, 동성애 등의 성적 지향이나
성 정체성을 정신적으로 문제 있는 것으로 가르쳐. 이런 성 정체성을
부모의 잘못된 양육 방법 등에서 비롯된 질병으로 묘사하고 있어. 결
국 성소수자는 배척해야 할 인간이라는 인식이 저변에 깔려 있어.

당연히 성을 여성과 남성으로 이원화하고, 성적 관계를 이성애로
한정하여 가르쳐야지. 시비 걸 문제를 시비 걸어라. 성이 여성과 남성
으로 이원화돼 있는 것은 객관적 사실이잖아. 남자와 여자의 신체 구
조상 이성애는 지당하고 바람직해.

교육부가 성교육 표준안의 제정 근거라고 밝힌 유엔 아동권리협

약이나 여성차별철폐협약 등에서는 "(한국의 학교) 성교육이 다양성과 포괄성의 가치를 수용해 성적 지향과 성별 정체성에 따른 차별을 배격하는 내용 등에 관한 구체적인 정보를 제공하라"라고 권고했어. 표준안은 성소수자 관련 내용을 배제하거나 왜곡함으로써 이 권고를 무시했어. 유엔 자유권규약위원회 심의에서 학교 성교육 표준안에 대한 문제점을 지적받았지만, 아직도 변한 게 없어. 오히려 교육부는 일선 학교에 보낸 성교육 표준안 관련 지침을 통해 "동성애에 대한 지도는 허락되지 않는다"라고 명했어.

😀 교육부가 그 지침은 수정했잖아. "성교육 표준안에서는 동성애에 관해 포함하지 않음"으로 바꿨어. 왜 자꾸 이전 지침을 갖고 비판하니?

🙂 동성애 교육하지 말라는 거나 동성애 불포함이나 도긴개긴이지! 아, 아니네. 교육 자료에 동성애를 포함하지 않는다는 뜻은 배제한다거나 무시한다는 거잖아. 이전보다 더 나쁜 지침이네. 동성애자의 존재를 부정하니까!

😊 또 오바하신다! 하도 진보 여성계에서 시끄럽게 구니까, 배려 차원에서 완곡하게 표현을 수정해준 거지. 뭘 그렇게 과장 왜곡하니?

🙂 학교 성교육 표준안에서 동성애를 비롯한 성적 지향이나 성평등 감수성 등에 문제가 있다는 비판은 차고 넘쳐.
한국여성정책연구원의 연구 보고서[6]에 의하면, 학교 성교육 표준안의 연구진 구성부터 문제가 있었어. 연구진은 대부분 보건학, 간호학 전공자였어. 사회학자나 여성학자, 현장 전문가 등은 포함되지 않았어. 이는 성에 대한 사회문화적·인권적 측면의 접근이 미흡한 결과로 이어졌어. 무엇보다도 생물학적 성지식 중심으로 교육 자료가 구성돼 있어서 성을 일반화·본질화·병리화시키는 문제도 있대.

연구 결과 도출 과정에서의 의견 수렴 문제도 있었대. 성교육 현장 전문기관을 비롯한 시민사회단체는 표준안 제작 과정에서 완전히 배제되었어. 최종안이 완성된 후에나 학교 성교육 표준안에 대해 알게 되었어.

😀 연구진이 보건학, 간호학 전공자로 구성되는 건 상당히 합당한 처사야. 성교육이니까 생물학적인 전문지식이 있는 사람이 교육 자료를 만들어야지. 하나도 문제될 게 없어.

🙂 생물학적 성보다 사회문화적 성이 더 중요해. 프랑스 철학자 시몬 드 보부아르(Simone de Beauvoir)는 "우리는 여자로 태어나지 않는다. 여자가 된다"라고 했어. 생물학적으로 여성의 몸으로 태어나는 것과 사회적으로 여성으로 길들여지는 것은 달라. '여자가 된다'는 것은 여성으로서의 역할을 다하도록 교육받고 사회화된다는 뜻이지. 미국의 철학자이자 젠더 이론가인 주디스 버틀러(Judith Butler)는 "생물학적 성도 사회적으로 젠더 권력에 의해 구성된 것"이라고 했어. 여자의 신체적 특징에 대한 관념도 사회적인 여러 요인의 영향을 받는다는 거지.

😀 여자면 여자고, 남자면 남자지, 뭐가 그리 복잡해! 여자가 여자답게 살고, 남자가 남자답게 살아야 자연스럽고 편안해. 사회적 성이니, 젠더니, 성적 지향이니, 성평등 감수성이니, 그런 말도 안 되고 복잡한 걸 어린 학생들에게 교육하면 되겠니?

뭐가 말도 안 돼? 여자는 조신해야 한다, 남자는 눈물을 흘리지 않아야 한다, 이런 게 전부 사회문화적으로 길들여지는 젠더 문제잖아. 여자는 왜 조신해야 하는데? 남자라고 해서 슬플 때도 울지 못할 이유가 뭔데? 가부장적 사회질서를 유지하기 위해 오랜 세월에 걸쳐 만들어온 틀을 '여성스러운 행동, 남성스러운 행동'이라는 허울로 강요하고 있어. 학교 성교육 표준안은 가부장적 성질서와 생물학적 성이라는 프레임으로 만들어졌어. 아직도 이따위 표준안으로 학교 성교육을 하고 있는 실정이니, 자라는 학생들의 미래가 캄캄하다.

학교 성교육 표준안은 '양성평등, 성적 의사결정, 성욕구와 준비된 성관계, 성행위, 자위행위, 성적 자기결정권, 동성애, 성소수자 권익 보호, 다양한 성적 지향, 결혼의 의미와 다양한 가족관계의 이해' 등의 내용을 삭제했어. 그뿐만 아니라 이러한 내용으로 학교에서 성교육하는 것도 금지했어. 학교 성교육 표준안에 대해 한국성폭력상담소와 한국여성의전화는 교육부에 비판적인 의견서를 제출했어. "성평등 감수성을 길러주어야 할 학교 성교육 표준안이 성별 고정관념과 성 역할을 강화하는 성차별적 내용을 담고 있다"라고 지적했어. "성에 대한 이해를 바탕으로 나와 타인을 존중할 수 있게 해야 할 학교 성교육 표준안이 성적 다양성과 다양한 가족 형태를 배제하고 있다"라고 비판했어.

:: 국제앰네스티 추천도서도 한국에서는 불온서적

출처: 김병욱 국민의힘(당시 미래통합당) 국회의원실[7]

2020년 8월 25일 국회 교육위원회 전체회의에서 김병욱 국민의힘 (당시 미래통합당) 국회의원이 유은혜 교육부 장관에게 현안 질의를 했어. "여성가족부가 동성애를 미화·조장하고 남녀 간 성관계를 노골적으로 표현하고 있는 도서를 초등학교에 배포했다"라며 문제를 제기했어.

김병욱 의원은 〈우리 가족 인권 선언〉 시리즈 중 『엄마 인권 선언』과 『아빠 인권 선언』이라는 책의 문제점을 지적했어. "이 책들은 각각 아빠와 엄마에게는 '원하는 대로 사랑할 수 있는 권리, 원할 때 아이를 가질 수 있는 권리'가 있다며, 두 여성, 두 남성 커플이 아이들을 돌보는 그림을 보여주고 있다"라고 말했어. 김병욱 의원은 『자꾸 마음이 끌린다면』이라는 책에 대해서도 "아주 비슷한 사람들이 사랑할 수도 있다. 예를 들면 남자 둘이나 여자 둘'이라고 서술하고 있어. 동성애, 동성혼이 '권리'임을 노골적으로 드러내고 있다"라고 주장했어. "동성애와 동성혼을 미화한다거나 이를 조장하는 것은 매우 우려스럽다. 특히 어린 초등학생들에게 동성애가 자연스러운 것처럼 묘사하고 노골적으로 성행위를 표현하는 도서를 배포하는 것은 문제가 있다"라고 비난했어.

김병욱 의원이 비판한 책들은 여성가족부가 '나다움 어린이책 교육 문화사업'으로 선정 배포한 것 중 일부야. 이 사업의 취지는 아이들이 성별 고정관념에서 벗어나 다양성을 존중하도록 돕겠다는 거야. 성인지 감수성 등을 다룬 책을 선정해 전국 초등학교와 도서관에 배포했어. 2019년에는 전국 80개 학교가 지원해 5개 초등학교가 선정되었고, 2020년에는 전국 20여 개 학교가 지원하여 10곳이 선정되었어. 여성가족부와 나다움 어린이책 홈페이지에 상세한 내역을 공유하고 있어. 책 선정은 엄격한 심사를 거쳤어. 교사와 교수, 평론가 등으로 구성된 선정위원회는 2019년에는 1,200여 종의 국내외 아동 도서를 심사해 134종을 선정했고, 2020년에는 624종 중 65종을 선정했어. 선정위원회는 남자다움, 여자다움이 아닌, 나다움이라는 키워드를 찾고, 주제 영역에 따라 10개의 범주로 나누었어. 인물이 고정관념에서 벗어나 자기 발견과 성장을 추구하는가 등 이야기의 서사와 등장인물에 대한 26개의 질문에 맞춰 평가했어. 다시 말해 김병욱 의원이 비판한 책들은 수많은 아동 도서 중에서도 직사하게 뛰어난 작품으로 전문가들의 평가를 받은 것이야.

간만에 속 시원한 국회의 모습이다. 응당 국회에서 저런 지적을 해야지. 중·고등학생에게 동성애 교육하는 것도 문제인데, 아직 애기인 초등학생한테 그런 교육을 하면 안 되지. 동성애가 그렇게 좋으면 자기들끼리나 할 것이지, 왜 순진한 아이들에게 선동질이야?

김병욱 의원은 "성적 소수자와 동성애의 자기 취향과 개인 결정에 대해 존중하고 차별하지 않아야 하는 것과 별개로 동성애와 성적 소수자를 조장하고 미화하는 것도 문제"라고 했어. 나도 적극 동감이야. 나 개인적으로는 동성애를 좋아하지 않아. 내가 안 하거나 싫어한다고 해서, 동성애자들에게 동성애를 중단하고 이성애를 하라고 강요할 수는 없잖아. 마찬가지로 자라는 아이들에게 동성애가 좋다고 세뇌시키면 안 돼.

누가 아이들에게 동성애를 강요했어? 동성애든 이성애든 '자꾸 마음이 끌리는 대로' 선택할 수 있어야 한다는 말이잖아. 자유의지대로 선택하라는 말을 어떻게 강요로 해석할 수가 있어? '원하는 대로' 사랑하고, '원할 때' 아이를 가질 수 있다는 것도 자유민주주의 국가에서는 상식이야. 내가 누구와 어떤 방식으로 사랑을 할지 그건 내 마음이지. 아이를 언제 가질지도 철저히 내가 정해. '성별 고정관념에서 벗어나 다양성을 존중하도록 돕겠다'는 취지에서 전혀 벗어나지 않았어!

꼰대 학부모들의 비난 여론 탓에 끝내 이 책들은 회수됐어. 여성가족부는 "'나다움 어린이책' 일부 도서가 문화적 수용성 관련 논란이 인데 따라 사업을 함께 추진해온 기업과 협의 끝에 해당 도서들을 회수하기로 했다"라고 밝혔어. 회수된 책은 『아기는 어떻게 태어날까』, 『아기는 어떻게 만들어지는지에 대한 놀랍고도 진실한 이야기』, 『걸스토크』, 『엄마는 토끼 아빠는 펭귄 나는 토펭이』, 『여자 남자, 할 일이 따로 정해져 있을까요』, 『자꾸 마음이 끌린다면』, 〈우리 가족 인권 선언〉(엄마·아빠·딸·아들 4권) 총 7종 10권이나 돼.

우리나라 국회와 정부는 50년 전 덴마크보다 못해. 약 50년 전에 『아기는 어떻게 태어날까』가 덴마크에서 처음 출판되었을 때, 덴마크에서도 극우 기독교 성향의 국회의원들이 이 책을 공공도서관에서 회수하라고 반발했었어. 이에 상당수 덴마크 국회의원들은 극우 기독교 정치인들의 주장이 터무니없다는 것을 밝혀냈어. 덕분에 책은 공공도서관에서 사라지지 않았어. 그 후로 이 책은 유아 성교육 도서로 세계적인 명성을 떨치고 있어. 50년 전 덴마크 정치인들은 이 책을 옹호하고 장려했는데, 50년 후 한국의 정치인들은 이 책을 회수하도록 만들었어. 회수를 종용한 국회의원이나, 이런 터무니없는 주장에 굴복한 정부나 한심하기 짝이 없어. 대한민국 국회와 정부의 수준이 덴마크보다 50년 넘게 뒤떨어진 셈이야!

🙂 하나도 안 한심하다. 내가 보기엔 그나마 빠른 회수 조치라서 다행이구만.

😀 다행이라니! 국제적 망신이지.

『자꾸 마음이 끌린다면』은 스웨덴 작가 페르닐라 스탈펠트라는 작가의 그림책이야. 참고로 페르닐라 스탈펠트는 한 해 최고의 아동문학 작품에 주는 작가상인 '엘사 베스코브상'을 받은 작가야.

『엄마 인권 선언』과 『아빠 인권 선언』은 국제앰네스티의 지원으로 프랑스에서 출간된 〈우리 가족 인권 선언〉 시리즈 중 하나야. 프랑스에선 3만 부 이상이 판매되고 학교에 보급됐어. 10개 언어로 번역 출간되기도 했지. 국제앰네스티는 "이 책은 남녀 모두의 평등을 존중해주는 것이 중요하다는 것을 일깨워주기 위해 쓴 재미있고도 의미 있는 권리 목록을 담고 있습니다"라며 "고정관념과 차별을 깨뜨리는 〈우리 가족 인권 선언〉"을 응원"했어.

😀 〈우리 가족 인권 선언〉에서는 "남자든 여자든 좋아하는 사람을 사랑할 수 있는 권리"를 주장하고 있어. 순수하고 착한 아이들에게 대놓고 동성애를 하라고 부추기는 행위라고 봐.

😀 작가의 생각은 달라. 이 책을 한국에 소개한 김성은 편집장이 《오마이뉴스》에 작가와의 인터뷰를 실었어. 〈동성애 조장? 어린이들에게 한 번도 듣지 못한 질문〉이라는 기사를 보면, 글을 쓴 작가 엘리자베스 브라미의 입장을 알 수 있어. 작가는 "마태복음 22장 37-39절의 '네 이웃을 네 자신과 같이 사랑하라'를 에로틱하거나 성적으로 읽는 사람은 없지 않나요? '남자든 여자든 좋아하는 사람을 사랑할 수 있는 권리'는 인간관계의 톨레랑스(tolérance)를 이야기하는 것입니다. 이 조항에 갖은 편견을 들이대는 것은 어른들이 장기적인 관점에서 사회악을 만들어내는 겁니다"라고 밝혔어. 이어 김성은 편집장이

"동성애를 누군가 조장할 수 있다고 생각하시나요?"라고 물었어. 작가는 "책도 영화도 동성애를 조장하거나 부추기지 않습니다"라며 "주관적이거나 객관적인 수많은 요인, 정서적이거나 물질적인 수많은 요인들이 성적 방향성 문제만이 아닌, 한 아이의 인성 계발에 영향을 끼칠 수 있을 겁니다"라는 입장을 표명했어. "성적 방향성 문제는 생각하는 것처럼 의지적이거나 고의적인 선택으로 이뤄지지 않는다"라고 지적했어.

아빠 생각과는 달리 이 책에는 동성애를 옹호하는 목적이 없대. 꼰대들의 왜곡된 시선과 편견이 사회악을 만들 수 있대. 더불어 동성애는 조장한다고 해서 조장되는 것이 아니래.

남자든 여자든 좋아하는 사람을 사랑할 수 있는 권리가 인간관계의 톨레랑스를 뜻한다고? 보통의 독자들이 정말 그렇게 해석하겠어? 불어인 톨레랑스(tolérance)를 프랑스어 사전에서 찾아보면 '(타인의 사상·행동에 대한) 관용, 이해'라고 나와 있어. 남자든 여자든 좋아하는 사람을 사랑할 수 있는 권리가 타인에 대한 관용이야? 타인을 배려하고 이해하는 것과 무슨 상관이 있어? 더욱이 작가의 의도가 어떻든 해석은 독자가 하는 거야! 영화든 책이든 모든 작품에서 감상의 기본은 엿장수 마음대로라고! 감독이나 작가가 '이렇게 해석하시오'라고 강요할 순 없어. 만드는 건 작가의 몫이지만, 해석하는 건 독자의 몫이거든. 일반 독자들이 해석하기에 남자든 여자든 좋아하는 사람을 사랑할 수 있는 권리는 '동성애를 할 수 있는 권리'와 이음동의어라고 느껴져. 이 책이 동성애를 조장하지 않는다는 작가의 억지 주장은 받아들일 수 없어. 이런 책은 한시바삐 회수하는 게 맞아!

🙂 여성가족부의 회수 조치에 대해 한국여성단체연합은 성명을 내비판했어. "성평등 정책을 뚝심 있게 추진할 책무가 있는 여성가족부는 인권과 다양성, 성평등과 존중의 가치를 부정하는 발언을 한 국회의원과 일부 혐오 세력의 주장에 대해 제대로 된 반박도 하지 않은 채 '문화적 수용성'이란 이유를 붙여 실질적인 정책 철회를 선언했다"라며 분노를 표했어. 이어 "여성가족부는 헌법적 가치인 성평등을 실현하기 위한 부처다. 여가부는 이번 결정에 대해 심각하게 평가하고 반성하라. 나다움 어린이책 사업을 지속적으로 추진하라"라고 요구했어.

😠 너는 여성계 일부의 주장만 듣고, 국민들의 목소리는 안 듣니? 대부분의 상식적인 국민은 이 책이 동성애를 조장한다며 비판의 목소리를 키웠어.

🙂 상식적인 국민이 아니라 몰상식한 국민이겠지! 상식적이고 신뢰할 만한 국제기구들은 성소수자와 동성애에 대한 교육의 필요성을 역설하고 있어. 유네스코에서 발간하는 '국제 성교육 가이드'는 5~12세 아동을 위한 성교육 내용으로 다음과 같은 사항을 제시하고 있어.

- 비전통적 가족을 포함한 다양한 형태의 가족에 대한 이해와 존중.
- 다양한 결혼의 방법.
- 생물학적 성과 젠더의 차이.
- 성 및 재생산 건강과 관련한 몸의 부분을 묘사하기.
- 성기가 질 속에서 사정하는 성관계의 결과로 임신할 수 있음을 알기.
- 신체적 접촉을 통해 쾌락을 느끼는 방식 설명하기.

- 섹슈얼리티*에 호기심을 갖고 질문을 하는 것은 자연스러운 것임을 인식하기.
- 원치 않는 임신을 피하는 효과적인 방법.

이 가이드는 10대 후반 청소년용이 아니야. 5~12세를 위한 성교육 가이드지. 이를테면 유네스코 입장에서는 유아부터 초등학생에게 이 정도 내용의 성교육은 해야 한다는 거야. 이번에 금서로 낙인찍힌 책들은 모두 유네스코의 국제 성교육 가이드를 잘 따르고 있어. 우리나라도 이제는 이런 상식적이고 국제적인 기준을 따라가야 해. 언제까지 성교육 후진국에 머물 테야?

😀 이게 무슨 상식적이고 국제적인 기준이야? 미국이나 유럽이 이렇게 과도하고 혼란스러운 성교육을 해대니까 성적으로 문란하잖아. 김병욱 의원이 지적한 대로 지나친 성교육은 '조기 성애화'를 가져올 수 있어. 유네스코식으로 성교육하면 성적으로 위험하거나 불결한 행위가 넘쳐나게 돼.

🙂 아빠의 예상은 틀렸어. 유네스코에 의하면, 이러한 성교육의 성과로 '성적 교류의 시작 시기 지연, 성적 교류의 빈도수 감소, 성관계 파트너 수 감소, 위험한 행동의 감소, 콘돔 등 피임기구 사용 증가' 등의 효과가 나타났어. 김병욱 의원은 성관계에 대한 사실적인 교육이

---

* 섹슈얼리티(sexuality)
: (국립국어원) 사회적 관계망 속에서 이루어지는 사회 역사적 구성물이며, 불평등한 권력 관계의 산물인 성에 관련된 행위, 태도, 감정, 욕망, 실천, 정체성 따위를 포괄하여 이르는 말.
: (한국성폭력상담소) 성역할, 성행위, 성적 감수성, 성적 지향, 성적 환상과 정체성을 정의하고 생산하는 모든 영역을 의미하는 폭넓은 개념.

조기 성애화를 가져올 수 있다고 우려했지만, 타당한 근거가 없어. 유네스코 국제 성교육 가이드는 "세계 각국의 연구는 섹슈얼리티 교육이 성행동 시작 시기를 앞당기는 일은 거의 없다고 분명하게 말한다. 연구들은 성교육이 성관계 시작 시기와는 직결되는 영향이 없으며, 오히려 시작 시기를 늦추거나 성적 행동에 더 책임 있는 태도를 갖게 한다고 말한다"라고 밝혔어.

어릴 때부터 성소수자의 인권이나 동성애에 관해 열린 성교육을 해야 건강한 성적 가치관을 형성할 수 있어. 아빠가 계속 주장하는 소위 '건전한' 성을 위해서라도 학교 성교육은 더 확실하게 해야 해.

😀 동성애가 어떻게 건전한 성이야?

🙂 그럼 불건전하다는 근거는 뭔데?
가족의 형태는 다양해. 동성가족도 여러 가족 형태 중 하나일 뿐이야.

😀 성이 남성과 여성으로 구분된다는 건 생물학적으로도 사실이잖아. 설사 게이나 레즈비언 같은 사람들이 있다고 하더라도, 그런 성적 취향은 올바르지 않아. 게이끼리 결혼해서 아이를 낳을 수 있니? 정상적인 가정을 이룰 수가 없잖아. 소수의 문제 있는 성적 지향을 마치 장려라도 하듯 국가기관이 교육하면 되겠니? 어디 일개 시민단체도 아니고 국가가 그럴 순 없어.

🙂 성은 생물학적인 남성과 여성으로만 구분하면 안 돼. 성소수자가 엄연히 존재하잖아. 생물학적으로 여자의 몸을 갖고 태어났다고 하더라도 남성으로 살고 싶을 수 있어. 세상에는 수많은 성소수자가 살고

있어. 명백히 존재하는 사람들을 부정하면, 그들은 뭐가 돼? 아빠는 국가로부터 존재를 부정당했으면 좋겠어?

😀 내가 또 언제 존재를 부정했니? 너는 참 극단적으로 생각을 잘 하더라. 성소수자도 있겠지만, 그렇다고 그게 정상적인 성적 취향은 아니라는 말이잖아. 국가가 자라는 아이들에게 정상적인 걸 가르쳐야지, 비정상적인 걸 교육하면 되겠니? 정상적인 가족의 형태와 중요성에 대해 국가 차원에서 명확하게 교육해야 해.

😀 도대체 '정상적인 가족'은 뭔데? 그럼 동성가족, 입양가족, 동거가족, 조손가족, 한부모가족, 다문화가족 등은 모두 비정상 가족이라는 말이야? 정상 가족이라는 말 자체에 억압과 차별이 있어. 동성가족이든 동거가족이든 당사자들이 행복하면 그만이지. 아빠가 뭔데 함부로 남의 가족을 '비정상'이라고 매도해!

😀 우리 주변을 둘러보면 대부분의 가족이 아빠, 엄마, 자녀로 구성돼 있잖아. 다수의 가족 구성이 이렇다면, 이를 정상이라고 생각할 수도 있지. 이외에 가족 형태가 있을 수는 있으나, 극소수잖아. 그러니 비정상이라고 말할 수도 있지.

😀 아~ 소수면 비정상이야? 와… 오늘 어마어마한 레알 꼰대 만났네.

😀 아빠가 말한 비정상의 의미는 어딘가 문제가 있다는 것이라기보다… 그… 그저 전체 가족 중 얼마 안 된다는 그런… 음….

아이고, 됐네요. 말해놓고선 뭔가 찔리긴 하는가 보네.

행정안전부의 2020년 주민등록 인구통계에 의하면 1인 가구는 계속 증가하는 추세야. 주민등록상 1인 세대 수는 2019년보다 57만 4,741세대(6.7%) 늘어난 906만 3,362세대야. 처음으로 900만 세대를 넘어섰어. 1인 세대가 전체 세대에서 차지하는 비중은 2016년에는 35.0%였는데, 2020년에는 39.2%를 기록했어. 거의 40%에 육박한 거지. 여기에다 2인 가구를 합하면 전체 가구의 62.6%로 절반을 넘어. 반면 4인 이상 세대 비율은 2016년 25.1%에서 지난해 20.0%로 감소했어. 2020년 평균 가구원 수는 2.24명으로 사상 최저치였어. 아빠의 주장과는 달리 대부분의 가족이 엄마, 아빠, 자녀로 구성되지 않았어. 부모와 자녀로 구성된 가구만 정상 가정이라는 아빠의 말은 터무니없어!

:: 아기는 황새가 데려다준다?

옷을 벗은 엄마랑 아빠야.
엄마에겐 가슴이 있고 다리 사이에 좁은 길이 있어.
그 길을 질이라고 해.

아빠 다리 사이에는 곤봉처럼 생긴 고추가 있어.
고환이라고 하는 주머니도 달려 있지.

아빠랑 엄마는 서로 사랑해.
그래서 뽀뽀도 하지.
아빠 고추가 커지면서 번쩍 솟아올라.

두 사람은 고추를 질에 넣고 싶어져.
재미있거든.

침대에 누워 있는 엄마랑 아빠야.
아빠는 엄마의 질에 고추를 넣어.
그러고는 몸을 위아래로 흔들지.
이 과정을 성교라고 해. 신나고 멋진 일이야.

아기를 만들기 위해선 성교를 해야 돼.
하지만 성교를 한다고 무조건 아기가 생기는 건 아니야.
그렇기 때문에 엄마랑 아빠는 아기를 만들고 싶을 땐
더 정성스럽게 사랑을 나눠.

엄마랑 아빠는 서로 무척 사랑해.
아기도 낳고 싶어 하지.
아빠의 고환에는 아기가 될 정자가 아주 많은데.
엄마랑 아빠가 성교를 하면 아빠 고추에서 정자가 나가.

정자는 질을 헤엄쳐서 엄마 배 속의 작은 방으로 가.
자궁이라고 부르는 방이야.
자궁에는 난자라는 작은 알이 있을 때도 있어.

미래통합당   국회의원 김병욱

출처: 김병욱 국민의힘(당시 미래통합당) 국회의원실

👤 김병욱 의원은 『아기는 어떻게 태어날까』라는 책에 대해서도 다음과 같이 비난했어.

"부모의 성관계를 그림과 함께 자세하게 묘사하고 있는데 그 수위가 지나치게 외설적이다. 성기 삽입 과정을 자세히 그림으로 묘사하며 '두 사람은 고추를 질에 넣고 싶어져. 재미있거든', '아빠는 엄마의 질에 고추를 넣어. 그러고는 몸을 위아래로 흔들지. 이 과정을 성교라고 해. 신나고 멋진 일이야'라며 성교를 일종의 놀이처럼 서술하고 있다. 이 같은 내용은 가치관이 성립되기 전 어린 나이부터 성에 관해 아주 자세한 교육을 해 성적 본능에 의한 애정의 대상이 되거나 또는 그렇게 만드는 조기 성애화 문제를 야기시킬 수 있다는 우려도 제기된다."

😊 아우~ 심각하다. 이런 책을 초등학생에게 보여주다니! 성기를 사실적으로 표현한 것도 모자라, 성관계에서 남자의 발기된 성기가 여자의 질에 삽입된 장면까지 상세하게 그렸어. 꼭 이렇게 퇴폐적이고 노골적으로 표현해야만 성교육이 가능해? 그것도 초등학생에게?

😊 아이들에게 성관계와 임신·출산 과정을 사실적으로 알려줘야 해. 그동안 우리나라의 학교 성교육은 10대에게 성관계에 대한 올바른 지식을 제공하지 않았어. 이로써 성에 관한 왜곡된 관념을 심어주는 데 일조했지. 이제 금욕주의, 순결주의 중심의 성교육은 사라져야 해. 까놓고 말해서 요즘 초등학생은 인터넷이나 스마트폰으로 이 책의 그림보다 더 적나라한 사진과 영상을 이미 보고 있어. 저 정도 그림으로 아이들이 조기 성애화가 된다는 발상은 현실을 전혀 모르고 하는 소리야! 아빠도 어릴 때 이상한 잡지로 야한 사진 본 적 있잖아? 솔직하게 말해봐!

🫥 으흠… 어… 내가 보려고 해서 본 건 아니고… 동네 형이 갑자기 재미있는 거 보여준다며 자기 집으로 데려가더라고…. 그때 처음으로 봤는데, 좀 뭐… 거시기하더만!

🙂 그때가 몇 살이었는데? 중학생도 아니고 초등학생 때지?

🫥 으흠… 아, 뭐 좋은 거라고 자세하게 물어보냐? 그만해!

🙂 글쎄, 예나 지금이나 현실이 이렇다니까! 학교 성교육은 형식에 그치는데, 아이들은 음성적인 환경에서 이미 포르노를 보고 있어. 조기 성애화가 그렇게도 걱정이라면, 오히려 이 책과 같이 제대로 된 성교육 책으로 학교 성교육을 더 강력히 해야지.

🙂 음성적인 루트로 이상한 사진과 영상을 보는 것도 막아야겠지만, 이 책도 금지해야 해. 책 속의 표현이 지나쳐도 너무 지나쳐!

🙂 『아기는 어떻게 태어날까』는 남녀가 만나 사랑에 빠지고, 성관계를 통해 아이가 생기고 출산에 이르는 과정을 해부학적이면서도 알기 쉽게 설명했어. 1971년 덴마크에서 출간해 아동 성교육 자료로 널리 쓰여온 책이지. 덴마크의 교사이자 심리치료사, 성 연구가인 페르 홀름 크누센이 쓴 책으로, 1972년엔 덴마크 문화부 아동도서상을 받기도 했어. 한국에선 2017년 출간됐으며, 3세 이상이 읽을 수 있는 도서로 분류돼 있어. 3세 이상이면 읽을 수 있는 책을 초등학생 성교육 자료로 활용하지 못할 이유가 어디 있어?
덴마크에서는 이미 50년 전부터 인기 서적이었는데, 우리는 이 책을 보급하는 것조차 논란이 일었어. 우리나라 성 의식 수준이 덴마크보다 50년 이상 뒤처지다니! 정말 해도 해도 너무해.

뭐가 너무해? 초등학생에게 성관계가 "재미있다"라거나 "신나고 멋진 일"이라고 교육하면 되겠니? 이런 퇴폐적인 성교육을 하면 안 돼. 초등학생이 성을 성스럽고 순결하게 인식하지 않고, 놀이처럼 생각하면 장차 커서 어떻게 되겠니? 성관계를 재미있고 신나는 일이라며 순진한 초등학생을 선동하는 이 책은 없애버려야 해.

성관계는 재미있고 신나는 일 맞잖아! 섹스가 고통스럽고 재미없다면, 어른들은 왜 못해서 안달 났는데? 부부간 성관계로 만족하지 못하고 불륜까지 저지르면서 섹스를 하잖아. 고통스럽다면 이렇게 무리하면서까지 섹스를 하겠어? 섹스가 좋으니까 하잖아. 좀 솔직해져라!

거기서 불륜 커플 이야기가 왜 나오니?

책에서 말한 대로, 성관계는 재미있고 신나는 일이라고! 세상에나~ 얼마나 재미있고 신났으면, 들킬까봐 불안 불안해하면서, 불륜을 저지르면서까지 섹스를 하냐! 어른들은 참 재미있고 신나게 산단 말이야!

이 녀석이 또 까부네! 너는 꼭 말을 이렇게 싸가지 없게 해야 속이 시원하지?

왜 내 말이 틀렸어? 틀렸으면 반박해봐! 할 말 없으면 싸가지 없다고 말 돌리기나 하지. 쳇!

나는 "재미있다", "신나고 멋진 일"이라는 표현만 골라서 문제 제기하는 그 자체도 문제라고 봐! 극우 단체와 보수 정당의 국회의원이 일부러 과장 왜곡하고 있어. 추측건대, 그들은 이 책 전체를 읽어보지 않았을 거야. 혹은 읽었지만, 의도적으로 선택적 지각을 해서 본질을 흐리는 거로 생각돼.

이 책의 한국 출판사 담푸스의 서평을 보면 "사랑을 바탕으로 한 관계가 얼마나 행복하고 즐거운 일인지 솔직히 얘기하고 아기가 태어나는 과정을 간단하면서 따뜻한 시각으로 전달하고 있다"라고 밝혔어. 엄마·아빠는 강요와 억압 속에서 성관계를 맺은 것이 아니라 '재미있고, 신나고 멋진' 분위기와 상황에서 성관계를 맺었다는 말이지. 그런 행복한 관계를 통해 '네가 태어난 거야!'라고 자녀에게 알려주는 거지. '재미있고, 신나고 멋진' 상황과 관계에서 자신이 태어났다고 배운 자녀는 스스로를 소중한 존재로 여기게 될 거야. 서로를 사랑해서 아이를 낳는 과정 자체가 행복하고 즐거운 일이라는 맥락에서 나온 표현이 "재미있다"와 "신나고 멋진 일"이었어. 전체적인 맥락을 살피지 않고, 특정 단어만 딱 떼어내서 문제를 제기하는 것은 과장 왜곡 논리의 전형이야.

😀 내가 덴마크어를 몰라서 그 단어가 원서에는 어떻게 쓰여 있는지 모르겠지만, 번역을 잘했어야지. 아마도 직역한 것 같은데, 우리 정서에 맞게 순화했어야 해.

🙂 꼰대 어른들이나 '재미있다, 신난다' 같은 단어에 몰입하지, 아이들은 별로 신경 안 써. 꼰대들은 이 책에서 성기와 성관계 그림에 집

착했어. 아이들은 이 역시 크게 관심 없어. 아이들이 집중하는 대목은 주로 태아의 모습이야. 그게 옛날의 자기 모습이니까! 태아가 이렇게 나 작았는지 놀라워해. 이 조그마한 태아가 어떻게 엄청나게 커지는지 궁금해하지. 그러니 꼰대의 시각으로 아이들의 책을 평가하지 마!

🙂 책을 사는 것도 어른이고 책의 내용을 보충 설명하는 것도 어른인데, 어떻게 어른의 시각을 배제할 수가 있어! 당연히 어른의 관점과 일치하는 책을 성교육 책으로 선정해야지.

🙂 유치원생이나 초등학교 저학년 자녀를 둔 부모들은 자녀에게 "아기는 어떻게 태어날까?"라는 질문을 받을 때가 있어. 그러면 사실적이고도 자세한 설명을 해줘야지. 언제까지 "황새가 데려다준다", "다리 밑에서 주워 왔다" 같은 평계를 댈 거야? 이렇게 자꾸만 쉬쉬하니까, 아이들이 성을 '음흉한' 그 무언가로 인식하게 돼. 아이들은 성에 대한 궁금증이 있거나 성 문제가 발생해도 '음흉한' 것을 부모에게 물어보지 못하게 되지. 그러다가 인터넷이나 스마트폰으로 불법 영상물을 보고 왜곡된 성을 올바른 성으로 착각해버리지. n번방 사건은 이렇게 생겨나는 거야. 음란물을 통해 성관계를 배우는 것보다는 공교육에서 올바른 성관계를 배우는 게 낫잖아.

🙂 그렇다고 심히 노골적인 표현으로 어린아이에게 성교육을 하면 안 되지. 차라리 황새가 데려다준다는 식으로 둘러대는 게 낫다고 생각해.

🙂 아… 말이 안 통하네.

대형 인터넷 서점인 YES24가 이 책으로 어린이 독후감 대회를 연 적이 있어. 지금도 YES24 홈페이지에서 많은 어린이의 독후감을 감상할 수 있어. 나는 김해신명초등학교 2학년 우○○ 군의 글이 참 인상적이었어.

YES24 홈페이지에 등재된 『아기는 어떻게 태어날까』에 대한 김해신명초등학교 2학년 우○○ 군의 독후감[8]

나도 동생이 있으면 좋겠다는 생각으로 엄마·아빠와 같이 이 책을 읽게 되었다. 책에는 아기가 어떻게 태어나는지 자세히 나와 있다. 엄마 배가 불룩한 그림은 내가 엄마 배 속에 있을 때 찍은 엄마 사진이랑 똑같아서 신기했다. 그래서 나는 다시 엄마 배 속으로 들어가고 싶었다. 아기는 엄마와 아빠가 정말 많이 사랑할 때 아빠 아기씨가 엄마 몸속으로 들어가서 엄마 아기씨와 만나면 생긴다. 나도 그렇게 생긴 거라고 아빠가 말씀해주셨다. 그리고 나도 사춘기가 되면 아기씨를 만들 수 있다고 했다. 그래서 나의 몸을 소중히 아껴야 한다. 왜냐하면 나는 아빠가 될 사람이기 때문이다. 여자친구도 사춘기가 되면 아기씨가 생긴다. 그래서 여자친구도 몸을 소중히 아껴야 한다. 앞으로는 여자친구들을 놀리지 않겠다고 생각했다. 왜냐하면 엄마가 될 사람이기 때문이다.

책을 보면서 제일 놀라웠던 것은 탯줄이었다. 아기는 배 속에 있을 때 탯줄을 통해서 숨도 쉬고 몸에 필요한 영양분도 받는다. 그런데 아기가 태어나면서 배꼽이 된다. 저렇게 긴 줄로 숨도 쉬고 영양분을 받는 것도 신기한데, 배꼽이 된다니 정말 놀라웠다. 나도 탯줄을 자를 때 많이 아팠을까? 책에는 아기들이 태어날 때 우는 것은 숨을 쉬기 위한 것이라고 했다. 그런데 내 생각에는 탯줄을 자를 때 아파서 우는 것 같다. 생명이라는 것은 정말 소중한 것이다. 나도 동생이 생기면 동생을 위해서 엄마 말도 잘 듣고, 노래도 불러줄 것이다. 내 목소리를 들을 수 있겠지? 책을 다 읽고 엄마 배에 손을 대고 기도했다. 얼른 동생이 생기게 해주세요. 이건 비밀이다.

이 아이는 "나도 사춘기가 되면 아기씨를 만들 수 있다고 했다. 그래서 나의 몸을 소중히 아껴야 한다. 왜냐하면 나는 아빠가 될 사람이기 때문이다"라고 썼어. 또 "앞으로는 여자친구들을 놀리지 않겠다고 생각했다. 왜냐하면 엄마가 될 사람이기 때문이다"라고도 적었어. 아이는 책을 통해 자신의 몸을 소중히 여기는 것뿐만 아니라, 상대 여성도 존중해야 한다는 깨달음을 얻었어. 아빠가 우려하는 조기 성애화가 아니라 생명과 성의 소중함을 알게 되었대. 아빠가 늘 주장하잖아. 성은 생명과 직결된 문제라고! 아이는 이 책을 통해 그것을 깨달았어. 아빠의 주장을 널리 퍼뜨리기 위해서라도 이 책은 회수가 아니라 장려해야 하지 않아?

이 아이의 독후감 이외에도 많은 어린이의 독후감이 있는데, 그중에는 다음과 같은 내용이 적지 않아. "아기는 엄마·아빠의 사랑을 받고 태어나고, 나도 엄마·아빠가 사랑해서 엄마가 10달 동안 나를 배 속에 품고 나왔습니다. 그래서 내가 중요한 사람 같습니다.""내가 엄마·아빠의 사랑으로 태어나서 기쁘다.""엄마랑 아빠랑 사랑해서 우리를 낳았으니 우리도 부모님께 사랑을 듬뿍 드려야겠다." 이 책의 전반적인 맥락은 이 아이들이 서술하는 바와 같다고 봐. 엄마·아빠의 사랑으로 자녀가 태어난다. 그런 자녀는 참으로 소중한 존재다. 서로를 사랑하고 존중하면 가정이 행복해진다.

이처럼 아이들은 책의 주제를 잘 파악하고 있는데, 꼰대 어른들만 본질을 호도해. 성관계 표현이 지나치게 노골적이라서 조기 성애화를 조장한다고 무턱대고 떠들어. 값도 모르고 쌀자루 내미는 격이야. 정작 이 책을 읽은 아이들은 성관계 관련 그림이나 단어에 별로 관심 없고, "제일 놀라웠던 것은 탯줄"이래. "아기는 배 속에 있을 때 탯줄을 통해 숨도 쉬고 몸에 필요한 영양분도 받는다"면서, 태어난 후에는 탯줄이 "배꼽이 된다니 정말 놀라웠다"라고 했어. 아이들은 태아나 탯줄에 관심이 많았어. 자기들의 옛 모습이니까! 자기가 엄마 배 속에서 어떻게 살았는지 궁금했거든. 성관계 그림이나 '신난다' 같은 단어는 아이들의 관심 밖이었어. 제발 어른의 관점이 아닌 아이의 관점으로 아이 성교육 책을 바라봐 줬으면 좋겠어.

🙂 책의 맥락과 주제도 물론 중요하겠지. 그렇지만 세세한 표현도 신경 써야 해. 이 책을 읽는 독자는 아직 어린아이이니까! 아이들의 두뇌에는 성관계 그림과 신나고 재미있다는 단어가 각인되었어. 지금 당장은 독후감에 나오지 않더라도 잠재의식에 성관계 장면이 자리 잡고 있어.

🙂 아빠의 그 근거 없는 확신은 어디서 나와? 자꾸 똑같은 주장만 되풀이하지 말고, 그 주장의 근거를 대봐. 참 대단하십니다!
솔직히 말하면, 내가 보기에 이 책은 진보적이지 않아. 굳이 분류한다면 보수적인 책이야. 부부의 성관계를 아빠 중심으로 설명하잖아. 아빠의 성기가 발기하더라도 엄마가 원치 않거나 준비되지 않으면 성관계를 해서는 안 돼. 이런 부분에 대한 설명이 없어. 성관계 시 체위 등의 묘사에서도 아빠가 주도적 역할을 하고 있어. 엄마는 수동적으로 그려졌어. 아울러 가족을 묘사하면서 엄마, 아빠, 자녀로 구성된 가족만 다루고 있어. 이런 가족이 행복한 가족이라는 설명은 자칫 한부모가족이나 동성가족 등에게는 상처가 될 수도 있어. 다양한 가족의 형태를 존중하는 내용이 없어. 만약 한부모가정의 자녀가 이 책을 읽는다면 기분이 어떨까? 책 속에 나오는 행복한 가족을 부러워하며 자신의 현실을 원망할 것 같아. 요컨대 이 책은 보수적인 관점에서 행복한 가족의 모습을 설명하고 있어. 1971년에 나온 책이니까 그러려니 했다가도, 이렇게 보수적인 시각의 책조차 받아들이지 못하는 대한민국의 현실을 생각하면 가슴이 미어져.

😄 내가 보기에는 진보 중에서도 극좌 수준의 책이구만! 어찌 네 눈에는 이 책이 보수적으로 보이냐? 참, 너는… 내 자식인데 알다가도 모르겠다.

😀 《오마이뉴스》 김지현 기자가 『아기는 어떻게 태어날까』의 작가 페르 홀름 크누센과 인터뷰 한 기사를 보면, 이 책은 덴마크의 지난 100년 역사를 대표하는 100개의 물건에 선정됐어. 인터뷰에서 기자가 "왜 이 책에는 사실적인 그림을 넣은 건가? 한국의 한 국회의원은 이를 두고 '적나라하다', '민망하다'고 했다"라고 물었어. 작가는 "왜냐하면 이 책이 현실적이고 교육적이길 원했기 때문이다. 이건 사람들이 대부분의 아이를 태어나게 하는 방식이다. 전 세계에서 그렇다. 한국도 마찬가지일 것이다(웃음)"라고 답했대.
다시 말해 현실에 존재하는 그대로 성교육 책을 만들었는데, 그게 무슨 문제냐는 말이야. 어린아이들은 아기가 어떻게 태어나는지 항상 궁금해하잖아. 그래서 사실 그대로 알려줬다는 거지. 이것은 굉장히 자연스럽고, 현실적이고, 교육적이라는 거야. 문제시하는 국회의원이 비정상이지.

😄 덴마크에서 100년 역사를 대표하는 100대 물건에 선정되었다고, 우리나라에서도 중요한 책이 될 수는 없어. 덴마크와 한국은 달라. 우리나라는 유교적인 문화가 강하고, 성에 대해서도 문란하지 않아.

우리나라가 성에 대해 문란하지 않다니! 국토 면적 대비 모텔 수는 대한민국이 세계 최정상급 수준일 것 같아. 저 시골부터 대도시까지 나라 곳곳에 있는 모텔들이 단순히 여행객만을 상대로 장사해? 그럼 거의 모든 모텔방에 비치돼 있는 콘돔은 뭐야? 모텔들의 수익 중 상당 부분을 수많은 불륜 커플이 커버할 것 같은데? 어디 정확한 데이터 없나? 진정 궁금하네!

성매매는 또 어때? 암시장(Black Market) 전문 조사업체인 미국 하보스코프(Havocscope) 닷컴의 조사 결과를 보면, 한국의 성매매 시장은 세계 6위 규모래. 우리보다 훨씬 큰 땅과 인구를 가진 중국, 스페인, 일본, 독일, 미국 다음으로 커. 시장 규모는 120억 달러, 12조 9,000억 원에 달한대. 국토 면적과 인구를 평균 내서 성매매 횟수를 카운팅하면 우리나라가 거의 세계 1위 수준일 것 같아. 한편 한국형사정책연구원은 한국의 성매매 시장 규모가 하보스코프 추산치의 3배 수준인 30조~37조 6,000억 원이라고 추정했어.

현실이 이런데도 우리나라가 성에 대해 문란하지 않다고 억지 부릴 거야? 학생들에게 올바른 성교육을 해서 이런 문란한 성문화를 물려주지 말아야지.

그 참… 녀석… 말꼬리 잡기는….

됐네요. 할 말 없으면 그냥 가만히 계세요.

참으로 어처구니없는 건 모자이크 처리야. 김병욱 의원이 국회에서 문제 제기할 때는 성기 그림에 모자이크가 없었는데, 추후 언론에 배포한 자료에는 모자이크가 있어. 출판사와 작가에게 동의도 구하지 않고 함부로 모자이크를 삽입했어. 창작자에 대한 예의도 없을뿐더러, 작품을 훼손한 행위야.

성기 그림이 부끄러워? 왜 가려? 성교육에서 성기를 그림으로도 표현하지 못하면 어쩌란 말이야! 사실 성기는 그냥 신체 부위일 뿐이야. 그런데 모자이크를 함으로써 성기가 불경한 그 무엇으로 왜곡되었어.

🙂 별별 딴지 다 건다. 공공연하게 배포하는 보도자료인데, 성기를 모자이크 처리해야지. 좀 따질 걸 따져라.

🙂 이렇게 자꾸만 감추고 쉬쉬한 학교 성교육의 결과가 뭐야? n번방 사건이 왜 일어났는지 근본적인 이유를 생각해봐! 개인의 일탈로 치부할 문제가 아니야. 2020년 경찰청 발표에 의하면, 사이버 성범죄 피의자 중 10대와 20대가 무려 74%를 차지했어. 피해자도 10대가 62%, 20대가 26%였어. 충분한 학교 성교육으로 가해 행위를 예방했다면, 결과가 이렇게 나오겠어? 감추고 쉬쉬하는 성교육은 성교육이 아니야. 학생들이 궁금해하는 것이 있으면 더 궁금해할 내용이 없을 만큼 보다 사실적이고 자세한 성교육을 해야 해. 앞서 말했다시피, 요즘은 인터넷과 스마트폰의 발달로 어릴 때부터 각종 불법 포르노물을 비롯한 성적 왜곡이 심각한 영상물을 쉽게 접할 수 있어. 포르노로 왜곡된 성을 배우기 전에 유아 때부터 성에 대해 있는 그대로 알려줘야 해. 신뢰할 만한 학교 성교육을 통해 올바른 성 지식과 태도를 갖도록 교육해야 해. 쉬쉬하지 말고! 그것이 제2의 n번방 사건을 예방할 수 있는 길이야.

교육부 학교 성교육 표준안(요약)

◆ 미혼 남녀의 배우자 선택 요건
　⇒ (표준안이 아닌 어느 설문조사 결과를 소개하며 나온 표현) 여성은 신체적 조건(외모)을, 남성은 경제력을 높여야 한다.

◆ 남녀에게 맞는 안전하고 편안한 옷차림 찾아보기
　⇒ (여성이 배꼽티와 짧은 치마, 딱 붙는 바지 대신 치마를 입은 모습을 바른 옷차림으로 제시함.)

◆ 남성의 성욕은 여성에 비해 매우 강하다.

◆ 남성은 성에 대한 욕망이 때와 장소에 관계없이 충동적으로 급격하게 나타난다.

◆ [성폭력 예방과 대처] 사례별 성폭력 대처 방법 생각하기
　－ 친구들끼리 여행 갔을 때(성폭력 대처 방법) ⇒ 친구들끼리 여행 가지 않는다.
　－ 이성친구와 단둘이 집에 있을 때(성폭력 대처 방법) ⇒ 단둘이 있는 상황을 만들지 않는다. 부모님이 안 계실 때 이성친구를 초대하지 않는다.

이런 내용으로 채워진 교육부의 학교 성교육 표준안을 통해 뭘 배우겠어! 성차별적이고 왜곡된 성별 고정관념을 고착화하는 내용이야. '배꼽티, 짧은 치마, 딱 붙는 바지 대신 치마 입은 모습을 여성의 바른 옷차림으로 제시'하다니! 완전 7080 노래방 수준의 관점이다.

우리 7080 노래를 비하하지 마. 너한테는 따분한 옛 노래일지 모르겠지만, 우리한테는 젊은 시절의 추억이 묻어 있는 아름다운 음악이야.

😊 1970~80년대 노래를 욕하는 의미가 아니잖아. 관점이 전근대적이라는 비유잖아! 아~ 이 정도의 문학적 표현도 수용 못 하나? 꼰대랑 대화하기 정말 힘드네.

😆 나도 까진 너랑 대화하기가 힘들어. 하지만 가족 간 소통이 중요하니까 최선을 다해 노력하고 있는 거다. 그러니 너도 최소한의 예의를 갖춰! 아빠한테 꼰대라고 함부로 말하지 말고!

😊 아빠가 맨날 꼰대처럼 말하고 행동하니까, 꼰대라고 하는 거지. 내가 없는 말 지어냈어?

😅 아이고… 그만하자. 아빠인 내가 참아야지. 겨우 열아홉 살짜리하고 입씨름해봐야 뭐 하겠노!

바른 옷차림에 대한 사회 통념은 하루아침에 형성된 것이 아니야. 오랜 역사 속에서 만들어진 전통 규범이지. 일부 좌파 여성단체들은 "치마 입은 여성의 옷차림이 바르다고 기술하는 것이 성별 표현에 대한 고정관념을 강화한다"라고 주장해. 그건 너무 예민한 생각이야. 바른 옷차림은 하나의 문화이자 관습이야. 고대부터 오늘날까지 우리나라 여성은 치마를 입었어. 무려 반만년 역사에서 형성된 우리의 전통문화야. 따라서 여성의 바른 옷차림은 치마가 맞아.

😊 전통, 관습, 예절, 미풍양속을 핑계로 우리를 억압하지 마. 나는 동의한 적도 없는데, 왜 나한테 그걸 따르라고 강요해? 잘못된 관습은 바꿔야지.

😀 학교 성교육 표준안이 우리나라의 전통문화와 관습에 부합한다는 말이잖아. 별문제가 없는 내용을 자꾸 개정하라고 하면 되겠니?

😀 오죽했으면, 영국의 유명 일간지 《가디언》에도 우리나라 성교육 표준안에 대한 비판 기사가 실렸겠어. 《가디언》은 다음과 같이 보도했어. "한국 학생들은 어릴 때부터 '여성들은 외모를 가꾸는 데 공을 들여야 하고, 남성들은 경제적인 능력을 키우기 위해 노력해야 한다'고 배운다." 으~ 국제적인 망신이다.

😆 표준안의 본문에는 "여성은 외모, 남성은 경제력"이라고 적혀 있지 않아. 그 말은 한 설문조사의 결과를 소개하면서 언급한 거잖아. 정확히는 외모가 아니라 '신체적 조건'이라는 용어를 썼지. 그러므로 이 표현에 대한 비판은 과도한 측면이 있어.

솔직히 까놓고 말하면, 아빠가 보기에는 대단히 현실적인 충고야. "여성은 외모를, 남성은 경제력을 높여야 한다." 맞는 말이잖아. 남자가 경제력이 없으면, 남자 대접 못 받는다. 아빠가 집에서 큰소리칠 수 있는 것도 연봉이 나쁘지 않아서야. 만약 돈도 못 벌고 집에서 빌빌거려봐. 당장 네 엄마가 바가지 긁지 않겠니?

😐 집에서 큰소리치는 게 자랑이다. 아빠가 큰소리치면 우리는 벌벌 떨어야 해? 더구나 큰소리칠 수 있는 근거가 고작 돈이야? 참 수준하고는… 딱 아빠 머리에서 나올 소리다.

😆 내가 집에서 왕으로 군림하겠다는 말이 아니잖아. 현실적으로 남자가 돈을 잘 벌어야 위신이 선다는 의미지.

여자는 외모가 중요하다는 말도 맞아. 만약 본바탕이 별로면 가꾸기라도 열심히 해야지. 여자 외모가 별론데 돈 많은 남자가 데려가려고 하겠니? 이왕이면 다홍치마라고 예쁜 여자와 결혼하고 싶지, 못난 여자와 결혼하고 싶겠어?

🙂 여자가 무슨 물건이야? 데려가기는 어딜 데려가? 여성을 대상화하지 마! "결혼을 위해 여성은 외모를 가꾸어야 한다"라는 말은 여성을 수동적인 존재로 치부하는 거야. 성평등을 지향해야 할 교육부가 성차별적 관점으로 교육 자료를 만들면 되겠어?

오해를 많이 받았던 교육 내용 중에 "여자는 무드에 약하고, 남자는 누드에 약하다"라는 것도 있어. 이런 문구가 학교 성교육 표준안에 있다며 여성단체들이 비판했었어. 이에 대해 교육부는 "성교육 표준안이 아닌, 교육 자료(교사 지도서)에 '흔히 생각하는 성역할 고정관념'을 설명한 것"이라며 "외부의 오해가 지속되어 해당 내용은 이미 교육 자료에서 삭제하였습니다"라고 해명했어.

2020년 5월에 '포괄적 성교육 권리 보장을 위한 네트워크(이하 네트워크)'가 유은혜 교육부 장관에게 보내는 공개 질의서를 발표했어. 네트워크는 "(여자는 무드에 약하고…에 대한) 해명에서뿐만 아니라, 학교 성교육 표준안의 내용은 무엇인지요?"라며 "교육부에서 현재 사용되고 있는 표준안의 최종본 전체 내용을 공개해주시길 바랍니다"라고 요구했어. 교육부가 무슨 비밀결사 조직이야? 성교육 관련 단체들에게도 교육 내용을 공개하지 않는 이유가 뭐야? 뭔가 켕긴다는 뜻 아니야? 네트워크는 "(공개하지 않고 있는 성교육 표준안의 내용에 대해) 혹시 2017년에 배포한 내용인가요? 이 내용은 성별 이분법의 강화, 미혼모에 대한 편견 심화, 성폭력에 대한 피해자 유발론이 여전히 삽입돼 있어 언론에서도 비판했다"고 주장했어.

학교 성교육 표준안에 대해 각계각층에서 계속 비판했어. 아직도 교육부는 이렇다 할 개정안을 내지 않고 있어. 이제는 무시하고 있다는 생각마저 들어. 만약 그렇지 않다면 공개하지 못할 이유가 없어. 학교 현장에서 활용하라는 취지로 만든 교육 자료를 비공개한다는 건 말이 안 되잖아.

🙂 나랏일을 하다 보면 그럴 수도 있지! 모든 걸 다 공개할 수는 없어. 어떨 땐 비공개가 더 좋을 수도 있는 법이야. 뭘 그렇게 일일이 따지니!

아빠 생각에는 "여자는 무드에 약하고, 남자는 누드에 약하다"라는 말은 맞아. 이걸 왜 굳이 삭제했는지 모르겠네. 학생들에게 현실을 있는 그대로 알려줘야지. 여자와 데이트할 때는 분위기 좋은 카페에서 아름다운 풍경과 함께하면 효과 만점이잖아. 또한 남자들은 야한 사진이나 동영상에 흥분하는 경우가 많아. 솔직히 10대 남자아이들 대부분이 그렇잖아.

🙂 여자라서 무드에 약한 게 아니야. 분위기 있는 카페를 좋아하는 사람이 있는 거지. 여자, 남자라는 성별과는 상관없어. 마찬가지로 남자라서 누드에 약한 게 아니야. 남자든 여자든 누드 사진을 좋아하는 사람이 있는 거지.

성별과는 하등 상관없는 것을 억지로 '성별에 맞는 행동은 이러이러하다'는 프레임을 만들어서 길들이고 있어. 여자는 조신해야 하고, 입을 벌리고 큰 소리로 웃으면 교양 없고, "배꼽티, 짧은 치마, 딱 붙는 바지 대신 치마"를 입어야 "편안한 옷차림"이고, "외모를 가꿔야" 하고⋯ 등등의 왜곡된 관념을 끊임없이 주입해. 그러다 보면 어느새 여성은 그 프레임에 갇히게 돼. 세뇌당했다고 봐야지.

😊 무슨 말도 안 되는 음모론이니?

🙂 이게 왜 음모론이야? 사람의 관점은 갑자기 뿅 하고 생기지 않아. 그 사람을 둘러싼 사회 구조적인 환경의 영향을 받으면서 서서히 확립돼. 하여 교육이 중요한데, 지금 교육부의 학교 성교육 표준안은 시대를 역행하고 있어. 성별 고정관념을 타파해야 할 교육부가 오히려 부추기고 있잖아. 도대체 왜 여성은 외모를 가꿔야 하고, 치마를 입어야 해? "남자의 성욕이 여자보다 강하다"는 근거도 없어.

😊 왜 근거가 없어? 남자가 여자보다 성욕이 강해. 사실이잖아. 자위를 여자보다 남자가 훨씬 많이 해. 데이트할 때도 주로 남자가 들이대지. 성매매 매수자의 절대다수도 남자잖아. 남자는 성욕이 충동적으로 일어날 때가 많지. 따라서 10대 남자아이들을 더욱 단속해야 해. 성충동이 일어나거나 자위하고 싶을 땐 전력질주로 달리기를 하면 자제할 수 있어. 성교육 표준안은 성적 욕구를 건전하게 해소할 수 있는 방안을 제시했어.

🙂 오늘 아주 극강의 꼰대를 보여주시네요! 혹시 회사에서는 이런 말 안 하지? 밖에서도 이러고 다니면 아빠는 꼰대를 넘어 왕따가 돼. 요즘 세상이 어떤 세상인데, 아직도 그런 구닥다리 관점으로 살고 있어. 아빠의 이 엄청난 꼰대이즘에 내가 진정 할 말을 잃었다.

😀 나 혼자만의 생각이 아니야. 어른들이 진실하게 말하지 않아서 그렇지, 대부분 아빠 말에 동조해.

🙂 아~ 예예. 계속 그렇게 꼰대로 사세요. 가만히 있는 선량한 다른 기성세대 싸잡아서 매도하지는 마시고요.

교육부의 성교육 표준안에는 성폭력 대처 방법도 나오는데 이것도 엉망이야. "친구들끼리 여행 갔을 때" 교육부가 안내한 성폭력 대처 방법은 "친구들끼리 여행 가지 않는다"였어. 여행을 친구들과 가지 않으면 누구랑 가? 10대는 가족하고만 여행 가야 해? 여행지에서의 성폭력 대처법이 여행 가지 않는 거라고? 이게 지금 말이야, 빵구야? 국가기관이 만든 교육 자료 맞아? 한심하다.

😀 '아직 정상적인 판단력이 부족한 10대 시기에 남녀가 여행을 가면 위험할 수 있다.' 이 정도의 취지로 받아들여야지! 꼭 그렇게 삐딱하게 생각해야겠니? 남자는 늑대라는 말도 있잖아. 여행지에서 마음이 풀어져 있는데, 갑자기 성충동이 급격하게 생기면 성폭력으로 번질 수도 있어. 여름 바닷가에서 비키니 입은 여자의 몸을 본 남자가 성충동을 느껴 이상한 행동을 하는 경우가 있잖아. 그런 위험한 환경을 사전에 차단해야 한다는 의미로 해석해야지.

남자와 여자는 달라. 부모 입장에서 아들자식과 딸자식은 천지 차이야. 10대 딸이 남자친구와 여행 가겠다는 것을 쉽게 허락할 부모가 몇이나 되겠니? 여행지에서 사건·사고가 가장 잦아. 꼭 성폭력이 아니라도 각종 일탈 행위가 주로 여행지에서 많이 발생해. 아들이라도 친구들끼리 여행 가면 걱정스러운데, 딸은 절대 안 되지.

😊 고구마 10개를 한 방에 먹은 심정이네. 으… 아빠 말에 대꾸할 가치도 못 느낀다.

또 다른 사례에서 "이성친구와 단둘이 집에 있을 때" 성폭력에 대처하는 방안으로 "단둘이 있는 상황을 만들지 않는다"고 나와 있어. 남자와 여자는 함께 있으면 안 돼? 이러니까 아직도 학교에서 이성교제를 규제하는 학칙이 넘쳐나지.

😀 "남성은 성에 대한 욕망이 때와 장소에 관계없이 충동적으로 급격하게 나타난다"라고 했잖아. "남성의 성욕은 여성에 비해 매우 강하다"라고도 했어. 남자와 여자가 단둘이 집에 있으면, 남자는 언제 늑대로 변할지 몰라. 예방 차원에서 그런 상황을 가급적 만들지 말라는 거잖아. "오빠 믿지?"라며 손만 잡고 잠을 잔다는 놈들치고, 진짜 손만 잡고 자는 놈이 어디 있어?

😐 '남성의 성욕은 본능이라고 배웠다. 남성이 순수한 본능을 표현하는 건 자연스러운 행동이다. 고로 성폭력을 예방하기 위해 여성은 남성의 성욕을 자극하지 않아야 한다. 조신하게 옷을 입고 행동거지에 신경 써라! 그러면 강간당할 일이 없을 것이다!'

뭐, 이런 이야기 하고 싶어? 성폭력의 책임이 피해자한테 있어? 내가 아까 말했잖아. 성폭력의 피해자 책임론은 언급도 하지 마! 아우~ 격 떨어져.

아빠 같은 학부모가 많으니까 학교 현장에서는 성교육을 제대로 할 수가 없어. 교육부의 학교 성교육 표준안이 문제가 많은데, 현장에서는 이마저도 항의하는 학부모들의 민원이 빗발쳐. 생식기 그림 나오는 수준도 문란한 성교육이라고 항의하는 학부모가 많아. 실정이 이러니 선진국 성교육의 발끝이라도 따라갈 수 있겠어!

😊 서양처럼 성을 노골적으로 드러내서 교육하는 방식은 문제가 많아. 호기심 많은 10대를 자극해서 문란한 성문화를 조장할 개연성이 있어. 욕구를 분출하기만 하면, 사람이 동물과 다르지 않아. 올바른 사람을 만드는 교육은 참고 인내하는 법을 알려줘야 해. 특히 성적인 부분은 더욱 그래.

🙂 아이고 이제 제발 그만 좀 해. 호기심이니, 절제니! 아빠는 10대의 성에 대해 생각나는 단어가 그런 것밖에 없어? 왜 계속 똑같은 소리 반복해! 우리나라가 아빠 같은 꼰대들 탓에 선진국 대열에 못 들어가. 선진국들은 10대의 성을 쉬쉬하지 않고 현실로 받아들여.

선진국의 레알 성교육

🙂 단순히 생물학적 지식만 가르치는 성교육을 넘어 보편적 인권을 위한 성평등 교육이 필요해. 선진국들은 이미 그런 관점에서 성교육을 실시하고 있어. 한국여성정책연구원의 연구 보고서[9]에 주요 국가의 성평등 교육 추진 현황이 나와.

스웨덴은 모든 교육기관에서 전 교육과정에 성인지적 관점을 명시했어. 교육청의 가이드라인에 따라 모든 학교는 교과과정에 성인지적 관점을 다양하게 반영하고 있어. 가이드라인의 내용은 다음과 같아.

첫째, 다양한 과목 내에서 통합적인 주제로 성인지적 관점이 반영되어야 한다. 둘째, 대화와 토론을 통해 젠더 주제에 대해 고민하고, 교사와 학생 간 서로의 관점을 공유해야 한다. 셋째, 특별수업이나 행사를 통해 성평등 교육을 다각화해야 한다.

성평등 그룹 토론으로 프로노멘(Pronomen)이라는 프로그램이 활성화돼 있다고 해. 프로노멘에서는 자신의 생물학적 성은 중요하지 않아. 자신이 불리고 싶은 이름이나 성별(남자, 여자, 중성 등)을 밝히고 친구들과 공유해. 이러한 과정을 통해 사회적 소수자를 소외시키지 않고 배려하는 방법을 자연스럽게 배울 수 있대.

독일의 연방 정부는 '모든 교육 영역에서 성평등 관점이 반영되어야 한다'는 성주류화 원칙을 세웠어. 이에 16개 주 정부는 서로 다른 성주류화 교육 정책을 수립했대. 니더작센 주, 슐레스비히-홀슈타인 주 등에서 학교 성평등 담당관을 운영해. 그의 역할은 모든 학교 업무에서 남녀평등을 구현하는 거야. 주요 업무는 교육 기획, 여성 지원, 성평등 관련한 교육과정이나 프로그램에 대해 조언하고 지원하는 것이야. 뮌헨 주의 경우 여학생 담당 부서를 설치 운영하고 있어. 성평등 교육은 성교육, 평화교육 등과도 연계해 운영하기도 해.

성평등이나 성인지적 관점을 학생들에게 교육하는 문제는 더 신중한 고민이 필요해. 아직은 시기상조야. 성평등의 개념이 뭔지, 어디서부터 어디까지 성평등을 실현해야 하는지 등에 관한 사회적 합의가 부족하잖아. 성인지적 관점도 명확히 정의하기 어려워. 충분한 논의와 합의도 없이, 성평등과 성인지적 관점을 앞세워서 여성을 위한 시스템을 구축하다가 남성을 역차별할 수 있어. 섣부른 교육과 실행은 위험해. 장기간에 걸친 사회적 토론을 통한 법 제도의 정비가 선행돼야 해. 그 후에 우리나라 실정에 맞는 내용으로 교육해야지. 우리는 미처 이런 것을 교육할 준비가 되지 않았어.

그놈의 시기상조는 지겹지도 않아? 뭐만 하자면 맨날 시기상조래! 이러다가 어느 세월에 성평등을 실현해? 성평등이 필요하다고 생각은 해?

솔직히 아빠는 우리나라가 그렇게 남녀 차별적이지 않다고 봐. 그럼에도 여성들이 불평등하다고 워낙 투덜대니까, 진중하게 토론해 볼 수는 있겠지.

다만 남성과 여성에 대한 성평등이 아닌 동성애 관련 논의는 필요 없어. 스웨덴의 성교육에서 "자신이 생각해 불리고 싶은 이름이나 성별(남자, 여자, 중성 등)을 밝히고 친구들과 공유"하는 걸 우리가 따라 할 수는 없어. "자신의 생물학적인 성은 중요하지 않다"라니! 이게 말이 되냐? 만약 기독교 신자가 이런 주장을 하면, 하나님을 욕하는 것과 같아. 하나님은 엄연히 남자와 여자로 육체를 줬어. 남자가 여성이 될 수도 있고 여자가 남성이 될 수도 있다니, 이 무슨 궤변이니! 심지어 중성은 또 뭐냐? 천명을 거스르는 동성애나 성적 지향을 국가기관인 학교가 교육할 순 없어.

😀 지금도 우리나라는 덴마크의 50년 전 성교육 책도 받아들이지 못하는데, 아빠 같은 꼰대들이 계속 설쳐대면 50년이 아니라 100년 차이로 벌어지겠다. 아우~ 답답하다. 세상이 변했어! 언제까지 케케 묵은 과거 인식에 빠져 있을 테야? 경제력만 세계 11위면 뭐해? 사회·문화적인 수준은 100위권에도 못 들어갈 것 같아.

😀 문화는 상대성이 기본이야. 절대적인 기준으로 평가할 수 없어. 네가 보기엔 우리나라의 문화가 후진적일지 몰라도, 내가 보기엔 세계 초일류다. 동방예의지국이라고 불렸던 우리나라의 유교 문화가 너 같이 까진 10대 탓에 점차 퇴색하고 있어. 과거 인식은 케케묵었다는 너의 그 인식이 더 문제다. 과거 문화라도 좋은 것은 전통으로 받아들여야지.

😀 성교육은 과거에도 안 했으니 지금도 하지 말까? 과거에 순결지상주의로 교육했으면, 지금도 무조건 성을 억압하는 내용으로만 교육할까? 그런 교육의 결과가 뭐야? n번방?

😀 n번방 같은 성폭력은 아빠도 문제라고 생각해. 단호한 처벌이 필요하다는 입장이야. 그러나 순결주의 성교육으로 인해 n번방 사건이 발생했다는 주장에는 동의할 수 없어. 근거가 부족해. 아빠 생각에는

동성애나 성적 지향을 강조하는 성교육이 원인일 수 있어. 이런 성교육이 만연하면 성에 대한 태도가 문란해져서 n번방 같은 성폭력이 더 증폭된다고 봐.

🙂 와~ 그렇게 생각할 수도 있구나? 대박 신기하다. 내 살다 살다 성적 다양성 교육이 사이버 성폭력을 심화시킬 수 있다는 발상은 처음이다. 우리 아바마마께서 위대한 창조적 발상을 하셨네! 완전 새로운 시각이니까, 논문 하나 쓰세요. 대단하십니다!

😆 까불지 마! 하여간 선진국의 성교육이라고 해서 무조건 따라 하면 위험해. 경제는 선진국과 후진국이 있지만, 문화는 위아래가 없어. 문화에는 각 나라의 역사와 전통이 스며들어 있으니까! 문화적 차이를 존중해야 해.

🙂 차이를 존중하라는 말을 아빠한테 들으니 기분 참 묘하네!
한국여성정책연구원의 또 다른 연구 보고서[10]를 보면, 선진국의 성교육은 우리와 차원이 다르다는 것을 알 수 있어.
스웨덴은 1955년에 유럽 국가 중 처음으로 모든 학교에서 성교육을 의무화했어. 스웨덴의 학부모는 자신의 자녀가 성교육을 받지 않도록 하는 선택권이 없어. 성교육 제공과 성교육 참석이 모두 법적 의무 사항이야. 스웨덴에서는 주로 2~8명의 소규모 토론식 수업을 해. 성 관련한 사회적 기준, 가치, 태도 등에 대해 자유롭게 토론해. 스웨덴 성교육의 목표는 성병 및 원치 않는 임신의 예방, 성별 고정관념의 수정, 성정체성 차별 반대 등이야. 학생들은 다른 사람의 성적 지향을 존중해야 한다고 배워. 성인지적 관점과 성평등 교육도 성교육의 중요한 부분이지. 스웨덴의 다수 학교는 성교육을 위한 팀을 구성할 때 학생도 참여시켜. 수업할 때도 학생들에게 무기명 질문을 받아 진행하지. 학생의 연령에 적합한 성교육을 진행하기 위함이래. 우리와는 차원이 다르지? 우리는 학생을 위한 성교육에서 학생은 배제한 채 어른들끼리만 교육 내용을 짜잖아. 스웨덴 학교 성교육의 주요 주제는 사춘기, 신체 발달, 사랑, 자기 이미지, 첫 경험, 자위, 콘돔 등 피임 방법, 젠더, 성정체성 등이야.

독일 성교육의 목표는 자기가 스스로 결정한 성정체성, 사적 가치체계, 개인적인 삶에 대한 관점을 개발하도록 돕는 것이야. 성평등, 성적 다양성, 성적 권리, 생식 권리는 지난 10년간 점점 자주 다루어지고 있는 성교육 주제야. 독일의 성교육은 아동과 청소년이 평등, 자기 존중, 역량 증진이라는 원칙 하에 성에 대한 건강한 태도를 개발하는 데 주안점을 두고 있어.

😃 유럽과 우리는 문화가 다르다니까! 우리는 우리 실정에 맞게 금욕주의적 성교육으로 가야 해.

🙂 금욕주의적 성교육이 마냥 좋을 것 같지? 결과는 아빠의 기대에 못 미쳐.

미국의 성교육은 주마다 다른 방식과 내용으로 이루어지고 있어. 그중 보수적인 주에서는 아빠의 바람처럼 금욕주의적 성교육을 시행하지. 어이쿠~ 이 일을 어쩌나! 보수적인 주의 10대 임신율과 출산율이 다른 주보다 높게 나타났네. 미국은 10대 임신율이 다른 선진국보다 훨씬 높아. 4명 중 1명의 여학생이 20세가 되기 전에 1번의 임신을 경험해. 결국 미국의 보수적인 주에서 시행하는 금욕주의 성교육은 실패했어.

미국은 50개 주와 1개의 특별구로 이루어진 연방제 국가야. 각 주는 독립된 법체계와 제도를 갖고 있어. 외교, 국방, 국제통상 등의 분야만 연방 정부에서 관장하지. 즉 교육을 비롯한 내치는 연방 정부가 좌지우지할 수 없어. 한마디로 합중국이지. 그래서 주마다 성교육의 차이가 커. 몇 개 주의 사례를 절대화할 수는 없어.

미국에는 금욕주의적 성교육을 지지하고 요구하는 학부모가 상당해. 그들의 입장이 딱 내 입장과 같아. 선진국이라고 해서 다 네 관점과 동일하지는 않아.《경향신문》기사를 보면, 학부모들이 미국 캘리포니아 주 교육청 앞에서 학교 성교육의 문제를 지적하며 시위를 하고 있어. 참가자들이 든 피켓에는 "성교육을 멈춰라", "너무 과도하고 너무 이르다", "아이들을 아이들인 채로 놔둬라", "포르노 같은 성교육" 등의 문구가 적혀 있군.

주디 김이라는 학부모는 "성교육의 초점은 금욕을 가르치거나 아이들이 미성숙하기 때문에 부모님과의 대화가 필요하다는 게 아니다. '너희들은 성생활을 하고 성병만 걸리지 마라. 혹시라도 임신하면 낙태는 정부가 해줄 수 있다. 성생활은 너희의 자유'라는 게 골자"라며 격분했어. 크리스틴 백이라는 학부모는 자녀 수업을 참관했는데 교사가 학생들에게 "태어날 때 몸과 달리 너희 머릿속에 진짜 너희가 좋아하는 게 있어. 남자가 분홍색을 좋아할 수 있고, 여자가 스포츠를 좋아할 수 있어. 이런 아이들이 있으면 따돌리면 안 돼"라고 했대. 이 학부모는 교장에게 항의했어. 그는 "학교가 아이들에게 구강성교, 항문성교, 자위행위에 대해서도 가르친다"라며 비난했어. 사가 조라는 학부모는 "첫딸이 학교에서 돌아왔을 때 남편과 저에게 '엄마는 남자가 될 수 있고, 아빠는 여자가 될 수 있어. 나는 두 명의 남자 부모님을 가질 수 있어'라고 말했어요"라며 분노를 표했어.

이 학부모들의 의견에 전적으로 동의해. 아직 어린 학생에게 동성애를 마치 권장하듯 가르치면 성정체성에 혼동을 주게 돼. 남자는 남자답게, 여자는 여자답게 자신의 육체에 맞는 성정체성을 갖도록 교육해야 해. 이것이 성교육의 올바른 목적이야. 멀쩡한 아이들에게 동성애를 지지하도록 교육하면 미래에 불안만 증폭돼. 국가와 사회 공동체가 망하는 지름길이지. 비록 청소년기에 동성애적 성향이 있는 아이라도 올바른 성교육을 통해 그 성향을 고칠 수 있어. 성평등 교육이다, 성정체성 존중이다, 다양성 중시다 하면서 동성애 교육을 하면 그 성향이 더욱더 강해져서 필경 동성애자가 될 수 있어. 청소년기의 동성애 성향은 아직 확고부동하지 않아. 유동적이야. 성교육을 어떻게 하느냐에 따라 고칠 수도 있어.

😐 동성애가 병이야? 고치기는 왜 고쳐? 만약 고치려면, 동성애자를 환자로 대하는 꼰대들의 시각을 고쳐야지. 정작 환자는 꼰대 자신이면서, 감히 건강한 사람을 병자 취급하네!

😀 우리 따님이 참 말씀을 예쁘게 하신다. 아빠를 꼰대라고 욕하는 것도 모자라, 환자로 만드셨네. 이번 참에 입원해서 며칠 푹 쉬어야겠다. 감사합니다.

남들은 전부 이성애를 하는데 자기만 동성애를 하면 그게 병이지, 뭐야?

😐 '전부' 이성애 하지 않거든요. '자기만' 동성애 하지도 않고요. 무엇보다 동성애자의 숫자가 얼마인지는 중요하지 않아. 단 한 명이라도

동성애자가 있다면, 그를 존중해야지. 왜 남의 사랑 취향까지 마음대로 억압하고 난리야! 지금이 군사독재 시절이야? 정신 차려! 시대가 바뀐 지 오래되었어.

🙂 됐다. 그만하자. 그나마 네가 동성애 취향이 없어서 천만다행이다.

🙂 그건 알 수 없지. 사람의 취향은 언제든 변할 수 있는 거니까. 내가 다음에 여자와 결혼한다고 해도 놀라지 마!

🙂 야, 헛소리 그만해! 상상만 해도 징그럽다. 여자 사위가 웬 말이니? 동성애 교육도 문제지만, 성관계 교육도 심각해. 성관계를 하고 있는 일부 학생이 아닌 대다수가 받아들일 수 있는 교육을 해야 해. 아이들에게 금욕을 가르쳐야지. 성관계에서 성적 자기결정권은 아직 미성년인 10대에게는 일러. 자기결정권이 아니라 자기책임권을 강조해야 해.

🙂 아빠가 적극 동의한다며 인용한 미국 성교육 반대 시위의 주동세력이 기독교계 '한인'이라는 건 알아? 누가 꼰대 아니랄까 봐, 해외에서도 한국 망신 다 시키네.

🙂 여러 세대가 서로 함께 살아가려면 바르고 올바른 것이 전제되어야 해. 기성세대로서 책임감을 갖고 올바른 지적을 하면 받아들일 줄도 알아야지. 진심 어린 충고를 하는 어른을 꼰대라고 조롱하는 젊은 세대의 태도는 문제가 있어. 밀레니얼-Z세대의 그런 자세는 닫힌 행동의 전형이야. 우선 상대의 말에 귀를 기울이고 열린 마음으로 대해야지. 상대에 대한 존중은 없으면서 자신은 존중받기를 바라면 안 돼. 이

기적이야. 그런 의미에서 꼰대라는 표현도 지나치게 남발한다고 봐.

😀 휴… 오늘 진정 힘드네.

아빠가 방금 '일부가 아닌 대다수가 받아들일 수 있는 성교육'이 필요하다고 했지? 그 기사를 자세히 보면 이런 내용이 있어.

"캘리포니아 주 교육 당국은 대다수 학부모가 성교육을 찬성한다고 본다. 최근 자체 설문조사 결과 미국 학부모의 90%가 공립학교 성교육을 찬성한다. 성교육 반대는 한인을 중심으로 한 일부에 불과하다."

미국에서는 아빠와 같은 주장을 하는 사람이 소수야. 아빠 논리대로 한다면, 미국에서는 대다수가 원하듯이 적극적인 학교 성교육을 계속해야지. 제발 아빠 보고 싶은 것만 보지 말고, 전체 맥락을 살펴!

😀 나도 이 연재기사의 주제가 뭔지는 알아. 전체 타이틀부터 '성교육, 이젠 젠더교육이다'라고 하잖아. 우리나라 청소년 성교육을 더 노골적으로 해야 한다는 주장이겠지. 그 근거를 서양에서 찾고 있고! 내가 우리나라와 서양의 문화는 다르다고 몇 번을 얘기했니. 특히 성과 관련한 문화는 완전히 달라. 근거를 서양에서 찾으면 우리 문화와는 괴리가 큰 결론이 나올 수밖에 없어. 당연히 건전하고 상식적인 한국 사람은 이 기사의 주제에 동의할 수 없겠지.

내가 미국의 성교육 반대 학부모 목소리를 인용한 이유는 따로 있어. 개방적인 미국에서도 우리나라의 보편적인 학부모와 비슷한 관점의 학부모가 있다는 거지.

😀 아빠가 평소 선택적 지각을 경계해야 한다고 했잖아. 정작 아빠 자신이 선택적 지각을 하고 있다는 생각 안 들어?

😀 아빠도 기사의 전체 맥락을 안다니까! 단지, 선진국에도 여러 의견이 존재한다는 말을 하고 싶었을 뿐이야.

🙂 아~ 예예, 어련하시겠어요?

《경향신문》 기사를 보면, 스웨덴에서는 최대한 상세하게 성교육을 해. 스웨덴 성교육협회(RFSU)의 한스 올손 성교육 자문위원은 "가장 중요한 것은 실질적이면서도 정확한 정보를 제공하는 것"이라며 "추상적이거나 은유적인 표현은 성교육에 도움이 되지 않는다"라고 강조했어. 예를 들어 성관계 시 파트너를 만족시키는 방법을 궁금해하는 청소년에게는 신체적으로 어떤 부분이 민감한지, 성감대에 대해 자세히 교육하는 것이 올바른 방법이라고 했어. 그는 "어른들이 저지르는 가장 큰 실수 중 하나가 성관계를 했을 경우 일어날 수 있는 리스크를 강조하는 것"이라며 긍정적인 관점으로 접근하고 현실적인 정보를 제공하는 것이 무척 중요하다고 말했어. 10대에게 성교육을 하면서 두루뭉술하니 뜬구름 잡는 얘기를 하면 전혀 효과가 없어. 이미 다 아는 생물학적인 교육만 해서도 안 돼.

😀 어른들의 가장 큰 실수가 성관계 이후의 리스크를 강조하는 거라고? 어떤 일이 잘못되었을 때 일어날 수 있는 위험에 대해 미리 알려줘야지. 어른으로서의 당연한 의무야.

🙂 리스크를 강조하는 교육 방식은 성관계의 부정적인 인식을 심어주겠다는 의도가 있어. 10대의 성관계는 나쁜 짓이라는 관점이 깔려 있다고 봐.

😊 그럼 10대의 성관계가 좋은 거니?

😊 좋고 나쁘고의 문제가 아니잖아. 10대의 성관계는 그냥 그들의 선택 사항이야. 10대도 연애하다 보면 자연스럽게 사랑의 감정이 깊어지고, 그러면 스킨십이 점점 진해지는 거야. 어른들과 하등 다를 바 없어.

😊 어른과는 다르지! 성관계의 결과로 임신하게 된다면 어른은 책임지고 아이를 낳을 수 있어. 10대는 어때? 난처한 일이 한둘이 아니야. 학업이며, 생계며, 육아며 이 모든 걸 책임지기는 어려워. 10대 미혼모가 처한 현실을 설마 모르는 건 아니지? 어른의 성관계와 10대의 성관계를 동일하게 다룰 순 없어. 10대에게 성관계 시 발생할 수 있는 리스크를 최대치로 알려줘야 해.

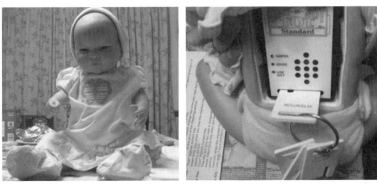

미국 성교육 인형, 뒷쪽에는 센서가 있어 울 때마다 우는 이유에 맞는 카드를 꽂아줘야 한다.
출처: 인터넷 갈무리

미국 고등학생들이 육아 인형에게 분유를 먹이고 기저귀를 가는 등의 육아 실습을 하고 있다.[11]

미국에는 다소 특이한 성교육이 있어. 바로 육아 시뮬레이션이야. 성교육용 아기 인형을 키우는 체험 프로그램이지. 미국 학생들은 성교육의 일환으로 이 인형을 키우며 현실적인 육아의 어려움을 체험하고 있어. 학생들에게 양육의 고통을 알려서 10대의 어린 나이에 무분별한 임신과 출산을 예방하기 위한 목적으로 시작되었어. 주마다 학교마다 인형을 돌보는 학년이나 기간은 조금씩 달라. 그래도 진짜 아기처럼 정성을 다해서 돌봐야 한다는 점은 모두 똑같지. 남녀 학생 구분 없이 24시간에서 길게는 1주일 동안 직접 키워.

인형은 겉모습뿐만 아니라 하는 행동도 신생아와 같아. 우유를 먹기도 하고, 무엇인가 요구하며 울기도 해. 인형 뒤에는 센서가 있어서 살아 있는 아기처럼 온종일 수도 없이 울어. 학생들은 울 때마다 그 원인을 찾아 울음을 멈추게 해야 해. 놀아주기, 밥 주기, 트림시켜주기, 기저귀 갈아주기 등의 카드 중 하나를 뒤쪽 센서에 꽂아줘야 울음을 멈춰. 이게 끝이 아니야. 카드를 꽂은 후에 몇 분 내로 그 카드에 걸맞은 행동을 하지 않으면 또 울음을 터뜨려. 가령 기저귀 갈아 주기 카드를 꽂아줬다면, 실제로 기저귀를 갈아줘야 해. 마찬가지로 트림시켜주기 카드를 꽂아줬다면 등을 토닥토닥해줘야 하지. 말 그대로 진짜 아기처럼 키워야 해. 울음을 멈추게 하지 못하면 낙제점을 받아.

만약 인형을 세게 흔들거나 떨어뜨리면 저장장치에 기록돼. 이렇게 조심성 없이 인형을 다루면 역시나 낙제점을 받게 돼. 배터리를 빼거나 기록 조작도 불가능해. 부모님이 힘들어하는 자녀를 대신해서 몰래 돌봐줄 수도 있을 것 같지? 우리나라 같았으면 십중팔구 그럴 거야. 미안하지만, 이것도 불가능이야. 학생이 인형을 돌볼 때 꼭 착용해야 하는 팔찌에는 센서가 달려 있어. 팔찌를 차고 있는 학생만이 울음을 멈추게 할 수 있지.

인형의 기저귀를 언제 갈았는지, 밥은 언제 먹었는지 등에 대해 육아일기도 꼼꼼하게 써야 해. 항상 인형과 육아일지를 가지고 다녀야 하지. 학교에도 인형을 데리고 가야 해. 인형은 실제 아기처럼 수업 중에도 울고, 새벽에도 울어. 그야말로 시도 때도 없이 울음을 터뜨려. 이 인형을 맡은 학생은 그 기간 동안 잠도 쉽게 못 자.

너는 육아를 해본 적이 없어서 모른다. 아기를 키우면 이보다 더해. 며칠이 아니라 몇 년간 밤에 숙면을 취하기 어려워. 그 흔한 영화관에 가는 정도도 단단히 준비해야 하지. 식당에서의 외식도 만만한 일이 아니야. 아무 생각 없이 쉽게 누릴 수 있었던 일상들을 대부분 박탈당해. 이 모든 것이 성관계 후 벌어질 수 있는 리스크이자 현실이야. 성교육에서 이런 걸 알려줘야지.

미국의 아기 인형 키우기 성교육은 대단히 좋은 효과를 거두고 있어. 이 체험형 교육을 받은 학생들은 결혼 전 무분별한 성관계에 대해 고민을 많이 한대. 준비되지 않은 임신과 출산이 얼마나 힘든지 알게 된 거지.

새삼 관점이 중요하다는 걸 느꼈어. 똑같은 것을 보고도 이렇게 결론이 다를 수 있네. 아빠는 육아인형 체험교육의 결론으로 혼전

순결주의가 필요하다는 말이지? 나는 아빠의 이야기를 듣자마자 피임교육이 떠올랐어. 10대 성교육에서 피임교육을 더 강력하게 하면 원치 않는 임신과 출산을 방지할 수 있잖아. 그래야 준비되지 않은 10대가 육아를 할 일도 없어지지.

😊 해석은 자유다만, 육아가 몹시 힘들다는 건 현실이야. 오죽하면 육아 우울증에 빠지는 사람이 그리 많겠어. 10대들이 이를 몸소 체험해서 성관계의 유혹을 떨쳐내기 바란다.

🙂 싫은데요!

😊 으이그!
아까 네가 인용한 스웨덴의 성교육에서 "신체적으로 어떤 부분이 민감한지, 성감대에 대해 자세히 교육하는 것이 올바르다"라고 했지? 스웨덴식 성교육은 아이들에게 성관계 잘하는 법을 가르치는 거냐? 참나… 하다 하다 별소리를 다 하네. 성감대를 상세히 교육한다고? 나가도 너무 나갔어. 이쯤 되면 교육이 아니고 포르노다. 성감대 교육이라니! 어처구니가 없네.

🙂 이거야말로 진짜배기 성교육이구만!

😊 성감대를 교육해서 뭐를 어쩌려고? 10대가 성관계를 잘해서 누구한테 유익한데?

🙂 아빠는 여전히 10대를 무성적인 존재로 보고 있어. 10대도 사람

이야. 2차 성징이 지나면 육체적으로는 성인과 마찬가지라고! 어른들이 성에 대해 육체적으로 느끼는 것을 10대도 똑같이 느낀단 말이야. 이건 실재(實在)야. 부정하고 싶겠지만, 10대의 육체적인 성적 욕구는 실제(實際)로 존재(存在)해. 이런 현실에 기반한 성교육이 되려면 성감대도 알려주고 체위도 알려줘야지.

😆 말세다, 말세! 요즘 10대가 까졌다고는 하나, 너는 완전 발라당 까졌구나!

🙂 나는 10대의 솔직한 심정을 얘기했을 뿐이야. 무슨 말만 하면 까졌다는 둥, 싸가지가 없다는 둥, 대든다는 둥… 누가 꼰대 아니랄까봐! 계속 그럴 거면, 나한테 말 시키지 마!

😆 오늘 진정 참을 인자 100번 되새긴다.

🙂 스웨덴만 이렇게 현실적인 성교육을 하는 게 아니야. 독일은 학생들에게 성기의 사이즈에 맞는 콘돔 사용법도 알려줘.

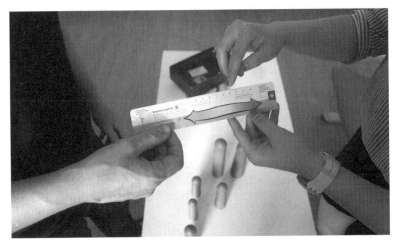

독일의 성교육 기관인 프로파밀리아에서 성교육 시 사용하는 종이자. 남성 성기의 크기를 잴 때 사용한다.
© 경향신문

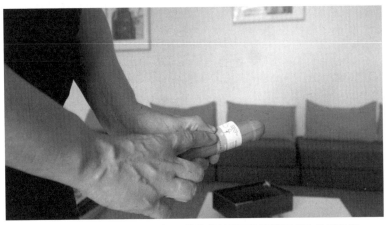

독일 프로파밀리아 성교육 담당자가 종이자로 모형 성기의 사이즈를 측정하고 있다. © 경향신문

《경향신문》 기사에 의하면, 독일에서 가장 큰 성교육 기관인 프로파밀리아(Pro Familia)에서는 성교육 시 종이자를 써. 이 종이자는 남성 성기의 크기를 재는 용도야. 자를 자세히 보면 길이뿐만 아니라 둘레를 측정했을 때 나올 수 있는 수치를 8~10cm, 11~13cm,

14~16cm로 구분했어. 눈금과 함께 설명도 적혀 있지. 각 구간별 수치는 콘돔 크기를 의미해. 예를 들어 성기의 둘레가 10cm라면 작은 사이즈의 콘돔, 12cm라면 표준 사이즈의 콘돔을 사용하면 된대. 자기 성기의 정확한 사이즈를 알게 되면, 맞지 않는 콘돔을 사용해 피임에 실패할 확률을 줄일 수 있지. 더불어 포르노에 나오는 비정상적인 크기의 성기를 보고 걱정하는 학생들을 안심시키는 역할도 한대. 이 종이자는 성교육을 담당하는 기관 어디서든 무료로 받을 수 있어.

😀 10대가 성기 사이즈에 맞는 콘돔을 잘 골라서 뭐 하려고? 이런 교육은 10대의 성관계를 인정하는 것을 넘어 장려하는 거라고 봐.

🙂 장려하지 못할 이유는 뭐야? 10대 성관계가 불법이야?

😀 불법이 아니면, 다 장려해야 하니?

🙂 자연스러운 욕구를 억누르기보다는 안전하게 누리는 것이 더 바람직해. 발 사이즈가 작은 사람이 큰 신발을 신고 달리면 벗겨질 수 있듯이, 성기 사이즈에 맞는 콘돔을 사용해서 확실히 피임해야지. 내가 보기에는 당연하고 자연스러운데, 역시나 꼰대 아빠가 보기에는 문제가 있나 봐? 10대의 콘돔 사용을 백안시하는 문화가 팽배하고, 만족할 만한 피임교육도 받지 못했으니, 10대의 피임 실천율이 59.3%에 불과하잖아. 이런 까닭에 원치 않는 임신이 늘어날 수 있어.
아빠 같은 어른들 때문에 일이 점점 커져. 일례로 어떤 여학생이 질염 때문에 산부인과를 갔는데, 다른 환자들은 물론이고 간호사조차 쌀쌀맞은 반응을 보였대. 10대의 성관계를 죄악시하는 문화가 병원 관계자까지 퍼져있는 현실이야. 이러니 10대는 성관계 후 질에 상처가 생겨도 병원에 가지 못하는 일이 비일비재해.

더는 "안 돼요. 싫어요. 하지 마세요!" 수준의 성교육은 곤란해. 이는 성에서 10대를 주체가 아니라 객체로 보는 거야. 10대도 엄연히 욕구가 있는데, 무성욕자가 되기를 강요하고 있어. 10대의 성욕은 문제라며 손가락질하는 어른들의 잘못된 시선을 계속 받으면 어떻게 되겠어? 자기도 모르게 자신의 성욕을 부정적으로 인식해. 그러니까 자위행위만으로도 죄책감을 느끼는 10대가 나오지. 10대도 어른들처럼 성적인 욕망이 있어. 인정해야 해. 10대가 성관계를 하는 것은 범죄행위가 아니라, 정상적인 욕망의 실현으로 받아들여야 해.

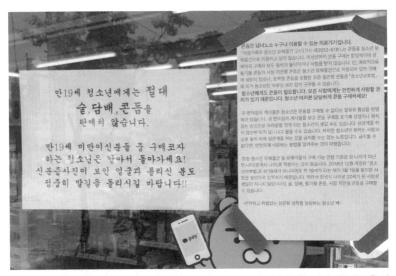

어느 편의점에서 청소년에게는 콘돔을 판매하지 않는다고 공지했다. 이에 한 청소년이 장문의 글을 써서 항의하고 있다. '콘돔은 남녀노소 누구나 이용할 수 있는 의료기기'라고 주장했다.
출처: 청소년인권행동 아수나로, 페이스북@onlyasunaro

콘돔은 남녀노소 누구나 이용할 수 있는 의료기기입니다.
「여성가족부 청소년 유해물건 고시(고시 제2013-51호)」는 콘돔을 청소년 유해물건으로 지정하고 있지 않습니다. 미성년자의 콘돔 구매는 합법적이며 판매자와 구매자 모두 일체의 불이익이나 처벌을 받지 않습니다. 단, 예외적으로 돌기형 콘돔과 사정 지연형 콘돔은 청소년 유해물건으로 지정되어 있어 구매에 제한이 있으나, 초박형 콘돔을 포함한 모든 일반형 콘돔은 「청소년보호법」에 의거 청소년도 아무런 제한 없이 구매할 수 있습니다.
청소년에게도 콘돔이 필요합니다. 모든 사람에게는 안전하게 사랑할 권리가 있기 때문입니다. 청소년 여러분 당당하게 콘돔 구매하세요!

귀 편의점의 게시물은 청소년은 콘돔을 구매할 수 없다는 잘못된 통념을 반영하고 있습니다. 귀 편의점의 게시물을 보고 콘돔 구매를 포기해 성병이나 원치 않는 임신으로 어려움을 겪게 되는 청소년이 생길 수도 있습니다. 성관계를 하지 않으면 되지 않느냐고 물을 수도 있습니다. 하지만 청소년이 원하는 사람과 상호 동의 하에 성관계를 하는 것을 금지할 수는 없는 노릇입니다. 금지할 수 없다면, 안전하게 사랑하는 방법을 알려주는 것이 마땅합니다.

또한 청소년 유해물건 및 유해약물의 구매 가능 연령 기준은 만 나이가 아닌 연 나이(한국식 나이)로 적용하는 것이 맞습니다. 2018년 12월 개정된 「청소년보호법」은 만 19세가 아니더라도 만 19세가 되는 해의 1월 1일을 맞이한 사람은 성인으로 간주하기 때문입니다. 따라서 한국식 나이로 20세가 된 사람은 생일이 지나지 않았더라도 술, 담배, 돌기형 콘돔, 사정 지연형 콘돔을 구매할 수 있습니다.

-안전하고 차별없는 성문화 정착을 염원하는 청소년 백-

집에서도 성교육합시다. 쫌!

학교에서의 성교육도 문제지만, 가정에서도 제대로 되지 않고 있어. 성에 대해 고민하는 청소년 중에 부모님과 성 관련 이야기를 나눴다는 사람은 전체의 10% 미만이래. 부모와 일상적인 소통도 잘 안 되는데 성 관련 대화를 나눈다는 건 언감생심이겠지.

몹시 안타까운 사례가 있어. 성폭행으로 임신한 중학교 2학년 여학생이 출산 직전에 엄마와 목욕탕을 갔어. 출산 직전이니까 배가 얼마나 불렀겠어. 엄마는 "애가 요즘 부쩍 살이 쪘네!"라며 그냥 넘어갔대. 끝내 그 친구는 학교 수업 도중에 출산했어. 이처럼 성 문제에 대해 부모와의 상담은 거의 없고 혼자서 끙끙 앓는 경우가 개많아.

부모들도 자녀 고민 상담을 하고 싶어. 다만 익숙하지 않고, 어떻게 해야 할지 몰라서 못 해. 우리도 우리의 부모님에게 성교육을 받아본 적이 없거든. 옛날에는 살기가 바빠서 부모·자식 간 소통이 별로 없었어.

자녀와의 원활한 소통을 위해서는 어른의 관점부터 바꿔야 해. 10대의 성은 일부 문제아만의 관심이 아니라 대부분 10대의 공통 관심사야. 따라서 우리 아이를 성적인 주체로 인정하는 관점의 전환이 필요해. 성을 통제해야 한다는 부모의 인식은 변해야 해. 통제로는 결코 10대 성 문제를 예방할 수 없어. 자녀의 성적 호기심을 이해하고, 아이 수준에 맞는 적절한 조언과 관심이 필요해.

성 상담소를 찾는 10대 중에는 또래 친구나 상담 선생님께는 말할 수 있어도 정작 부모님께는 절대로 말할 수 없다는 경우가 허다해. 그런 아이들도 한 번쯤은 표현한대. 부모님의 생각을 떠보기 위해 성 관련 질문을 슬며시 하는 거지. 그때 부모님의 반응이 "10대 때는 열심히 공부만 하면 돼", "애가 별소리를 다 하네", "달리기나 농구를 하면 성적인 충동을 자제할 수 있어", "크면 다 알게 돼"라는 식일 때가 많아. 그럼 아이들은 "역시나 우리 부모님과는 대화가 안 돼" 하면서 부모를 향한 입과 귀를 닫아버려.

부모가 자녀한테 관심이 없어서가 아니야. 아마 놀랐을 거다. 내 자식은 성에 대한 문제가 없다고 믿었는데, 갑자기 성 문제를 꺼내면 부모는 깜짝 놀랄 수밖에 없어. 이런 순간에 어떻게 해야 하는지 배운 적이 없으니까, 당황해서 얼버무린 표현이라고 봐.

그래서 부모의 평소 관점이 중요해. 자녀의 성에 대해 열린 마음을 가져야 해. 그래야 자녀가 슬쩍 꺼내는 성 관련 질문에도 당황하지 않고, 아이의 입장에서 대화가 가능해. 부모가 평소 자녀의 성에 대해 부정적인 생각을 갖고 있거나 쉬쉬하려고만 든다면, 아이가 보내는 신호를 알아차리지 못하겠지. 설사 알아차린다고 하더라도 통제하거나 거세하려 들겠지.

부모도 이제는 달라져야 해. 부모 자신이 청소년이던 시절과는 많이 바뀌었거든. 상담교사들에 의하면, 예전 남학생들은 자위행위에 대한 수치심이나 죄책감이 컸대. 요즘은 자위행위 자체에 대한 심리적인 부담감은 별로 없어. 도리어 감각적으로 더 좋은 느낌이 들려면, 어느 부위를 어떤 방법으로 자극해야 하는지 등의 상세한 가이드를 알려 달라고 한대. 여학생의 경우 예전에는 자위행위에 대한 상담이 거의 없었는데, 지금은 꽤 많대. 시대가 바뀌고 청소년의 성 태도도 변하는

데, 부모의 인식만 그대로면 소통은 불가능하겠지.

만약 자녀가 음란물을 접했다는 사실을 부모가 알게 된다면, 그때부터라도 대화를 시작해야 해. 음란물을 본 느낌이 어떤지 진지하게 들어줘야 해. 부모 자신도 처음으로 음란물을 봤을 때의 느낌을 알려주면서 동질감을 형성할 필요가 있어. 자녀 혼자만이 아니라 다른 사람들도 경험하는 일이라는 인식은 마음의 안정감을 줘. 부모가 자녀의 성에 대해 진지하고 열린 태도를 갖고, 경청하면서 자연스럽게 대화해야 해. 성 관련 전문적인 지식이 부족한 건 문제가 안 돼. 책이나 전문가와의 상담을 통해 배우면 되니까! 부모가 의지만 있다면 얼마든지 가정에서의 성교육은 가능해.

문제는 자녀들이 부모와는 성에 대한 대화뿐만 아니라 다른 고민 상담도 하고 싶어 하지 않는다는 거지.

🙂 비단 성 문제가 아니라도 부모는 언제나 자녀의 고민 상담에 마음을 내고 싶어. 그러나 일상적인 대화도 거의 없어. 평소 대화가 부족한데, 마음속 깊은 이야기를 어떻게 나누겠니?

🙂 계속 시도해야지. 가족이잖아. 소통이 없으니까, 목욕탕에서 만삭의 딸을 보고도 "살이 쪘네!"라며 넘어가잖아. 평소 관심을 갖고 소통을 잘 해왔다면, 부쩍 살이 찐 배에 대해 진지하게 물었겠지. 왜 살이 쪘는지, 요즘 학교에서 뭘 많이 먹는지, 혹시 말 못 할 고민이 있는지 등의 대화를 시도했을 거라고! 그러면 그 이후의 비극은 어느 정도 완화할 수 있었을 테야.

부모가 자녀에게 성교육을 하지 않으면 이런 사건은 계속 나올 수 있어. 부모가 열린 관점으로 성 문제를 대했다면, 자녀는 피임을 잘했겠지. 그러면 원치 않는 임신과 출산도 없었을 거야. 자꾸만 억누르고 감추기만 해서는 문제를 해결할 수 없어. 이제라도 피임교육을 포함한 적극적인 성교육을 해야 해.

박주현 서울대보라매병원 비뇨기과 교수팀이 국제학술지 《성의학 저널(The Journal of Sexual medicine)》에 발표한 '한국 여성의 성생활과 태도에 관한 10년간의 간격 연구'(2014)에 따르면, 20~30대 한국 여성들의 피임법에 문제가 있대. 여성들이 주로 사용한 피임법은 질외사정(61.2%), 생리주기 조절(20%), 남성 콘돔 착용(11%), 피임약 복용(10.1%) 순이었어. 전문가들은 질외사정이나 생리주기 조절은 사실상 피임법이라고 볼 수 없을 만큼 그 효과가 떨어진다고 했어. 이것이 자그마치 81.2%나 차지했어. 원치 않는 임신의 증가는 명약관화해. 더 문제는 이 결과가 10년 전보다 후퇴했다는 거지. 2004년 조사에서는 질외사정(42.7%), 남성 콘돔 착용(35.2%), 생리주기 조절(26.7%), 피임약 복용(9.1%) 순이었어. 곧 피임 효과가 비교적 높은 남성 콘돔 착용은 줄고, 피임 효과가 불확실한 질외사정은 늘었어. 그 변동 폭도 컸어. 2015년 질병관리청 보고서를 봐도 성관계 때 콘돔을 항상 사용하는 비율이 11.5%, 자주 사용 비율은 9.8%에 불과했어. 박주현 교수팀의 조사 결과와 유사하지.

박주현 교수는 "임신과 출산, 피임은 여성의 책임으로 돌리는 가부장적 문화가 문제"라며 "여성이 성관계 시 효과적인 피임법을 사용하고 싶다면 파트너에게 의견을 피력하거나 성관계를 거부할 수 있어야 한다"라고 강조했어. 남성 중에는 콘돔을 쓰면 느낌이 안 좋고 불편하다며 거부하는 경우가 이따금 있어. 피임은 온전히 여성의 몫일 때가 많지. 남성이 잠깐 불편하다고 콘돔을 쓰지 않으면, 여성은 임신에 대한 두려움으로 몇 날 며칠을 불안에 떨어야 해.

박주현 교수는 "청소년의 발육 속도가 빨라지고, 인터넷 등으로 인해 성에 대한 호기심이 높아지고 있는 만큼 올바른 성생활 인식을 위한 교육 시스템이 필요하다"라고 지적했어.

요약하면, 성 관련한 사회문화를 바꿔야 하고, 그를 위해 올바른 성교육이 필요하다는 말이야. 그런 의미에서 부모님들은 뒤에 나오는 피임법을 꼼꼼히 읽어보고, 자녀에게 알려줬으면 좋겠어.

피임의 종류와 효과[12]

※ 작성 및 감수: 보건복지부, 대한의학회, 대한산부인과학회

각 피임법에 따른 첫 1년간의 피임 실패율

단위: %

피임 방법			최저 실패율	일반 실패율
피임 안 함			85	85
호르몬 피임제	복합경구피임제		0.3	9
	프로게스틴단일 경구피임제		0.3	9
	피임패치		0.3	9
자궁 내장치	구리자궁 내 장치		0.6	0.8
	레보놀게스트렐 분비 자궁 내 시스템		0.2	0.2
	남성용 콘돔		2.0	18
질외사정			4.0	22
월경주기 조절법			5.0	24

| 불임
수술 | 난관불임수술 | 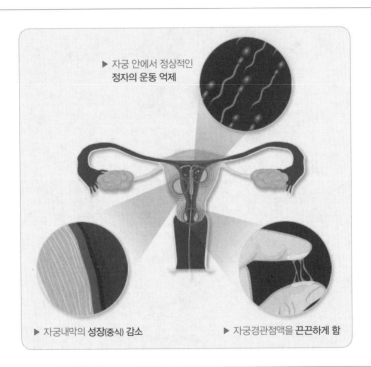 | 0.5 | 0.5 |
| | 정관불임수술 | | 0.10 | 0.15 |

- 최저 실패율(perfect use): 정확하게 피임 방법에 따라 사용하였을 때의 피임 실패율
- 일반 실패율(typical use): 잘못되거나 정확하지 않은 피임 방법을 포함하여 실제 피임도구를 사용했을 때의 피임 실패율

레보놀게스트렐 분비 자궁내장치

▶ 자궁 안에서 정상적인
정자의 운동 억제

▶ 자궁내막의 성장(증식) 감소

▶ 자궁경관점액을 끈끈하게 함

미레나는 외형적 모습은 기존의 자궁 내 장치와 다를 바 없으나 장치에 장착된 실라스틱튜브 안에 레보놀게스트렐이라는 황체호르몬이 들어 있으면서 하루에 일정량씩 분비되는 피임기구입니다. 분비된 호르몬은 배란에 큰 영향을 주지 않고 주로 자궁 내에 국소적으로 작용하며 5년간 높은 피임 효과를 나타내게 됩니다.

미레나는 자궁 내에서 강력한 내막억제 작용을 나타내 95% 이상에서 월경양의 감소를 보이며 일부에서는 무월경 상태가 되기도 합니다. 생리통을 줄이는 데도 탁월한 효과가 있습니다. 이러한 이유로 원인이 없는 과다월경 특히 만성신부전 환자나 폐경 전후 시기의 심한 기능성 자궁 출혈의 조절에 효과적입니다. 자궁선근종, 자궁내막증 환자에서 월경량 감소 및 생리통 치료에 사용되고 있습니다.

일반적인 부작용으로 처음 2~3개월간 자궁내막이 안정화될 때까지 불규칙한 출혈이 있을 수 있습니다. 골반 내 이상(자궁기형, 원인불명의 출혈, 골반염, 자궁내막의 기질적 이상 등)이나 황체호르몬 사용 금기질환이 있는 환자에서는 사용이 제한됩니다.

피하이식 호르몬 피임제(임플라논)

40mm

피임패치

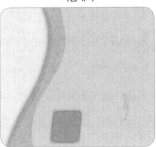

경질 피임링(누바링)

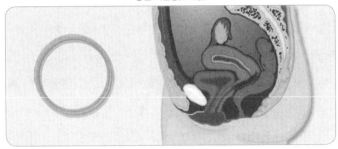

▶ 피하이식 호르몬 피임제(임플라논)

과거의 피하이식 호르몬 피임제를 보완 개발하여 임플라논이라는 새로운 피임 방법이 소개되었습니다. 이것은 4cm×2mm 크기의 연필심 모양의 막대모양 피하이식 피임기구로 2006년 미국 FDA의 승인을 받았습니다. 기구에 황체호르몬(레보놀게스테롤)이 들어 있어 매일 소량씩 분비됩니다. 과거의 피하이식 호르몬 피임제인 놀플란트와는 달리 삽입과 제거가 비교적 간단하며 난소낭종의 발생 빈도가 적으며 배란을 빠르게 억제하는 장점이 있습니다. 체중이 많이 나가는 사람은 효과가 떨어지게 됩니다.

▶ 경질 피임링(누바링)

호르몬이 들어 있는 경질 피임링은 1960년대 초에 소개되었으나 여러 가지 이유로 곧 사장되었습니다. 최근 스테로이드 전달 방법의 기술개발이 진행되면서 경질 피임링의 개발이 가속화되고 있습니다. 2001년 미국 FDA에서 승인받은 누바링은 지름 2인치의 피임링에서 매일 소량의 여성호르몬과 황체호르몬이 분비되며 다음과 같은 장점이 있습니다.

- 질 상피세포를 통하여 흡수되므로 매우 효과적이며 작용이 빠릅니다.
- 삽입과 제거가 매우 간편합니다.
- 매일 바꾸거나 복용할 필요가 없습니다.
- 일정량의 스테로이드 호르몬이 안정적으로 분비되어 혈중농도를 일정하게 유지됩니다.
- 성관계를 방해하지 않습니다.

이 기구는 한 번 질내에 삽입하여 3주간 지속 후 1주간은 제거합니다. 이때 생리가 나오게 됩니다. 대부분의 호르몬 피임법이 사용 초기에는 비정상 질출혈을 동반하는데 누바링도 예외는 아니지만 거의 소량의 점상출혈이었습니다. 경구피임제 사용자보다는 낮은 비율의 부정출혈이었고 정상 패턴의 소퇴성 출혈은 누바링 사용군에서 유의하게 더 높았습니다.

▶ 피임패치

피부를 통해 호르몬이 전달되는 새로운 피임법은 피임제에 대한 순응도를 높이기 위해 개발되었습니다. 가장 최근에 개발된 피임패치는

2001년 미국 FDA에서 인가를 받았습니다. 패치 한 개는 7일 동안 분비되는 호르몬(에스트로겐과 프로게스테론)이 포함돼 있어 1주일에 한 장씩 3주간 피부에 붙이고 1주간은 붙이지 않습니다. 복합경구피임제와 같이 배란을 억제하므로 높은 피임 효과가 있습니다.

응급 피임법

응급 피임법: 피임을 하지 않은 상태에서 성교 수일 이내에 임신을 예방할 수 있는 방법

▶ 응급 피임약

▶ 구리자궁 내 장치

응급 피임약을 성교 후 72시간 내에 1회 복용

수정란이 착상되는 것을 방지

그럼 이걸로만 피임을 하면 안되나요?

응급 피임법은 응급 상황에서만 사용되어야 하며 일반적인 피임 방법으로는 적합하지 않습니다!

▶ 응급 피임법

성교 후 수일 이내에 임신을 예방할 수 있는 방법을 통틀어 응급 피임법이라 합니다. 난자는 수정 후 6일째 착상이 되며 이론적으로 이 기간 동안 임신을 막을 수 있습니다. 이것은 방어할 수 없는 성관계

를 경험한 경우 모두 사용할 수 있습니다. 예컨대 성적 폭력을 당하거나 부적절한 피임법으로 피임 효과가 의심되는 경우, 피임을 사용하지 않은 무방비 성교 등입니다.

응급 피임약의 복용은 임신 위험성을 75%까지 감소시킬 수 있습니다. 이 수치는 100명의 여성이 가임기간에 피임을 하지 않고 성교를 한 번 했을 경우 약 8명이 임신할 수 있으나 응급 피임약을 복용하면 오로지 2명만이 임신할 수 있다는 의미입니다. 성공적인 피임 효과를 위해서는 성교 후 24시간 이내에 치료하는 것이 좋으나 72시간 내에 복용하면 효과를 기대할 수 있습니다.

주로 응급 피임약과 구리자궁 내 장치를 사용하게 됩니다. 대개 응급 피임약이 첫째로 권유되며, 특히 황체호르몬 단일 응급 피임약이 사용되고 있습니다. 복용 방법은 1.5 mg의 레보놀게스트렐이 함유된 응급 피임약을 성교 후 72시간 내에 1회 복용하는 것입니다. 이 방법은 임신율을 88%까지 감소시킬 수 있으나 100%가 아니므로 응급 피임약 복용 3주 후에는 반드시 병원을 방문하여 임신 여부 등을 확인해야 하며, 계속적인 차후 피임법에 대해 상의해야 합니다. 부작용으로는 오심, 구토, 어지럼증, 피로, 유방통이 올 수 있습니다. 복용 2시간 이내에 구토를 했다면 피임약 효과가 없으므로 다시 응급 피임약을 복용할 것을 권유하고 있습니다. 응급 피임약을 사용한 거의 모든 여성은 안전합니다. 그러나 임신이 확인된 경우, 현재 편두통이 있거나 뚜렷한 신경학적 증상이 있거나 점점 심해지는 편두통이 있는 경우에는 적합하지 않습니다. 응급 피임법은 원래의 목적대로 응급 상황에서만 사용되어야 하며 일반적 피임 방법으로는 적합하지 않습니다. 구리자궁 내 장치는 착상기 이전에 사용할 수 있습니다. 이것은 호르몬 응급 피임약보다 효과적이며 임신 예방 효과는 99%에 이르게 됩니다. 피임장치는 계속적인 피임 목적으로도 사용 가능합니다. 그러나 이것은 성병에 노출될 위험성이 있는 여성은 골반 염증을 조장할 수 있고 제대로 치료하지 않으면 불임증까지 야기할 수 있으므로 되도록 선택하지 않는 것이 바람직합니다. 그렇지 않은 여성에서는 고려할 만합니다.

피임과 관련해 자주 하는 질문들

1. 피임을 하면 정말로 임신이 안 되나요?
예, 그렇습니다. 피임의 종류와 효과 표에서 보듯 피임하지 않은 경우 피임 실패율이 85%인 반면, 적절한 피임법을 사용하면 피임 실패율이 매우 낮습니다. 그러나 완전한 피임법은 존재하지 않습니다. 심지어 영구불임시술을 받은 경우에도 임신이 될 수 있습니다. 그러므로 임신이 의심되면 곧바로 산부인과 의사의 도움을 받는 것이 옳습니다.

2. 피임약을 먹으면 암이 잘 생긴다고 들었습니다. 정말인가요?
그렇지 않습니다. 먹는 피임약은 피임 이외의 건강상 이점들을 보여주고 있습니다. 이것들은 모두 과학적으로 입증된 근거에 바탕을 두므로 믿으셔도 됩니다. 자궁내막암, 난소암, 대장암의 발생은 오히려 감소하는 것을 알 수 있습니다. 이외에도 여러 가지 장점이 많이 보고되고 있습니다. 피임에 의한 합병증보다는 원치 않은 혹은 원하는 임신과 출산으로 인한 합병증이 훨씬 치명적이고 발생 빈도도 높습니다.

3. 피임약을 먹으면 여드름이 잘 생기거나 있던 여드름이 더 심해진다고 하던데요?
그렇지 않습니다. 경구 피임약의 새로운 이점 중에 여드름 감소 효과가 있습니다. 여드름 감소의 효과를 나타내는 피임약은 특정 황체호르몬이 함유돼 있어야 하므로 피임 효과와 더불어 여드름 감소의 효과를 보기 위해서는 적당한 약제를 선택하시는 것이 중요합니다. 이러한 선택은 본인의 건강 상태 등을 고려하여 산부인과 전문의와 상담 후 결정하시면 됩니다.

4. 피임약 먹다가 중단하면 임신이 안 된다고 하던데요?

그렇지 않습니다. 다만 정상적인 생리가 돌아오기까지 시간이 다소 걸릴 수 있습니다. 믿을 만한 대규모 연구에 의하면 피임약을 먹다가 중단한 여성들에 있어 첫 3개월간은 임신율이 조금 낮지만 점차 증가하여 24개월 이내에 90%에서 임신이 되었습니다. 나머지 10%는 일반적 불임증 유병률과 같으므로 이분들은 피임약과 관계없이 원래 불임증의 원인이 있는 분이라 할 수 있습니다. 즉 먹는 피임약과 불임증은 관계가 없습니다. 안심하셔도 됩니다.

5. 피임약은 안전한가요?

예, 그렇습니다. 피임에 의한 합병증보다는 원치 않은 혹은 원하는 임신과 출산으로 인한 합병증이 훨씬 치명적이고 발생 빈도도 높습니다. 이 점을 명심하시기 바랍니다. 다만 개인의 건강 상태, 환경, 각 피임법의 장단점을 잘 파악하여 되도록 전문의의 도움을 받아 피임법을 선택하시는 것이 좋겠습니다.

5장

10대의 사랑,
그리고 섹스

아빠도 그렇지만, 통상 부모들은 10대들에게 대학 갈 때까지만 참으라고 하지. 대학 가면 연애고 취미고 다 할 수 있다며 그때까지만 꾹 참고 견디라고 해. 지금은 그저 좋은 대학을 가기 위해 공부만 열심히 해라!

공부는 적당한 때가 있어. 그 시기를 놓치면 더 힘들고 먼 길을 가야 해. 인생을 오래 살아본 부모들은 이를 잘 아니까, 다 너희들을 위해서야.

아빠, 혹시 이런 생각은 안 해봤어? 자녀가 오늘 당장 교통사고로 죽을 수 있다! 아니면, 갑자기 불치병에 걸릴 수도 있다. 그렇더라도 지금 행복하게 지내지 말고, 나중을 위해 참으라고 할 테야?

그건 대단히 극단적인 생각이야. 10대가 교통사고로 별안간 죽을 확률이 몇 퍼센트나 되겠니? 가능성이 거의 없어. 이를 전제로 현재를 설계하는 건 어리석은 행동이야. 그나저나 내가 언제 지금 행복하게 지내지 말라고 했니? 아빠 말은 "현재의 시간은 무한하지 않다"라는 거야. 너의 밝은 미래를 위해서 선택과 집중을 해야 해. 10대 때는 공부에 집중해야지.

🙂 하고 싶은 걸 못하고 살면 불행해. 나는 비록 짧은 인생을 살았지만 '뒤늦게 후회하지 말고, 지금 당장 행복한 삶을 살아야 한다'고 생각해. 지금 행복하지 않은 사람은 미래에도 행복해지기 어렵다고 봐. 10대의 연애도 같은 맥락에서 생각해야 해. 사람이 사람을 만나 끌림이 생기면 연애를 하지. 누구나 마찬가지야. 10대도 사람이니 끌리는 사람을 사랑하게 돼. 인지상정이야. 사랑하는 사람을 만나면 손잡고 싶어. 포옹하고 싶어. 사랑이 더 깊어지면 성관계도 하고 싶어. 보편적인 사람에게 이 모든 흐름은 되게 자연스러워. 10대는 결코 무성적 존재가 아니야. 아빠는 계속 10대의 성관계는 절대로 안 된다고 하는데, 그건 10대를 성이 없는 인간으로 치부하는 것과 같아. 아무리 거부하고 싶어도 10대의 성은 존재해. 10대에게 "참아라. 안 된다"라며 억압하면 할수록 10대는 더 위험하고 불결하고 비인간적인 환경에서 성을 마주하게 돼!

😀 과연 10대가 뜨거운 사랑의 감정만으로 성관계를 할까? 아빠도 10대 시절이 있었지만, 그 당시 성관계를 하는 학생 중에는 불량한 녀석들이 많았어. 여럿이 이리저리 양아치 짓을 하고 다니며 여자나 꼬셨지. 사랑이라는 감정은 전혀 없이 단순한 성적 호기심만으로 성관계를 갖곤 했어. 그 녀석들은 이를 과시하고 싶으니까, 자기들의 행위가 부끄러운 줄도 모르고 자랑삼아 학교 와서 떠들어댔어. 요즘도 SNS나 인터넷 커뮤니티에 보면 스킨십 하는 사진을 올려놓은 10대가 있어. 그러면 사람들이 부럽다는 댓글을 달지. 이게 다 과시욕 때문 아니야?

설령 사랑하는 연인과 성관계를 하는 10대가 있다고 하더라도, 그 친구가 진정으로 깊이 사랑해서 했을까? 사랑이 아닌 성적 호기심이 더 큰 동기였다고 생각해. 10대 아이들의 연애 기간이 한 달을 넘지 못하는 경우가 많잖아. 그게 왜 그렇겠니? 진실로 마음이 설레어서 사귀는 것이 아니라, 단순 호기심으로 연애하기 때문이라고 봐!

2차 성징이 일어나면 성적 호기심이 강하게 들어. 이는 자연의 섭리야. 너무나 자연스러운 거지. 외려 '청소년의 성적 호기심은 억눌러야 한다'는 어른들의 생각이 문제야! 누구나 성적 호기심으로 스킨십을 하고 섹스를 해. 10대만이 아닌 모든 인간의 기본적인 욕망이지. 마냥 억압한다고 해결될 문제가 아니야.

그렇다고 성적 호기심이 전부라는 말은 아니야. 아빠가 생각하는 것처럼, 모든 10대가 단순한 성적 호기심만으로 성관계를 하지는 않아. 사랑하는 감정으로 스킨십하고 성관계하는 경우도 많아.

내가 보기엔 어른들이 더 문제야. 어른들은 모두 사랑의 감정으로 성관계를 해? 그럼 나이트클럽이나 술집에서 만난 사람과 원나잇하는 어른들은 뭔데? 성매매하는 어른들은 또 뭐야? 전국 방방곡곡에 있는 수많은 모텔은 누가 매상을 올려주고 있어? 사랑 없는 섹스에 대해서 어른들이 10대에게 할 소리는 없다고 봐.

우리 반에 미국에서 중학교까지 다니다가 전학 온 친구가 있어. 그 친구가 미국에 살 때 연애를 했었대. 가족들이 축하 파티도 해주고, 가족 여행에 애인을 초대하기도 했었대. 심지어 부모님이 콘돔을 챙겨주기도 했대. 만약 한국이었으면 어땠을까? 축하는커녕 범인 신문하듯 압박했겠지. 그러니 10대들은 연애를 숨기지. 멀티방이나 노래방 같은 곳을 찾아다니며 은밀히 스킨십을 하고 성관계를 해. 이들은 탈선

한 청소년이 아니야. 어른들의 불편부당한 시선이 두려운 보통의 청소년이야. 우리를 음지로 내모는 것은 다름 아닌 어른들이라고!

어른들의 잘못된 시선 때문에 10대가 음지에서 스킨십을 한다고? 그럼 길거리에서 키스하는 10대는 뭐냐? 공공장소에서 여자친구를 무릎에 앉히기도 하고, 가슴이나 엉덩이를 만지는 10대가 얼마나 많은 줄 몰라? 최소한의 선은 지켜야 하잖아.

연인 간 애정 표현을 자연스럽게 받아들이지 못하는 어른들의 시선이 문제지! 거리에서의 애정 표현 자체는 문제가 없어. 더욱이 길거리에서 키스하면 안 된다니? 도대체 그걸 누가 정했는데? 우리가 왜 그런 엉터리 선을 지켜야 해? 지금이 무슨 쌍팔년도야!

남들 앞에서 "나는 이런 것도 할 수 있다"라는 과시욕이겠지! 성적 호기심과 과시욕으로 둘러싸인 10대의 불량한 태도가 문제지, 어른들의 관점에는 문제가 없어.

그래, 백번 양보해서 과시욕으로 거리에서 키스했다고 치자. 그렇다면 10대의 성에 대한 과시욕은 왜 생겨났을까? 어른들이 10대의 성을 문제시했기 때문이야. 그러므로 일탈에 성공한 10대는 우쭐대겠지. 만약 어른들이 10대의 성을 자연스럽게 여겼다면, 평범한 행위를 하는 10대가 과시할 생각이나 하겠어? 그저 평범한 행위일 뿐인데? 10대의 스킨십이 꼴 보기 싫으면 적절한 장소를 제공해줘! 우리나라는 10대가 애정 표현을 마음껏 할 수 있는 공간이 없어. 학교도 안돼. 집에서도 안 돼. 길거리에서도 안 돼. 모텔은 출입도 불가야. 하물며 PC방이나 노래방 같은 곳도 일정 시간 이후에는 청소년 출입 금지야! 당최 10대가 사랑을 나눌 수 있는 공간이 어디 있어? 현실이 이러니까 10대 연인이 밤에 으슥한 벤치나, 사람이 잘 다니지 않는 골목이나, 공사장 같은 곳에서 사랑을 나누는 거야. 이런 공간은 여러모로 위험할 수 있어. 우리도 알아. 어쩌겠어? 달리 대안이 없잖아. 어른들의 터부시가 우리를 위험한 곳으로 내몰고 있어. 우리도 안전하고 편안한 공간에서 사랑을 나누고 싶어!

🙂 10대는 아직 미성년자야. 성년이 아니라는 말이지. 성숙해지려면 시간이 더 필요해. 육체는 어느 정도 성숙했다 하더라도 정신은 아직 수행을 더 해야 해. 성관계는 생명과 직결된 문제야. 자신과 타인의 인생을 온전히 책임질 수 있을 때 해야지.

🙂 아~우! 또 그놈의 미성년 타령이야? 지겨워 죽겠다.
그럼 어른은 다 성숙한 존재야? 어른 중에도 철부지가 많던데? 성숙이라는 건 가만히 앉아서 나이만 먹는다고 저절로 완성되지 않아. 여러 가지 경험도 하고, 인생 공부도 하고, 책도 읽고, 이런저런 사람도 만나야 해. 때론 좌절도 하고, 때론 희열도 느끼는 삶이 쌓이고 쌓이면서 성숙한 존재로 거듭나. 사랑의 단맛, 쓴맛을 느껴봐야 성숙한 존재가 될 수 있어. 10대의 사랑도 그중 하나야! 10대가 성숙해지기 위해서라도 연애를 꼭 해봐야 해.
학교에서 10대에게 성폭력 교육은 종종 하지만, 사랑과 섹스에 대한 교육은 턱없이 부족해. 어른들이 10대를 인격체로 보지 않고, 훈육의 대상으로만 보기 때문이야. 10대는 사랑의 감정을 느끼는 고결한 인격체야. 우리나라에선 10대의 섹스나 자위를 나쁘거나 억압해야 하는 그 무엇으로 다뤄. 10대가 성적 쾌감을 추구하면 심히 불경스럽게 여겨. 10대의 성행위가 부정적으로 규정당하면, 10대들은 자신도 모르게 성관계를 수치스럽고 숨겨야 하는 것으로 인식하게 돼.

『13세에 완성되는 유대인 자녀교육』이라는 책을 쓴 홍익희 선생님이 페이스북에 이런 글을 남겼어.

"아이가 부모를 키우는 것이다. 어른으로 성장시키는 것이다. 유대인들은 아이를 부모의 종속물이 아닌 동등한 인격체로 대한다. 아이 옆에서 늘 아이와 눈을 맞춘다. 이들은 하나님이 자녀를 13세 성인식 때까지 부모에게 맡겼다고 생각한다. 성인식 때 하나님께 돌려드려야 한다고 여긴다.

성인식을 치르고 나면 비로소 자녀 교육의 책임에서 벗어나고 그 뒤 인생에 대한 책임은 본인과 하나님에게 있다고 여긴다. 아이를 인격체로 보느냐, 부모의 종속물로 보느냐는 중요한 차이다."

유대인들은 13세만 되어도 하나의 인격체로 존중받는데, 우리나라는 자녀를 부모의 종속물로 여겨. 이제 나도 우리 나이로 열아홉 살이니까 더는 어린아이 대하듯 하지 마. 내가 사랑을 하든, 섹스를 하든, 그냥 데이트만 하든, 내 마음이 움직이는 대로 내가 결정해!

😀 이상한 데 가서 성적 자기결정권 따위를 듣고 오더니, 네 마음대로 결정한다고? 10대가 어디 함부로 성적 권리를 주장해!

🙂 내가 성관계를 하든 말든, 아빠가 감 놔라 배 놔라 하지 말라고! 성관계를 함에 있어서 죄책감 없이 나 스스로 결정하고 싶어. 그건 인간으로서 기본적인 내 자유야.

아… 이 방황하는 별을 어찌해야 좋을꼬! 아빠는 다 너를 위해서 하는 말이다. 아직은 네가 10대라서 혹시나 불미스러운 사고가 생겼을 때 그걸 감당할 수 있는 능력이 없잖아. 더구나 너는 여자야. 임신이라도 하면 어쩌려고 그래! 네 인생 망쳐.

10대의 연애가 긍정적인 효과를 가져온다는 연구가 많아.
청소년기 동안 이성과의 관계를 통해 이성에 대해 알아가게 되고, 이것은 곧 성인이 되어서 이성과의 관계를 준비하는 과정이 될 수 있다 (김제한, 1999; Furman & Shaffer, 1999).
청소년기 중기에 경험한 높은 질의 이성교제는 나중 성인 초기의 관계에 대한 헌신과 정적 상관을 가진 것으로 나타났다(Seiffge-Krene & Lang, 2002).
한 분야에 경험이 쌓이면 나중에 그와 관련한 결정에 도움이 되잖아. 연애도 마찬가지야. 어른이 되어서 제대로 연애를 하려면 어릴 때부터 사랑 경험을 많이 해봐야 해. 옛날 어른들은 서로의 얼굴도 모르고 중매로 결혼했으니, 부부싸움이 더 잦았다고 생각해. 부부싸움이 별로 없는 가정도 자세히 살펴보면 주로 여자가 참고 사는 경우가 많았어. 만약 내가 부모라면, 자녀의 미래 결혼생활을 위해서라도 10대 때부터 연애를 많이 해보라고 할 것 같아.

이성교제를 하다가 헤어지면 어떻게 되는지 몰라? 상실감에 힘들어하는 아이들이 얼마나 많니! 심할 때는 우울증에 시달리다가 자살까지 하는 10대도 있어. 한창 공부에 집중해야 할 시기에 이런 미련한 짓을 반복해서야 되겠니?

😊 부모로서 자녀가 힘들어하면 옆에서 지지해주고 위로해주면 되잖아. 자녀의 이성교제에 대해 부모가 긍정적인 관점을 가질수록 갈등은 줄어. 자녀도 헤어짐의 상실감을 빨리 극복할 수 있지. 아빠처럼 무조건 반대만 하면 갈등은 증폭되기 마련이야.

이미 오래전부터 청소년의 절반 이상이 이성교제를 하고 있어. 아빠는 10대의 이성교제를 비하하고 싶으니까 연애 기간이 짧다고 하는데, 수개월에서 수년씩 사귀는 커플도 있어. 이게 현실이야. 부모가 반대한다고 현실이 바뀌지는 않아. 이제 현실을 인정하고 자녀의 이성교제를 지지해줄 때야!

😁 수개월에서 수년씩 사귀는 10대가 전체의 몇이나 되냐? 극소수의 사례를 현실이니 뭐니 하면 되겠니? 연애 시작한 지 겨우 하루 이틀 지나서 싫증났다며 이별 통보하는 10대가 대부분이잖아. 급하게 타올랐다가 바로 식어버리는 10대의 풋내기 사랑을 진지하게 들어줘야 해? 지난주까지는 철수를 좋아했는데 오늘부터는 영수가 좋아졌다는, 10대의 변덕은 사랑이라고 말하기 어려워. 단순 호기심과 과시욕으로 이성에게 접근한다고 생각해. 이성친구가 있는 10대가 너희들 사이에서는 능력자 대접받으니까!

😊 그런 친구도 있지만, 안 그런 친구도 개많아.

😁 그렇지 않은 친구가 몇이나 되냐고? 전체의 1%는 되니? 만난 지 일주일도 되지 않았는데 "다른 좋아하는 친구가 생겼다", "너한테 싫증났다", "감정이 없어졌으니 뒤끝 없이 헤어지자" 따위의 말로 이별을 통보하면 '쿨하다'고 생각하지? 쿨한 게 아니라 철이 없는 거야. 풋

내기 주제에 무슨 연애를 한다고, 아이고!

👨 어른 중에는 첫눈에 반했다가 금방 싫증내는 사람 없어? 사랑이 변덕을 부리는 건 어른들도 마찬가지잖아!

👴 10대들은 대다수가 그렇지만, 어른들은 소수만 그렇지!

👨 어른들은 어릴 때부터 연애를 여러 번 해서 사랑 연습을 많이 했잖아. 사랑에 단련돼 있으니 변덕을 덜 부리는 거겠지. 우리 10대에게도 진지한 사랑을 연습할 시간과 기회가 필요해. 10대의 변덕스러운 사랑도 다 성숙해가는 하나의 과정으로 봐주면 좋겠어.

👴 연습을 적당히 해야지. 선을 넘는 게 문제잖아. 사랑을 무척 쉽게 생각하니까, 사귄 지 얼마 되지도 않았는데 성관계까지 해버리는 거잖아. 그러다 들켜서 퇴학이나 강제 전학을 당하게 되면 인생 끝이야!

👨 성관계가 퇴학 사유라는 학교의 학칙이 문제지, 10대의 성관계 자체는 문제가 없어. 더더구나 아빠 생각처럼 10대는 문란하지 않아. 만나자마자 쉽게 성관계하는 10대는 극소수야. 그건 어른들도 마찬가지잖아.

👴 아빠 친구 중에 선생질하는 애들이 많아서, 아빠는 10대의 이성교제 실상을 잘 알아. 이성교제는 학칙으로 엄하게 금지해야 해. 안 그러면 아이들을 통제할 수가 없어. 학칙으로 이성교제를 금지하는데도 문란한 10대가 끝없이 나오는 실정이야. 금지마저 안 해봐라, 학교

가 도대체 어떻게 되겠니? 학교는 연애하는 곳이 아니라 공부하는 곳이야. 주제 파악을 해야지!

😐 사랑이라는 감정을 학칙으로 규제할 수 있다는 발상이 참 우습다. 어른들은 10대를 로봇으로 여겨. 감정이 그렇게 쉽게 제어돼? 여전히 10대를 하나의 인격체로 존중하지 않는 거야. 내가 만약 부모인데 자녀가 이성교제를 한다면, 응원은 물론이고 용돈도 더 주고, 콘돔까지 챙겨주겠구만!

😊 콘돔을 챙겨준다니, 그게 정상적인 부모가 할 짓이야? 이성교제를 안 하면 좋겠지만, 만에 하나 하더라도 건전한 이성교제를 해야지.

😐 또 나왔네. 그놈의 건전, 건전! 귀에 딱지 앉겠다. 건전한 이성교제는 어떤 건데? 스킨십 안 하는 거? 그럼 뽀뽀라도 하면 불건전한 이성교제겠네? 아빠 같은 꼰대 마인드를 가진 교사들이 참 많나 봐. 전국적으로 반수 이상의 학교가 학칙으로 이성교제를 규제하고 있어.

6장

이게 21세기
대한민국의 학칙이라니!

투철한 신고 정신, 이성교제 박살 내자?

경북지역 ㅅ고등학교 2020학년도 학교 규정

분류명	항목 내용		RP (벌점)
교외생활	'이성교제'를 권유한 학생		3
	친구의 잘못을 보고도 방관 또는 묵인하거나 동조한 학생		3
	출입이 제한된 구역에 출입을 한 학생		5
	사행성 오락행위를 한 학생		5
	'동아리 활동 규정'을 위반 학생	(선도위 회부 시 징계로 대체)	5
	언행이 불량하여 주민 등으로부터 통보를 받고 사실이 확인 된 학생		5
	공연한 이성교제로 학교 품위를 손상		5
	절도, 폭력 행위		5
	나쁜 행동을 강요한 학생		5
	학교 폭력 행위에 연루된 학생 (학폭위 회부 시 관련 규정에 의한 징계로 대체)		5

서울지역 ㄷ중학교 2019학년도 학생생활규정

〈상·벌점 세부 조항〉

나. 벌점 내용

항목		내용	중복부여(1일)
II	①	사행성 놀이(짤짤이, 판치기 등)	가능
	②	학교 밖에서 학교의 명예 실추	가능
	③	이성 간 신체 접촉	가능
	④	규정에 어긋난 화장 및 수업 중 화장 행위	가능
	⑤	무단 결석의 경우	가능
III	①	이성 간 풍기 문란 행위	가능
	②	흡연 또는 음주 행위, 음주 권유 및 흡연·음주할 때 같이 있는 행위	가능
	③	성희롱	가능
	④	학교 담 넘기	가능
	⑤	담배, 라이터 소지	가능
	⑥	흉기 소지	가능

별표(1) 징계 기준

구분	항	행위 내용	징계			
			학교 내 봉사	사회 봉사	특별 교육	등교 정지
퇴폐 행위	36	도박을 한 학생	■■■			
	37	학생 출입 금지된 장소에 출입한 학생	■■■	■■■	■■■	
	38	불량서적(음란서적)을 소지하거나 탐독한 학생	■■■	■■■		
	39	음란 매체를 소지하거나 시청한 자	■■■	■■■		
	40	불건전한 이성교제 등으로 풍기를 문란하게 한 학생	■■■	■■■	■■■	■■■
	41	그 밖에 퇴폐 행위와 관련하여 잘못이 있다고 판단 된 학생	■■■	■■■	■■■	■■■

제26조 (풍기문란에 관한 선도)
② 다음 각 호에 해당하는 학생은 사회봉사 이하의 선도에 처한다.
1. 불량서적이나 음란서적을 윤독하게 한 학생
2. 불량 비디오나 CD 및 녹음테이프를 소지한 학생
3. 이성의 교사에게 성적인 야유를 한 학생
4. 이성을 교내에서 껴안는 행위를 한 학생
5. 부녀자를 희롱하거나 욕설을 한 학생
6. 교내 시설을 이용하여 음란물을 시청한 학생
7. 기타 풍기문란에 관하여 사회봉사 이하의 선도가 요구되는 학생
③ 다음 각 호에 해당하는 학생은 특별교육 이하의 선도에 처한다.
1. 상습적으로 도박을 한 학생
2. 학생 출입이 금지된 장소에 출입한 학생
3. 비디오방, 인터넷 게임방에서 음란물을 시청하여 풍기를 문란하게 한 학생
4. 교내 시설을 이용하여 음란물 시청을 주도한 학생
5. 불건전한 이성교제로 주민의 제보가 있는 학생
6. 기타 풍기문란에 관하여 특별교육 이하의 선도가 요구되는 학생
⑤ 다음 각 호에 해당하는 학생은 퇴학 이하의 선도에 처한다.
1. 상습적인 도박으로 사회적 물의를 야기한 학생
2. 학생출입이 금지된 곳을 상습적으로 출입한 학생
3. 불건전한 이성교제로 사회적 물의를 야기한 학생
4. 성폭행 행위에 가담한 학생

벌점 기준표

영역	벌점 내용	점수
준법	미인정 지각, 미인정 결과, 미인정 조퇴	1
	미인정 결석(1회)	2
	교내외 행사 미인정 불참	1
	청소 활동에 지속적으로 불성실하게 참여	1
	교내 출입 금지 장소 출입(남학생이 여학생 화장실 출입 등)	3
	사행성 오락(카드, 화투, 동전치기 등)	3
	오토바이를 타고 등교하거나 폭주	4
	교내에서 불건전한 이성교제(포옹, 입맞춤, 무릎 위에 앉기 등)	5
	기타(월담, 허락 없이 티켓 제작 및 판매, 음란물, 휴대폰 미인정 사용)	1~5

〈세부규정〉 남녀공학에 따른 이성 지도 및 준수 사항

제1조(준수 사항)

1. 남녀 학생이 학교 내외에서 밀착된 상태로 짝지어 다니는 것을 금한다.

제2조(지도 대상 학생)

1. 빈 교실, 구석진 곳 등에서 남녀 짝이 되어 대화하거나 밀착한 체 배회하는 학생
2. 남녀 학생 간에 생일 및 기타 기념일에 꽃, 케이크, 인형 등 선물을 하는 행위

제3조(지도 방법)

1. 1회 적발 – 담임 상담
2. 2회 적발 – 생활안전부 상담
3. 3회 적발 – 훈육·훈계
4. 4회 이상 적발 – 선도위원회 회부 (세부사항 2. 징계 기준 학생 징계 결정)

〈세부사항 2 징계 기준〉

구분	항	행위 내용	학생 훈육훈계	학생 징계					부모 상담
				교내봉사	사회봉사	특별교육	출석정	퇴학처분	
퇴폐행위	55	도박을 한 학생	○	○	○	○			○
	56	교내외에서 불건전한 오락을 한 학생	○	○	○	○			○
	57	학생 출입 금지 업소에 출입한 학생	○	○	○	○	○		○
	58	불량 서적(음란서적)을 탐독하거나 소지한 학생	○	○	○	○			○
	59	음란물(비디오, 녹음테이프, CD 등)을 시청하거나 소지한 학생	○	○	○	○			○
	60 61	불건전한 이성 교제로 풍기를 문란하게 한 학생	○	○	○	○			○
	62	남녀 간의 불필요한 신체 접촉을 통한 풍기를 문란하게 한 학생		○	○	○	○		○
		이성 문제 등으로 불미스런 행동을 하여 학교의 명예를 훼손한 학생		○	○	○	○	○	○

이따위 학칙이 21세기, 인공지능 세상의 학칙이라니! 믿어지지 않아. 세상은 최첨단을 달리는데, 학교는 여전히 전근대적 사고를 벗어나지 못하고 있어. 내가 자료를 찾으면서 1970~80년대 학칙을 잘못

보지 않았나 한참을 의심했다니까!

이성 간 신체 접촉만 해도 벌점을 받는대. 남녀 학생이 대화했다는 이유로, 또는 여학생이 남학생반 앞을 지나갔다는 이유로 벌점 받은 사례도 있어.

불건전한 이성교제 등으로 풍기를 문란하게 한 학생은 등교를 정지당할 수 있어. 불건전의 기준도 명확하지 않고, 풍기 문란도 졸라 주관적이야. 모호한 규정은 교사의 자의적 판단으로 학칙을 적용함으로써 학생들의 권리침해 소지를 키우고 불공정 논란을 만들 수 있어.

남녀 학생이 학교 내외에서 밀착된 상태로 짝지어 다니는 것을 금하는 학칙도 문제야. 친구끼리 함께 다니는 것만으로도 징계의 대상이라니! 말도 안 돼. 이 학교의 또 다른 학칙으로는 '빈 교실, 구석진 곳 등에서 남녀 짝이 되어 대화하거나 밀착한 체 배회하는 학생 / 남녀 학생 간에 생일 및 기타 기념일에 꽃, 케이크, 인형 등 선물을 하는 행위'마저 지도 대상이야. 남녀는 대화해서도 안 되고, 생일에 선물을 줘서도 안 된대. 이 무슨 조선시대 남녀칠세부동석이냐! 이쯤 되면, 10대는 무성적 존재를 넘어 적대적 존재라고 여기는 것 같아. 남녀 친구 사이는 서로 적대시해야 할 것 같은 느낌적 느낌이 들어.

이성을 교내에서 꺼안는 행위를 한 학생은 사회봉사에 처하고, 불건전한 이성교제로 사회적 물의를 야기한 학생은 퇴학당해. 교내에서 불건전한 이성교제(포옹, 입맞춤, 무릎 위에 앉기 등)를 하면 가장 높은 벌점을 받는 학교도 있어. 연애할 때 포옹, 뽀뽀 정도도 안 하는 커플이 있어? 표준국어대사전에서 '건전하다'를 찾아보면, "사상이나 사물 따위의 상태가 한쪽으로 치우치지 않고 정상적이며 위태롭지 아니하다"라고 나와. 서로가 좋아서 하는 포옹이나 입맞춤이 어찌하여 한쪽으로 치우쳐 위태로운 것인지 이해할 수 없어. 기성세대는 성에 대해 제멋대로 정상과 비정상을 규정해. 그래놓고 자기들이 보기에 비정상이면 억압해. 청소년의 성은 당사자의 의지와는 무관하게 비정상으로 규정 당했어. 건전하지 못한 것, 위태로운 것, 문제 있는 것으로 처벌의 대상이 되었지. 청소년의 연애를 마치 범죄행위처럼 여겨.

😀 전혀 문제없는 학칙이구만. 뭐가 그리 불만이야? 10대가 이성 간에 뽀뽀하고 포옹하면 불건전하지, 건전하냐? 아빠뿐만 아니라 대부분의 학부모가 학생의 연애를 싫어해. 부모님이 고생고생해서 학교에 보냈는데, 하라는 공부는 안 하고 연애질이나 하면 되겠니?
요새 남녀공학이 꽤 늘었어. 문제야. 혈기 왕성한 10대가 일상적으로 이성과 함께 있으니 자꾸만 연애를 하게 돼. 견물생심이라고 이성이 눈에 보이니까 엉뚱한 욕구가 생기지. 모든 학교를 남학교 여학교로 분리해서 남녀 간 접촉 자체를 차단해야 해. 특히 고등학교 때는 입시에 매진해야 하니까 완전한 분리가 필요해.

🙂 우리가 무슨 범죄자야? 교도소에 격리하듯이 뭘 자꾸 차단하고 분리해! 이럴 거면 차라리 기숙학교에 보내버리지?

😀 공부에 집중하기 위해서는 기숙학교도 좋지. 기숙학교에도 남녀공학인 곳이 있어. 그런 데는 더 철저히 남녀를 구분해야 해. 강원도에 있는 유명 기숙형 사립학교가 썩 모범적이더라. 교내에서 연애는 전면 금지했고, 남녀 학생이 손잡는 것을 포함해 모든 신체 접촉은 지도 대상이야. 심할 경우 전학이나 퇴학 조치도 한대. 이렇게 학생의 이성교제를 철저히 관리하니까, 그 학교는 명문대학교 진학률이 상당히 높잖아. 덕분에 학교의 명성도 자자해졌고 말이야.

학부모들 입장에서는 기숙학교에 자녀를 보내려면 돈을 아주 많이 내야 해. 그럼에도 보내는 이유는 그만큼 학교가 잘 관리해줄 거라는 믿음이 있어서야. 만약 학교가 이성교제를 방치해서 공부는 안 하고 연애질만 하면 어떻게 되겠니? 당장 학부모들이 항의하고 난리 칠 거다. 많은 학부모는 학생이 연애하는 걸 반대해. 그런 부모를 속여가며 연애하면 학교가 나서서 강력히 규제해야지. 학생은 아직 10대라서 스스로 자제하는 능력이 부족해. 이성교제 관련한 학칙은 더 엄격해져야 해. 이렇게라도 하지 않으면 10대의 철없는 애정행각을 통제할 수가 없어.

🙂 부모들은 10대 자녀를 통제의 대상으로만 봐. 우리는 교도소에 갇힌 범죄자가 아니라 자유로운 인간이야. 자유민주주의 국가라면서 사랑의 감정까지 통제하다니! 차라리 '자녀 통제 독재국가'라고 표방해라.

방금 살펴본 학칙들이 사문화되어 단순히 글로만 존재하지 않아. 학교 현장에서 집행되고 있어. 청소년 인권 단체인 '청소년인권행동 아수나로'가 이성교제를 탄압하는 사례를 발표했어.

경기도 안산시의 한 고등학교에 다니는 남녀 학생이 택시를 함께 타려고 길에 서 있었어. 그 광경을 교감이 본 거야. 다음 날 두 학생은 3일 교내봉사 징계를 받았지. 이 학교 학칙에는 남녀가 50cm 이상 거리를 유지해야 한다는 '윤리 거리'가 있대. 이걸 위반했다는 이유였어. 헐… 대박! 기도 안 찬다. 윤리 거리라니! 남녀가 50cm 이내에 있으면 비윤리적이라는 말이야? 학칙의 내용도 엉망이지만 그 명칭은 최악이다.

광주광역시의 어느 중학교에서는 교내 방송으로 이성교제를 하고 있는 학생들의 이름을 불러 한곳에 모은 후, 헤어지라고 강요했어. 방송으로 이름을 불렀으니 온 학교에 소문이 다 날 텐데, 그 학생들의 인권은 안중에도 없는 행위야.

인천광역시의 어떤 고등학교에는 이성교제로 세 번 적발될 경우 퇴학 처분이라는 규정이 있어. 한 커플이 연애하다가 세 번 발각됐대. 남학생은 다른 지역 고교로 전학 조치됐고, 여학생은 자퇴했어. 세상에나, 이성교제 한다고 학교에 오지 못하게 하다니! 이 학교 교사들은 교육자로서의 자격이 없어.

서울의 어느 유명 자율형 사립고등학교는 이성교제 문제로 퇴학까지 가능하도록 규정하고 있어. 과도한 신체접촉, 이성교제 한다는 것이 드러나는 행동, 밀폐된 장소에 남녀 학생이 함께 있는 것은 징계 대상이야. 교내 봉사 같은 상대적으로 가벼운 징계부터 사안이 심각할 경우 전학이나 퇴학까지 단행하고 있어.

경기도의 한 고등학교에서는 저녁에 남녀 학생이 교실에서 마주 보고 이야기하다가 징계를 당했대. 이 학교 학칙에는 '밀폐된 공간에 남녀 둘이 있으면 안 된다'는 규정이 있어. 만약 마주 보고 이야기한 수준을 넘어 스킨십이 있었다고 밝혀지면 부모님 호출, 등교정지, 사회봉사, 해당 학기 수상 금지 등의 중징계를 받는대. 통상 손만 잡고 있었다면 4~5일, 포옹 시 7~8일, 키스를 하면 9~10일 등교정지 및 사회봉사를 해야 해. 그 이상의 경우에는 퇴학이야. 이 학교의 또 다른 남녀 학생은 운동장에서 손잡고 이야기하다가 선생님께 걸려서 5일간 등교정지 및 사회봉사를 갔어. 학교폭력이나 절도도 아니고, 이성친구와 손을 잡았다고 5일씩이나 등교 정지에 사회봉사까지 명령했어.

졸라 짱 완전 개대박, 과하지 않아?

😊 학칙을 적용하는 과정에서 다소 무리한 집행이 있을 수는 있어. 그렇다고 학칙 자체가 잘못되었다고 말할 수는 없어. 로마에 가면 로마법을 따르라고 했잖아. 학생이 학교에 입학했으면 그 학교의 법을 따라야지.

😊 그 법을 학생들이 만들었어? 하다못해 학생들한테 설문조사를 받거나 토론이라도 했어? 무시한다는 뜻은 어떤 의견을 들은 후 묵살한다는 건데, 이건 뭐… 무시보다도 못한 수준이잖아. 아예 우리 의견을 들은 적도 없이 교사들이 일방적으로 만들었어. 우리 의견은 눈곱만큼도 반영되지 않은 법인데, 무조건 우리한테 따르라고? 독재국가도 이만큼은 안 하겠다.

영남지역 A외고 복도에 설치된 '학교폭력, 왕따, 이성교제 신고함'(이미지 재현)

😊 영남지역 A외고는 학교폭력, 왕따, 이성교제 신고함을 설치한 적이 있어. 신고함에 이 학교 남녀 학생 4명에 대한 신고가 접수됐어.

"교내에서 과도한 스킨십을 했다", "이성친구를 사귄다" 등의 내용이었지. 마침내 해당 학생들은 징계를 받았어. 반장이었던 학생은 반장직을 박탈당했지. 이 학교에서는 이성교제가 발각되어 전학 가는 학생이 매년 1~2명씩 나온대.

😀 단호하게 잘 처리하고 있구만!

🙂 학생들끼리 서로 감시해서 친구를 신고하도록 만드는 게 교육적으로 바람직해?

😀 그거야 뭐, 음… 교사들이 학생들의 일거수일투족을 다 살필 수 없으니 불가피하게 신고 제도를 만든 거로 이해해줘야지.

🙂 이런 학교에서 학생들의 인성이 바르게 되겠어? 그렇지 않아도 입시 전쟁에서 승리하기 위해 친구를 짓밟아야 한다고 배우잖아. 이제는 입시 경쟁도 모자라서 친구의 사생활까지 감시하고 고자질하게 만들었어. 학교에서 인성교육은 공허한 메아리일 뿐이야.

😀 뭘 또 그렇게까지 과장해서 생각하니? 너는 항상 이게 문제야. 심히 예민하고 극단적이야. 이성교제 신고함 하나로 인해 인성교육이 파괴된다니! 오버 좀 하지 마라. 입시를 위해 친구를 짓밟으라 했다고? 누가 언제 그랬어? 과장이 너무 심해. 그냥 입시 공부 열심히 하라고 했을 뿐이잖아.

🙂 더 심각한 문제는 이성교제 신고함이 학교폭력이나 왕따 신고함

166

과 같이 있다는 거야. 말하자면 이성교제와 학교폭력 및 왕따를 동일 선상의 문제로 본다는 거지. 학교폭력은 형사사건으로 번지기도 하는 문제인데, 이게 어떻게 이성교제와 동급이야? 이성교제가 불법이란 말이야?

😀 또, 또 과장한다. 그냥 편의상 하나의 신고함에 여러 가지 내용을 넣도록 한 거로 봐야지. 아, 그럼 신고 주제마다 신고함을 하나씩 다 만들까? 신고함이 3~4개 있으면, 그때는 또 "왜 이렇게 신고함이 많아"라며 투덜댈 거잖아. 너는 항상 꼬투리를 못 잡아서 안달이지? 좀 긍정적인 마인드로 생각할 수는 없어? 왜 이렇게 애가 삐딱하니? 도대체 누굴 닮은 거야! 우리 집에 너 같이 속이 배배 꼬인 사람이 어디 있어?

🙂 누굴 닮았냐고? 최소한 꼰대 아빠를 닮지는 않았으니까 걱정하지 마!

😀 아이고, 이 녀석 말하는 버르장머리하고는….

🙂 내가 아빠한테나 이렇게 톡 쏘면서 말하지, 다른 사람한테는 안 그래! 아빠가 꼰대 같은 소리만 안 하면, 나도 예의 없이 말 안 해.

😀 그래도 지가 예의 없다는 건 아네. 그나마 다행이다.

🙂 아빠도 아빠 스스로를 돌이켜봐. 아빠 자신이 얼마나 꼰대인지 전혀 감도 못 잡고 있지?

😄 아빠는 아빠 세대 부모들의 평균치라고 생각해. 아빠 친구들하고 얘기를 해봐도 다들 생각이 비슷해.

🙂 유유상종이겠지. 꼰대들끼리 모여서 하는 이야기는 안 들어도 뻔해! 평생 그렇게 사세요. 밀레니얼-Z세대한테 꼰대라고 뒷담화 까이면서!

시대는 변해도 학칙은 변하지 않는다

고등학교 이성교제 관련 학칙 현황[13]

지역	이성교제 관련 학칙이 있는 학교 수	전체 학교 수	비율
전국	1,190	2,321	51.2%
서울	184	318	57.9%

전국 고등학교 이성교제 처벌 현황

	2009년	2010년	2011년	2012년	2013년 9월 말
교내봉사	202	203	269	293	341
특별교육	17	30	63	44	56
정학	1	3	13	10	33
퇴학	4	2	3	2	1
계	224	238	348	349	431

서울지역 고등학교 이성교제 처벌 현황

	2009년	2010년	2011년	2012년	2013년 9월 말
교내봉사	16	14	30	37	50
특별교육	0	0	8	8	5
정학	0	0	2	0	6
퇴학	0	0	1	0	0
계	16	14	41	45	61

전국 고등학교 이성교제 관련 학칙

학칙 제11조 30항: 불건전한 이성교제 등으로 풍기를 문란케 한 학생은 선도위원회에서 심의하여 징계한다.

학칙 제11조 24항: 불건전한 이성교제 등으로 풍기를 문란하게 한 학생은 선도위원회에 회부한다(징계 기준 – 학교 내 봉사 또는 사회봉사).

학칙 제13조 45항: 불건전한 이성교제 등으로 풍기를 문란하게 한 학생(벌점 10점)

학칙 제11조(이성교제): 불건전한 이성교제 등으로 풍기를 문란하게 한 학생(벌점 5점부터 최고 퇴학에 처함)

학칙 제37항: 불건전한 이성교제 등으로 학교의 명예를 훼손한 학생 징계

학칙 6장 18조2: 학교 내의 봉사 또는 사회봉사
⑦ 외설물을 교내에서 회람하거나 교내외에서 남녀 간의 애정 표현을 심하게 하여 풍기를 문란하게 한 자

학칙 제9조(이성교제): 학생들은 양성평등의식을 바탕으로 서로 존중한다.
① 이성 간 예절을 지키며, 책임 있는 행동을 한다.
③ 남녀 학생 단둘의 만남은 항상 개방된 장소를 이용해야 한다.
벌점 항목표(5점) 풍기가 문란한 경우 (이성 간 과도한 신체접촉이나 애정 표현을 한 경우)

😀 시대는 변해도 이성교제를 규제하는 학칙은 변하지 않아. 각종 기관 및 단체에서 여러 차례 조사했는데 결과는 대동소이했어.

과거부터 살펴보면, 2013년 제19대 국회 교육문화체육관광위원회 국정감사 자료가 있어. 2013년 기준으로, 전국 2,322개 고등학교 중 이성교제 관련 학칙이 있는 학교는 1,190개교였어. 51.2%의 고등학교가 학칙으로 이성교제를 규제했어. 서울은 전국 통계보다 더 많은 57.9%였어.

전국 고등학교의 이성교제 관련 처벌은 매년 증가 추세였어. 2013년 9월 말 기준으로, 2009년에 비해 이성교제 처벌이 91.4%나 늘었어.

서울의 경우 상황은 더 심각해. 서울은 이성교제 관련 처벌이 2009년 16건에 불과했는데, 2013년 9월 말 기준 61건에 달해 281.3%씩이나 폭증했어. 지금이나 당시나, 해마다 수백 명의 고등학생이 단지 이성 교제를 했다는 이유만으로 처벌받고 있어. 이 자료에는 중학생과 초등학생의 통계는 없는데, 이들을 다 합치면 그 수는 기하급수적으로 늘어날 거라고 봐.

😀 전국 고등학교 중에 이성교제를 규제하는 비율이 51.2%'밖에' 안 된다고? 그 말은 절반에 가까운 고등학교에는 이성교제를 규제하는 학칙이 없다는 뜻이잖아. 하… 심각하다. 이 학교들은 도대체 생각이 있는 거야, 없는 거야! 10대가 이성교제를 하다가 일이 커지면 학교가 감당할 수 있겠어? 100% 모든 고등학교가 이성교제 금지 학칙을 만들어야 해.

🙂 참으로 아빠다운 생각이네. 노답이다.

이성교제 관련 처벌 조항 여부(중학교)[14]

단위: 개교(%)

학교 유형	있음		없음*	계
	처벌 조항	비처벌 조항		
남학교	79(51.3)	21(13.6)	54(35.1)	154(100.0)
여학교	71(54.6)	14(10.8)	45(34.6)	130(100.0)
남녀공학	434(56.7)	58(7.6)	274(35.8)	766(100.0)
전체	584(55.6)	93(8.9)	373(35.5)	1,050(100.0)

* 없음: 학생생활지도 관련 규정에 이성교제 관련 조항이 없는 경우와 학교 알리미에 등재된 학교 규정에 학생생활지도관련 규정이 없는 경우가 포함됨. 따라서 후자의 경우 이성교제 관련 조항이 없음을 의미하는 것으로 보기 어려움.

교육청별 이성교제 관련 처벌 조항이 있는 학교 비율(중학교)

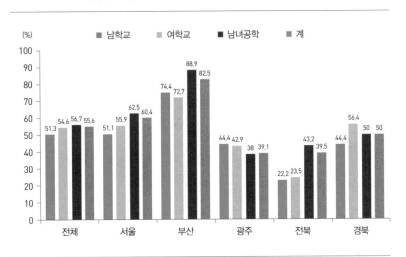

이성교제 관련 처벌 조항의 수위(중학교)

단위: 개교(%)

학교 유형	퇴학	출석 정지	특별 교육 이수	사회 봉사	교내 봉사	선도 처분, 징계	벌점	전학	기타	계
남학교	–	14 (17.7)	37 (46.8)	8 (10.1)	9 (11.4)	3 (3.8)	4 (5.1)	1 (1.3)	3 (3.8)	79 (100.0)
여학교	2 (2.8)	16 (22.5)	32 (45.1)	6 (8.5)	4 (5.6)	3 (4.2)	4 (5.6)	2 (2.8)	2 (2.8)	71 (100.0)
남녀 공학	1 (0.2)	72 (16.6)	201 (46.3)	53 (12.2)	28 (6.5)	11 (2.5)	51 (11.8)	7 (1.6)	10 (2.3)	434 (100.0)
전체	3 (0.5)	102 (17.5)	270 (46.2)	67 (11.5)	41 (7.0)	17 (3.0)	59 (10.1)	10 (1.7)	15 (2.6)	584 (100.0)

주: 처벌 수위가 다양한 경우, 가장 높은 처벌 수위를 기준으로 작성하였음.

😊 2013년에 나온 국회 자료 이후에도 양상은 비슷해.

2014년에 한국여성정책연구원이 「학생 미혼모 학습권 보장 방안」 연구 보고서에서 이성교제 관련 학칙 현황도 발표했어. 서울, 부산, 광주, 전북, 경북 등 5개 지역 중학교와 고등학교의 학칙을 분석했지.

이에 의하면, 중학교의 55.6%가 학칙에 이성교제 관련 처벌 조항을 두고 있었어. 교육청별로는 부산지역 중학교가 82.5%로 가장 높았어. 반대로 광주와 전북지역 중학교는 각각 39.1%, 39.5%로 전국 평균보다 훨씬 낮았어. 지역 교육청별로 차이가 컸지.

이들 중학교의 이성교제 관련 처벌 수위로는 특별교육 이수가 46.2%로 가장 많았어. 출석정지는 17.5%, 사회봉사 11.5%, 벌점 10.1%, 교내봉사 7.0% 순으로 나타났어. 높은 수위의 징계인 전학은 1.7%, 퇴학은 0.5%였어.

중학교는 의무교육인데도 퇴학시키는 학교가 있었어. 심히 잘못된 처벌이야. 초·중등교육법 제18조(학생의 징계)를 보면, "의무교육을 받고 있는 학생은 퇴학시킬 수 없다"라고 분명히 기재돼 있어. 의무교육인 중학교에서는 법적으로 퇴학이 불가능해. 그런데도 학교가 불법으로 퇴학시켰어. 법치주의 국가에서 교육기관인 학교가 법을 위반한 학칙을 제정하고 집행까지 했다는 말이지. 관할 교육청은 관리 감독을 철저히 해야 해.

한 여자 중학교의 학생선도 규정은 처벌 범위가 졸라 넓었어. 불건전한 이성교제 등으로 풍기를 문란하게 한 학생에 대해 주의 경고, 교내봉사, 사회봉사, 특별 교육, 퇴학 등으로 모든 종류의 처벌이 가능했어. 주관적이고 편파적인 처벌이 생길 여지가 있어. 가령 이성교제로 적발된 학생 부모님의 지위 고하에 따라 처벌 수위가 달라질 수 있겠지. 혹은 학생의 성적이나 평판에 따라 달라질 수도 있어. 괜한 우려가 아니야. 현실에서는 비일비재한 일이지.

모범적인 학교도 있어. 남녀공학의 한 중학교는 임신, 낙태, 임신을 하게 한 학생에 대해 "학생이 임신했다는 이유만으로 학습권에 불이익을 주는 징계가 이루어지지 않도록" 한다고 학칙에 명시돼 있대. "학생 미혼모(부) 발생 시 퇴학 조치, 자퇴 종용, 전학 권고 등이 이루어지지 않도록 한다"라고도 기재돼 있어. 내처 "임신이나 출산한 학생이 원하는 경우 휴학을 허용"한다는 규정도 있어. 다른 학교들에 비해 진일보한 모습이야.

😠 진일보하다고? 어이가 없네. 임신한 학생이 학교에 버젓이 다니면 주변 학생들에게 악영향을 미쳐. 하여튼 이런 학교들 탓에 제대로 교육이 안 돼. 남녀공학의 중학교가 이런 엉터리 학칙을 갖고 있으니, 참 나! 아마도 이런 학칙 조항에 대해 이 학교 학부모들은 모르고 있을 거다. 만약 학부모들이 알게 되는 날에는 당장 개정하라고 난리가 날 거야.

🙂 예~예. 아바마마께서는 당연히 그렇게 생각하시겠지요.

😠 그나마 부산지역 남녀공학 중학교가 가장 낫네. 88.9%가 이성교제를 금지하고 있으니까 말이야.

🙂 금지가 아니고 처벌 조항이 있는 거거든요!

😠 처벌 조항이 왜 있겠어? 허용하면 있겠니? 금지하니까 처벌 조항이 있는 거잖아. 결과적으로 이성교제 처벌 조항이 있는 학교는 이성교제를 금지하는 거로 봐도 돼.

😀 아빠가 늘 말하는 소위 '건전한' 이성교제는 허용하는 학교가 개 많아. 따라서 이성교제를 금지한다고 보기는 어렵다고요! 아빠는 이성교제를 금지해야 한다고 강력하게 주장하니까, 전부 금지로 해석하고 싶은가 보네. 나한테 사안을 과장하지 말라면서, 정작 본인이 과장해서 해석하시네요.

😆 아이고 너 잘났다. 꼭 그렇게 말꼬리를 잡아야겠어? 처벌 조항이 있는 거나 금지나, 거기서 거기지.

😀 이성교제 자체를 전면 금지하는 학교는 몇 안 되는 것이 팩트니까! 기분 나쁜 표현이지만 건전한 이성교제는 허용하는 학교가 대부분이니까!

이성교제 관련 처벌 조항 여부(고등학교)

단위: 개교(%)

학교 유형	있음		없음*	계
	처벌 조항	비처벌 조항		
남학교	94(51.9)	12(6.6)	75(41.4)	181(100.0)
여학교	128(63.7)	13(6.5)	60(29.9)	201(100.0)
남녀공학	240(59.4)	31(7.7)	133(32.9)	404(100.0)
전체	462(58.8)	56(7.1)	268(34.1)	786(100.0)

* 없음: 학생생활지도 관련 규정에 이성교제 관련 조항이 없는 경우와 학교 알리미에 등재된 학교 규정에 학생생활지도관련 규정이 없는 경우가 포함됨. 따라서 후자의 경우 이성교제 관련 조항이 없음을 의미하는 것으로 보기 어려움.

교육청별 이성교제 관련 처벌 조항이 있는 학교 비율(고등학교)

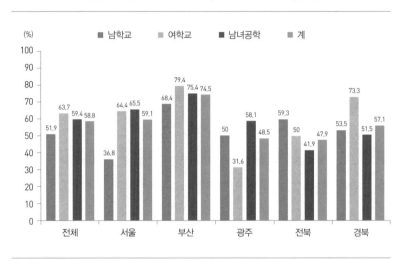

이성교제 관련 처벌 조항의 수위(고등학교)

단위: 개교(%)

학교 유형	퇴학	출석 정지	특별 교육 이수	사회 봉사	교내 봉사	선도 처분, 징계	벌점	기타	계
남학교	39 (41,5)	8 (8,5)	26 (27,7)	9 (9,6)	3 (3,2)	1 (1,1)	7 (7,4)	1 (1,1)	94 (100,0)
여학교	53 (41,4)	7 (5,5)	42 (32,8)	9 (7,0)	1 (0,8)	6 (4,7)	8 (6,3)	2 (1,6)	128 (100,0)
남녀 공학	130 (54,2)	16 (6,7)	46 (35,9)	17 (13,3)	5 (2,1)	5 (2,1)	20 (8,3)	1 (0,4)	240 (100,0)
전체	222 (48,1)	31 (6,7)	114 (24,7)	35 (7,6)	9 (1,0)	12 (2,6)	35 (7,6)	4 (0,8)	462 (100,0)

주: 처벌 수위가 다양한 경우, 가장 높은 처벌 수위를 기준으로 작성하였음.

한국여성정책연구원의 동일한 보고서에 의하면, 고등학교의 58.8%가 학칙에 이성교제 관련 처벌 조항이 있었어. 중학교보다 조금 더 높은 수치야. 특히 여자고등학교의 처벌 조항 비율이 63.7%로 남학교의 51.9%보다 12%나 많았어.

지역 교육청별로 이성교제 관련 처벌 조항이 있는 비율은 중학교와 마찬가지로 부산지역이 74.5%로 가장 높았어. 그다음으로 서울교육청이 59.1%, 경북교육청이 57.1%로 나타났어. 전북교육청은 47.9%로 가장 낮았어. 중학교와 마찬가지로 광주와 전북지역의 고등학교가 타 지역보다 이성교제에 대한 규제 비율이 더 낮았어.

학교 유형별 특이점도 있었어. 남학교, 여학교, 남녀공학을 면밀히 살펴보면 이성교제 처벌 조항의 비율이 높은 부산, 서울, 경북지역 교육청의 경우 여학교의 비율이 남학교보다 월등히 높았어. 부산 79.4%, 경북 73.3%, 서울 64.4%의 여학교가 학칙에 이성교제 관련 처벌 조항이 있었어. 남학교는 부산 68.4%, 경북 53.5%, 서울 36.8%로 상대적으로 더 낮게 나타났어. 특히 서울은 여학교와 남학교의 차이가 27.6%씩이나 났어. 곧 여학교가 남학교보다 이성교제를 더 강력하게 규제하는 경향을 보였어. 광주와 전북지역은 나머지 지역과 반대로 나왔어. 여학교보다 남학교 중에 이성교제 관련 처벌 조항이 있는 학교 비율이 높았어. 이중에서도 광주지역의 경우 남학교는 50%인데 여학교는 31.6%로, 18.4%나 여학교가 더 낮았어.

이성교제 관련 처벌 수위로는 퇴학이 48.1%로 가장 높게 나타났어. 그다음으로 특별교육 이수 24.7%, 벌점 7.6%, 사회봉사 7.6%, 출석정지 6.7% 순이었어. 비록 고등학교가 의무교육은 아니지만, 전체 처벌 수위 중 퇴학이 거의 절반을 차지한다는 건 무척 충격이야. 학교는 단순히 지식을 쌓는 곳이 아니라, 인간의 존엄성을 지키는 곳이어야 해. 설사 학교 입장에서 학생이 사고를 쳤다손 치더라도, 학교는 인내심을 갖고 교육할 의무가 있어. 사람은 언제나 변화의 가능성이 있어. 아직 10대인 학생은 더욱더 그러하지. 퇴학은 이러한 노력을 게을리하는 조치라고 봐. 학교 입장에서 문제 있는 학생이라도 최대한 함께 가기 위해 노력해야지. 마음에 안 든다고 그냥 잘라버리다니! 몹시 비인간적이고 비교육적인 처사야.

학교가 일반 회사와 다를 바 없으면 더 이상 교육기관이라고 부르기도 어려워. 사실 민간 기업도 노동자를 함부로 해고할 수 없어. 우리나라 근로기준법상 기본적으로 해고는 금지돼 있거든. 단 경영상의 긴급한 사유에 한해, 해고 회피 노력을 법에서 인정하는 수준으로 최선을 다한 후에도, 불가피할 시에만 정리해고를 할 수 있어. 이렇게 일반 회사에서 소속 노동자를 자르는 것도 상당히 힘들어. 그런데 학교라는 교육기관이! 교육의 대상인 학생을! 그들이 보기에 단지 불건전하다는 이유로! 이렇게 많이 잘라버리다니! 대오각성할 일이야!

개별 학교의 사례 중 Y고등학교의 경우 불건전한 이성교제로 풍기문란 행위를 했을 때 벌점 20점, 혹은 퇴학 조치를 할 수 있었어. N고등학교의 규정에는 징계 수위의 폭이 주의에서 퇴학까지 짱 넓었어. 역시나 불건전한 이성교제를 이유로 퇴학시킬 수 있었고, 그 범위에 '지나친 신체접촉, 동거, 성관계, 임신 등과 함께 원조교제 또는 매춘'이 포함돼 있었어. 말하자면 이 학교에서는 성매매와 연인 간 스킨십 및 성관계를 동일한 등급으로 취급했어. 불법인 성매매와 연인 간 사랑 행위가 어떻게 같아? 말도 안 돼.

L고등학교의 학칙은 이 학교들과는 대조적이었어. 풍기문란, 징계 불복, 학교 명예훼손 등은 퇴학이 가능하지만, "임신으로 인한 학생 미혼모(부)의 학습권을 침해하는 퇴학 처분은 할 수 없다"라고 돼 있어.

미혼모(부)의 학습권을 보장하라는 국가인권위원회와 교육부의 지침을 잘 따르고 있는 사례지.

우리나라 민법상 결혼 가능한 연령은 만 18세부터야. 고등학교 3학년 중에서 생일이 지난 학생은 법적으로 결혼도 가능하다는 뜻이지. 그럼에도 스킨십조차 할 수 없다는 학칙은 대단히 시대착오적이야. 법도 무시하고, 교육부와 국가인권위원회의 권고도 거부하는 이성교제 규제 학칙은 당장 사라져야 해.

😀 미혼모(부)의 학습권을 보장하라는 국가인권위원회와 교육부의 지침이 문제다. 상급 기관이 이런 비현실적인 지침을 내리고 있으니 학교 현장에서 학생들의 이성교제 단속이 갈수록 어려워. 너처럼 까진 10대들이 이런 지침을 빌미로 학교에 대들기나 하고 말이야.

민법상 결혼 가능 연령이 만 18세라는 규정은 최저선이야. 아무리 빨리 하고 싶어도 최소한 만 18세는 넘어야 결혼할 수 있다는 말이지, 만 18세가 되면 결혼하라는 뜻이 아니잖아. 너는 계속 현실 현실하면서 이런 건 또 현실을 무시하네. 민법에서야 만 18세에 결혼 가능하다고 했지만, 현실에서 만 18세에 결혼하기가 쉽냐? 고등학생이 결혼해서 집도 구하고, 가전 가구도 사고, 돈도 벌고, 아이도 낳고, 이런 걸 다 할 수 있어? 결혼은 현실이야. 어린 네가 알 리가 있나! 나대지 말고 공부나 열심히 해.

😀 나는 결혼 자체를 안 할 거거든요. 평생 비혼으로 살 거라고요! 나중에 결혼하라고 닦달할 생각 마세요!

😀 결혼 안 한다는 애들이 제일 빨리 하더라. 까불지 마!

흥! 나중에 내 나이 마흔 넘어서까지 결혼 안 한다고 잔소리나 하지 마라!

위의 2013년, 2014년 조사 이외에도 이성교제 학칙에 대한 조사가 많지만, 결과는 마찬가지였어.

《중앙일보》가 만든 청소년 미디어 tong이 2015년에 비슷한 조사를 했어. 학교 홈페이지에 접근 가능한 전국의 남녀공학 기숙사 고교 151곳의 학칙을 다운받아 검토했지. 그 결과 80.8%에 달하는 122개 교가 이성교제 관련 제재 조항을 두고 있었어.

'참교육을 위한 전국학부모회'도 2018년에 전국 200개 중·고등학교를 대상으로 이성교제 관련 학칙을 조사했어. 역시나 71.5%에 달하는 143개 학교에서 이성교제를 비롯한 인간관계를 학칙으로 규제하고 있었어.

2013년, 2014년, 2015년, 2018년. 해는 바뀌었지만, 학교의 이성교제 규제 학칙은 바뀌지 않았어. 학교는 여전히 전근대적 사고에 머물고 있어. 시대의 변화에 적응하지 못하면 도태될 수밖에 없어.

아무리 시대가 바뀌었다고 해도 지켜야 할 원칙이 있어. 학생의 본분은 공부야! 공부에 집중하기 위해서는 이성교제를 금지해야 해. 학교마저 이 원칙을 지키지 못하면 공교육은 무너져. 대다수의 학부모와 교사가 아빠 생각과 같을 거라고 봐. 이성교제 금지는 계속 더 해야 해. 학생이 학교에서 담배를 피우거나 술을 마시면 안 되는 것처럼 연애도 안 돼.

헐… 고딩이 임신에 출산까지? 퇴학이야!

전국 고등학교 이성교제 관련 처벌 사유[14]

처분 내용	사유
정학	교내 이성교제로 인한 출석정지
정학	교내에서 부적절한 이성교제
정학	학교 내 심한 스킨십
정학	학교 내에서의 과도한 신체접촉
정학	교실에서 끌어안고 키스하는 등 부적절한 이성교제로 인한 풍기문란
정학	여학생(1년)과 남학생(2년) 중학교 때부터 교제. 기숙사 생활 중 남학생의 집착이 심해 여학생이 교제 거부
정학 및 자퇴	고3(남), 고1(여) 학생이 빈 교실에서 이상한 행동을 하여 여학생 자퇴, 남학생 장기위탁 후 본교 졸업
퇴학	이성교제 및 무단 결석, 무단 지각이 포괄적으로 적용됨
퇴학	20대 후반 직장인과 원조교제 관련 핸드폰 내용이 친구들에게 소문이 나서 퇴학
퇴학	임신으로 인한 퇴학

신학용 국회의원실에서 제공한 자료에는 학칙 위반에 대한 처벌 수위와 사유가 나와. 심히 어이가 없는 것은, 이성 간 스킨십만 해도 중징계인 정학을 받았다는 사실이야. 포옹과 키스는 연인 간에는 자연스러운 행위야. 그런데도 10대는 단지 학생이라는 이유로 안 된대. 선진국 같았으면 상상도 못 할 일이지.

최고 징계인 퇴학의 사유를 살펴보면 임신이 있어. 이는 국가인권위원회의 권고와 교육부의 지침을 어긴 거야. 교육부는 임신 및 출산 학생들에 대한 강제전학, 자퇴권유, 퇴학 등의 징계를 금지하는 지침을 일선 학교에 하달했었어. 교육부는 지침을 통해 "심한 경우 이성교제를 이유로 전학 등을 강요하는 일부 사례들이 있었다"면서 "어떠한 경우에도 학생의 학습권을 박탈하는 사례가 있어서는 안 된다"라며 관련 규정의 개정을 지시했어. 그러나 수많은 학교가 초·중등교육법 제8조에 의거, 학칙 개정은 학교장의 자율 사항이라며 거부하고 있는 실정이야.

😀 이성교제 금지 학칙은 개정하면 안 돼. 만약 학칙으로 이성교제를 금하지 않으면, 순수한 일반 학생들에게도 불건전한 이성교제가 확산될 수 있어. 또 성관계나 진한 스킨십 등의 불건전한 이성교제를 하는 학생을 지도 단속하기가 힘들어질 수 있어. 지금 이성교제를 금하는 학칙이 있어도 학생들을 통제하기가 어려워. 이 학칙마저 없어 봐라, 학교가 도대체 어떻게 되겠니? 공부하러 학교 가지, 연애하러 학교 가니?

😐 처음부터 연애를 목적으로 학교에 가지는 않지. 공부하다 보면 서로 눈이 맞을 수 있어. 사람의 감정은 움직이는 거야. 이성으로 제어한다고 쉽게 멈추지 않아. 아빠 같은 냉혈인이 이 뜨거운 감정의 요동침을 알 턱이 있나!

아빠는 동의하지 않겠지만, 국가인권위원회도 교육부와 같은 입장이야. 국가인권위원회는 임신한 여학생을 강제로 퇴학시킨 학교를 향해 학습권을 침해했다고 판단했어. "청소년 학습권은 매우 중요한 기본권으로서 미혼모에게도 예외일 수 없다"라고 했어. 국가인권위원회의 지적 이후에 청소년 미혼모의 학습권 보장을 위한 대안 위탁교육 기관을 만들었지만 이용률이 짱 낮아.

앞에서 살펴본 한국여성정책연구원의 보고서에 따르면, 미혼모가 위탁교육기관으로 이적하기 위해서는 학교에 임신 사실을 알릴 수밖에 없어. 학교는 학생의 임신 사실을 달가워하지 않아서 이적 절차에 비협조적인 경우가 많아. 최대한 소문나지 않게 이적하기를 학생에게 종용한대. 임신한 사실을 친구들에게 들키지 않도록 하라고 강요해. 학교의 이러한 태도는 2차, 3차 피해로 이어질 수 있어. 이를테면, 임신으로 인한 퇴학의 두려움을 가진 다른 학생이 학교와 상의할 의지조차 상실한 채 스스로 학교를 그만두게 만들 수 있어.

통계청에 따르면 2019년 10대 출산 건수는 총 1,096건이었어. 한국청소년정책연구원이 자녀를 양육하고 있거나 임신 중인 24세 이하 청소년 378명을 대상으로 설문조사를 했어. 조사 대상 중 19세 미만 청소년 한부모의 77.3%가 중졸 이하였어. 고졸은 16.4%, 대학 재학 이상은 6.4%에 불과했어. 임신 및 출산한 학생의 학습권 보장을 위해 17개 시·도교육청은 총 15개 위탁교육 기관에서 교육 후 원적 학교의 학력 수료를 인정받도록 하고 있어. 위탁교육 인원은 2016년 58명, 2017년 77명, 2018년 65명에 불과해. 결국 중·고등학교 학령기의 10대 미혼모 다수는 사실상 학습권을 박탈당했다고 볼 수 있어.

😊 미혼모한테는 미안한 말이지만, 학교를 그만둬야지. 현실적으로 출산, 육아하면서 학교에 다닐 수는 없어. 불가능이야. 너는 안 해봐서 모른다. 갓난아기들은 엄마가 온종일 보살펴야 해. 잠도 넉넉히 못 잔다고 했잖아! 아이고, 철부지 너한테 말해 뭣하겠냐! 너도 딱 너 같은 자식 낳아보면 다 알게 된다.

그렇다고 미혼모한테 공부를 포기하라는 건 아니야. 일단 출산·육아에 집중하고, 아이가 어느 정도 크면 그때 가서 검정고시를 보거나 방송통신고등학교를 다니면 되지. 배부른 여학생이 학교에 있으면 일반 학생들한테 좋은 영향을 끼치겠니? 갓난아이 모유 수유한다고 젖이 불어 있는 여학생을 친구들이 어떻게 보겠니? 면학 분위기 조성이 어려워. 왜 여러 사람 힘들게 만들어? 그러게 10대가 함부로 몸을 굴리라더냐! 사고 친 것도 모자라서 뒷수습 안 해준다고 떼를 쓰면 되겠어? 자기 행동에 책임을 져야지.

🙂 만약 내가 임신했어도 자퇴하라고 할 거야?

😆 왜 또 말도 안 되는 소리를 하니? 갑자기 뭔 임신이야! 만약이 어디 있어 만약이! 자꾸 그런 엉뚱한 상상이나 하니까 더 삐딱해지는 거잖아.

🙂 왜 말귀를 못 알아들어. 당사자의 마음을 헤아려야 한다는 말이잖아. 아빠 같은 학부모들의 이런 이기적인 생각이 미혼모 당사자를 더 힘들게 한단 말이야. 자기 자식에게 나쁜 영향을 끼칠까 안절부절못하는 이기적인 부모의 모습이 눈에 선하다. 미혼모의 인생이야 어찌 되든, 내 자식만 학교생활 잘했으면 좋겠지? 그렇게 이기적인 마음으로 자녀를 키우면 그 마음이 그대로 전해져서, 자녀도 이기적인 인간으로 자라게 돼 있어. 옆에 힘든 사람이 있으면 도와주고, 서로를 배려하는 마음을 갖게 하는 것이 '교육이 존재할 이유' 아니었어? 학교나 학부모나 똑같다. 배려가 아닌 이기심을 심어주는 것이 현실의 학교 모습이야!

😆 좋은 대학에 진학하기 위해서는 어쩔 수 없다. 입시 준비로 하루

하루가 바쁜데, 임신·출산에 육아까지 하는 친구가 같은 반에 있으면 집중이 되겠니? 그뿐만 아니라 이성교제를 철저히 단속해야 할 판에, 자칫 장려하는 것으로 비춰질 수도 있어. 10대가 성관계를 해서 임신했는데도 버젓이 학교에 다니면, 남들 눈에는 10대의 성관계를 허용하는 걸로 보이지 않겠니?

😐 10대는 인간이 아니고 공부하는 기계야? 좋아하는 사람이 생겨도 표현하면 안 돼? 그놈의 입시, 입시, 입시! 도대체 왜 10대와 관련한 모든 문제에 입시가 있어? 10대의 존재 이유는 좋은 대학을 가기 위해서야? 아… 절망적이다.

미국이나 유럽은 이성교제를 보장하고 10대 미혼모를 내버려 두지 않았어. 그럼에도 세계를 이끌어가는 수많은 인재를 발굴했어. 아빠 논리대로라면, 이성교제를 수시로 하는 이 국가들의 10대는 문제아 투성이여야 하잖아. 현실은 반대네! 세계적으로 잘 나가는 기업 중 미국이나 유럽의 젊은 세대가 만든 기업이 개많아.

한국여성정책연구원의 '학생 미혼모 학습권 보장 방안' 연구보고서에 따르면, 미국은 1972년부터 교육개정법에 근거해서 미국의 모든 교육프로그램 및 활동에서 그 어떤 종류의 성차별도 금지하도록 규정했어. 임신 및 출산으로 교육에서 배제돼왔던 10대 여성들에 대한 학습권을 법적으로 보장했어. 그 이후 다양한 정책을 통해 임신한 여학생의 학교 중도 탈락률이 급속하게 감소했대. 학생 미혼모의 학업 지속을 위해 학생 미혼모에게 수급(TANF), 맞춤형 포괄적 서비스(PAF) 등을 지원하고 있어. 가정기반 프로그램을 통해 1:1로 지원하거나 PACT 등의 프로그램으로 교육청을 통해 사례 관리를 하고 있어. 개인적·사회적·경제적·의료적 어려움 등 여러 문제에서 도움을 받을 수 있도록 포괄적이고 다양한 맞춤형 지원과 사례 관리를 하고 있어. 뉴욕 주와 코네티컷 주에서는 학교 기반형 보육 지원정책으로 학생 미혼모가 학교에 갈 때 자녀도 함께 등교해 교내 보육시설에서 돌봄 서비스를 받는대.

대만은 학생 미혼모 학습권 보장과 관련하여 유교 문화권의 한계를 벗어나 선진적인 법제를 확립했어. 학생 임신 상담 및 처리요점 등에 대해 관련 법과 규정을 상세히 명문화했어. 이러한 명확성은 학교 현장에 효율적인 가이드라인을 제공할 뿐만 아니라 각 학교가 법과 규정을 잘 지키게 만들었어. 특히 학교가 지속적이며 성실하게 법과 규정을 준수하도록 평가와 보고체계, 사례관리체계를 마련하여 실시하고 있어. 2008년부터는 학생에게도 성인과 동일한 출산휴가제를 도입하여 학생 미혼모가 자기 학년에서 학업을 마칠 수 있게 되었어. 대만 노동기본법에서 보장하는 최대 56일의 출산휴가와 2년 이내의 양육 휴가가 학생 미혼모에게도 주어져.

우리도 해외처럼 학생 미혼모의 학습권을 보장하기 위해 관련 법과 규정을 만들어야 해. 대만처럼 출산휴가 및 양육 휴가를 도입하면 좋겠어. 미국처럼 교내에 보육시설을 만들고 육아 돌봄 서비스를 할 필요도 있어. 영국에서는 학생 미혼모에게 교육 유지수당을 지급한다고 하는데, 우리도 이렇게 했으면 해.

이 모든 것이 가능해지려면 학교와 학부모의 인식 개선이 급선무야. 꼰대 학부모들이 판을 치면, 설사 법이 만들어져도 현장에서 무력화되기 십상이겠지.

너 아까부터 해외가 이러쿵저러쿵하는데, 해외하고 우리하고는 문화가 다르다니까! 각 나라의 문화에 맞는 법과 제도를 만들어야지.

무조건 선진국을 따라가면 안 돼. 사대주의야!

😊 좋은 건 따라 해야지! 현실을 개선하자는 걸 사대주의로 매도하지 마! 현실에서 학생 미혼모들은 학습권을 박탈당하고 있어. 우리나라가 진정 문명국가라면 그 누구에게도, 그 어떤 이유로도 학습권을 박탈하면 안 돼.

학생 의견은 무시! 동성애는 허용?

학생 이성교제 규제 관련 학칙에 대한 인식(학생, 학부모, 교사)[17]

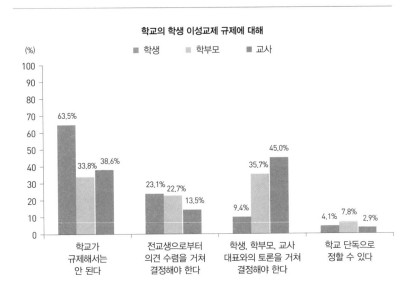

학교의 학생 이성교제 규제에 대해

단위: 명(%)

구분		학교가 규제해서는 안 된다	전교생으로부터 의견 수렴을 거쳐 결정해야 한다	학생, 학부모, 교사 대표와의 토론을 거쳐 결정해야 한다	학교 단독으로 정할 수 있다	계
응답자	학생	3,871(63.5%)	1,409(23.1%)	572(9.4%)	248(4.1%)	6,100(100.0%)
	학부모	622(33.8%)	417(22.7%)	656(35.7%)	144(7.8%)	1,839(100.0%)
	교사	325(38.6%)	114(13.5%)	379(45.0%)	24(2.9%)	842(100.0%)
계		4,818(54.9%)	1,940(22.1%)	1,607(18.3%)	416(4.7%)	8,781(100.0%)

😐 꼰대 학부모들 탓에 학교가 이성교제를 더 규제하고 있어.

2016년에 국가인권위원회가 「학교생활에서 학생의 인권보장 실태조사」를 했어. 이성교제 규제 학칙에 대해 학생들의 63.5%가 "학교가 규제해서는 안 된다"라는 입장이었어. 학부모와 교사의 경우 "학생·학부모·교사 대표와의 토론을 거쳐 결정해야 한다"는 입장이 학부모 35.7%, 교사 45.0%로 가장 높았어. 학생들은 단지 9.4%만 지지했어. 이를테면 다수의 학생은 이성교제에 있어서 학교의 통제를 받지 않아야 한다고 생각했어. 반면 학부모와 교사는 관련 결정에 본인들의 의견이 반영되어야 한다고 생각하고 있어. 이들은 학생을 통제의 대상으로만 보고 있는 거지.

청소년의 성적 권리와 인권이 보장되는 사회를 위해 활동하는 단체인 '십대 섹슈얼리티 인권 모임'이 조사한 사례를 보면 부모의 통제가 얼마나 심한지 알 수 있어.

어느 고등학생이 성인인 애인과 성관계를 했다는 이유로 부모에게 폭행당하고, 강제로 병원에 끌려갔대. 서로 사랑하는 사이였는데 말이야. 그 학생은 부모의 강요에 의해 자퇴를 당한 뒤, 집안에만 갇혀 살다가 강제로 해외 조기유학을 갔대. 그가 성인이 되면 부모를 어떻게 대할까? 자신의 선택과 존엄성을 철저히 짓밟아버린 사람들을 과연 부모로 생각할까?

또 다른 사례에서는, 학교 측이 연애하는 학생들의 부모를 학교로 부른 경우도 있어. 학교에서 부모와 교사가 합심해 당사자 학생들이 연애를 끝내도록 종용했대. 상상해봐. 학교 한구석에 양측의 부모와 교사, 그리고 당사자 학생들이 앉아 있어. 그 자리에서 부모와 교사는 학생들에게 닦달해. 이때 당사자 학생들의 심정은 어떻겠어? 더군다나 온 학교에 소문이 다 퍼질 텐데, 학생들의 자존감은 바닥을 치지 않겠어?

😀 그러게, 누가 연애질을 하래? 오죽했으면 부모가 닦달했겠니? 아빠 생각에는 이성교제 금지 학칙에 부모의 입장이 반영되어야 해. 10대는 아직 미성년자야. 스스로 올바른 판단을 하기는 아직 어려! 학칙을 만드는데, 학생의 의견대로 한다면 학교가 개판이 될 거다. 그렇지 않아도 말 안 듣는 10대인데, 학칙마저 형편없으면 어떻게 통제하니?

🙂 그래, 그렇게 말할 줄 알았다. 부모들은 10대 자녀를 통제의 대상으로밖에 보지 않아. 10대 자녀는 부모가 원하든 원하지 않든, 독립된 인격체로서 자신의 삶을 결정할 수 있어야 해. 제아무리 부모라 해도 10대 자녀가 독립된 인격체로서 맺는 관계를 함부로 간섭하면 안 돼.

😀 너도 부모가 되어보면, 아빠 심정을 이해하게 될 거다. 자녀의 미래를 위해 간섭 안 할 수가 없어. 무플보다는 악플이 낫다는 말도 있잖아. 관심이 있으니까 악플이라도 다는 것처럼, 간섭하는 이유가 다 자녀를 사랑해서야.

🙂 나는 악플보다는 무플이 낫다고 생각해. 악플 한마디 한마디가 얼마나 사람의 마음을 아프게 하는 줄 몰라? 그것도 사랑이라고 한다면, 나는 아빠의 그런 사랑을 거절할게.

😆 아이고, 머리야! 너도 딱 너 같은 딸을 낳아라. 그래야 아빠 심정을 눈곱만큼이라도 알 수 있지.

🙂 비혼으로 평생 살 거라니까! 결혼도 안 할 건데, 아기를 낳기는

무슨! 됐어, 이런 이야기는 이제 그만해!

이성교제를 규제하는 학칙은 성소수자를 무시해. 학칙상 금지되는 이성교제에서 이성은 생물학적인 여성과 남성만을 뜻해. 우리 주변에는 육체는 여성이지만 성정체성은 남성인 사람이 존재해. 반대로 육체는 남성이지만 성정체성은 여성인 사람도 있지.

예를 들어 성정체성이 남성인데 생물학적으로는 여성인 어떤 여학생이 있다고 쳐. 그는 다른 여학생과 팔짱끼고 포옹하는 등의 스킨십을 자주 해. 그 둘은 연인 관계거든. 그래도 이들은 학칙을 위배하지 않았어. 학칙상 생물학적으로 여학생끼리는 팔짱을 껴도 불건전하고 풍기 문란한 이성교제가 아니니까! 실제로 이 비슷한 사례가 왕왕 있어. 이처럼 학교는 '이성'에 대한 정의에서부터 다양한 성정체성을 부정하고 있어. 학칙에 기재된 이성이라는 단어 자체가 동성애자를 배제하는 말이지. 따라서 이성교제라는 표현도 연애(戀愛)로 고쳐야 해. 사랑은 이성하고만 할 수 있는 것이 아니라, 각자의 취향에 따라 동성과도 사랑할 수 있으니까! 물론 이성교제든 동성교제든 학칙으로 규제하면 안 되는 것은 당연하고!

😀 학칙이라는 큰 기준을 세우는데, 극소수의 예외적인 사람까지 전부 배려하면서 만들 수는 없어. 그뿐만 아니라 성소수자인 학생이 스스로 성정체성을 밝히는 경우도 거의 없잖아. 교사는 그 학생이 성소수자인지 일반 학생인지 알 수가 없어.

아니, 근데 성소수자 학생 입장에서는 이성교제 금지 학칙에 적용이 안 되면 좋잖아? 규제에서 빼줬는데도 불만이야?

🙂 하… 말귀 진짜 못 알아듣네. 성소수자의 연애를 학칙으로 규제

하고 말고에 대해 말하고 있는 것이 아니잖아. 학교 측의 성정체성에 대한 관점이 문제라고 한 거잖아. 이성애 중심의 관점이 문제라고! 이성교제에서 '교제'라는 말도 학교는 퍽 단선적으로 보고 있어. 사람과의 교제는 스펙트럼이 굉장히 넓어. 단순히 인사하는 정도의 교제도 있고, 밥을 함께 먹을 수 있는 교제도 있고, 여행을 함께 가는 수준의 교제도 있고, 인생에 대해 조언을 해줄 수 있는 교제도 있고, 서로 사랑을 나누는 교제도 있어. 아울러 사랑을 나누는 수위도 아주 범위가 넓지.

실제 사례 중에 어릴 때부터 단짝 친구로 지낸 남학생과 여학생이 있었어. 이들이 남녀공학 고등학교에서 이성교제를 한다는 의심을 받았어. 교사가 그 친구들한테 남녀 간에 함께 있지 말라고 몇 번을 경고했대. 절친인데 함께 있는 것도 안 된다니! 이게 말이 돼? 마침내 그 친구들 부모가 학교에 오고 한바탕 난리가 났어. 그 후에 여학생은 부모한테 핸드폰을 빼앗겼고, 둘 사이는 서먹서먹해졌어. 연애하는 사이가 아닌 친한 친구 사이를 학교가 강제로 갈라놓았어. 단지 남자와 여자라는 이유로!

😀 남자와 여자는 친구로 지내다가도 언제 눈이 맞아서 연애하게 될지 몰라. 그 선생님은 이걸 잘 아니까 예방 차원에서 부모님을 학교로 오시게 했겠지!

🙂 아빠도 중학교 때부터 절친으로 지내는 여자 사람 친구 있잖아. 선희 아줌마. 지금도 이따금 만나잖아. 그 남편과도 친하게 지내고. 우리 엄마하고 선희 아줌마도 잘 지내고. 그럼 아빠도 선희 아줌마랑 헤어져야지?

😀 하… 아빠하고 선희하고는 어릴 때부터 순수하게 친한 친구였어. 이성적으로는 단 1도 관심 없어.

😀 뭐야? 내가 하면 로맨스, 남이 하면 불륜. 뭐 이런 거야?
아무튼 이렇게 복잡다단한 사람 사이의 교제를 규제할 수는 없어. 사람을 처벌하는 규제는 명확한 기준이 있어야 하는데, 개념 정리도 안된 교제를 어떻게 처벌한다는 말이야. 학교의 법이라는 학칙을 분명한 잣대도 없이 주관적으로 처리하면 안 돼. 동의할 수 없어.
더 기가 막힌 건 "친구들끼리 사이좋게 지내라"라는 말이야. 선생님이나 부모님이나 틈만 나면 이런 말을 해. 사이좋게 지내는 것이 바로 '교제' 아니야? 어느 정도까지는 교제를 하되, 자기들이 정해놓은 선을 넘는 교제는 안 된다는 뜻이잖아. 어른들은 감정을 자유자재로 조절할 수 있어? 사랑이라는 감정이 생겨라 하면 저절로 생기고, 없어져라 하면 싹 사라져? 이 정도의 마인드 컨트롤이 가능한 사람이 지구상에 몇이나 돼? 거의 불가능에 가까운 감정 조절 능력을 10대에게 요구하고 있어. 차라리 친구들과 잘 지내라는 말을 하지 마! 오직 입시만을 중시하는 학교와 학부모들은 솔직해졌으면 좋겠어. "친구를 짓밟아라! 경쟁에서 승리하기 위해서는 친구를 적으로 간주해라!"

😀 또 극단적으로 사고한다. 사이코가 아닌 바에야 어떤 부모가 친구를 짓밟으라고 하니? 친구들과 사이좋게 지내라는 말과 불건전한 이성교제를 하지 말라는 말을 어떻게 구분 못 할 수가 있니? 이 정도는 상식이잖아. 왜 엉터리 딴죽을 걸고 그래!

😀 이성교제를 문제시하는 부모들은 생각을 바꿔야 해.

이성교제의 긍정적인 면도 개많아. 이성교제는 10대의 자아 정체성 형성에 도움을 줘. 다른 사람과 설레는 감정을 교감하고 서로의 생각을 나누면서 자아 형성이 빠르게 진행돼. 10대 시기의 이성교제는 사회성 발달에도 좋은 영향을 줘. 이성과 어울리면서 사람을 친절히 대하는 법을 익힐 수 있어. 소통과 공감의 능력이 얼마나 중요한지 몸으로 깨닫게 돼. 상대를 배려하고 이해하는 법도 자연스럽게 배울 수 있지. 앞으로 부모님들은 자녀의 이성교제를 무조건 금지해야겠다는 생각을 버리고 긍정적인 관점으로 지켜봐 주면 좋겠어.

10대들의 이성교제 관련 상담 사례(사이버상담)[17]

다음은 이성교제와 관련하여 상담했던 청소년들의 대표적인 상담 내용을 사이버상의 게시판과 채팅에서 발췌 및 수정한 내용이다.

1. '이성교제 전' 관련 호소

첫 번째 영역으로는, 자신의 외모나 매력에 대한 걱정을 호소하였다.

- 제가 좋아하는 아이가 날 부담스러워해요. 어쩌죠?
- 좋아하는 아이가 있는데 저는 그 아이에 비해 초라해요.
- 제가 너무 찌질해요. 조용하고, 얼굴도 빨개지고, 눈치를 많이 봐요.
- 채팅으로 사귄 친구가 제 외모를 보면 실망하게 될까 봐 걱정이에요.

두 번째 영역으로는, 이성을 대하는 방법에 관한 고민이다.

- 좋아하는 여자친구 앞에만 서면 아무 말도 못 하겠어요.
- 인기 많은 남자아이가 고백했는데 어떻게 반응해야 할지 모르겠어요.
- 선물과 편지까지 줬는데 답이 없어요. 제가 실수한 걸까요?
- 남자친구한테 이유 없이 차여요. 뭐가 문제죠?
- 모태솔로라 외로워요. 소개팅이라도 해야 할까요?
- 저를 좋아하는 듯한 남자친구가 있는데 어떻게 그 친구의 마음을 끌어낼 수 있을까요?

세 번째는 이성교제가 미칠 부정적 영향에 대한 두려움, 불안에 대한 내용으로, 이성교제를 하게 됨으로써 발생하는 각종 부작용에 대해 걱정하는 내용이다.

- 친구 관계가 나빠질까 두려워요.
- 공부에 방해될까 두려워요.
- 친구 누나랑 사귀면 친구 관계가 나빠질 것 같아 걱정이에요.
- 어떤 여자애가 좋은데 그 친구 공부에 방해될까 걱정이에요.
- 좋아하는 아이가 생겼는데 저를 갖고 노는 것 같아요.
- 사귀게 되면 학교에 소문이 날까 봐 걱정이에요.
- 채팅으로 만난 오빠와 사귈까 고민이에요. 내 몸을 보고 사귀는 것은 아닐까요?

네 번째는 짝사랑에 관한 내용으로, 고백에 대한 갈등과 상대방의 일방적인 구애에 대한 고민이 있었다.

- 일방적으로 이성을 좋아해서 성관계 요구를 받아줘요.
- 친구의 여자친구를 좋아하게 됐어요.
- 좋아하는 여자애와 문자를 주고받고 있는데, 그 친구의 마음을 알고 싶어요.
- 34살 남자와 사귀어도 되는지 고민이에요.
- 아는 누나에게 고백했는데 거절당했어요. 기다려야 할까요?
- 어떤 아이가 치근덕거리는데 그만했으면 좋겠어요.
- 고백을 받았는데 어떤 반응을 보여야 할까요?

2. '이성교제 중' 관련 호소

첫 번째 영역으로는, 이성친구와의 관계 지속의 어려움(다툼, 감정조절)에 대한 고민이 있었다.

- 3년 동안 짝사랑하면서 친구로 지냈던 여자아이와 사귀게 됐어요. 너무 좋아하니까 늘 헤어질까 봐 불안하고 초조해요.
- 남자친구가 다른 여자애들과 친하게 지내는데 질투가 나서 싸웠는데 그 뒤로 남자친구의 태도가 소홀해지고 연락도 오지 않아요.
- 정신 차리고 공부해야겠다는 마음이 드는데 자꾸 여자친구 생각이 나서 집중이 안 돼요.
- 남자친구가 어느 순간 변한 이후로, 화가 나면 욕을 하고 막 대해요.

두 번째 영역으로는, 이성교제 중 성관계 전후에 발생하는 문제로 고민을 호소하는 경우가 있었다.

- 남자친구의 스킨십이 너무 빨라요. 일단 거절은 했는데 앞으로 뭐라고 해야 할지 모르겠어요.
- 여자친구가 임신했어요. 아기를 낳아도 되는지 고민이 돼요.
- 남자친구와 성관계를 하게 되면서 정말 좋아서 하는 건지 스킨십이 좋아서 하는 건지 고민이 돼요
- 여자친구가 저와 성관계를 하고 난 뒤로 너무 힘들어해요.
- 남자친구와 만나게 되면 성관계를 하게 되는데 현실이랑 이성으로는 지금은 안 된다는 생각이 들고 죄책감이 들어서 고민이에요.
- 남자친구와 성관계를 한 적이 있는데, 그 이후로 내 몸을 너무 함부로 하는 것 같아서 성관계한 것이 후회돼요.

세 번째 영역으로는, 부모와의 갈등으로 고민을 호소하는 경우가 있었다.

- 남자친구 부모님이 고3이니 공부를 하라며 교제를 반대하세요. 헤어지지는 못하고 자꾸 거짓말을 하면서 만나게 돼요.
- 부모님이 제 남자친구가 나이가 많은 것을 싫어하시면서 헤어지라고 하세요.
- 남자친구와 외박을 한 것을 알게 된 부모님께서 헤어지라 하시는데 나는 헤어질 수 없을 것 같아요.

네 번째 영역으로는, 친구와의 갈등으로 고민을 호소하는 경우가 있었다.

- 여자친구와 사귀게 되면서 친구들에게 거짓말을 하게 되어 관계가 멀어졌어요.
- 남자친구 주변에 여자들이 많은데 이것을 어떻게 솔직하게 이야기하면 좋을지 고민이에요.
- 남자친구가 주말에 저랑 안 놀고 다른 친구들과 놀러 다녀요. 혹시 이게 권태기인 걸까요?

3. '이성교제 후 헤어짐' 관련 호소

첫 번째 영역으로는, 이성친구와 헤어지고 난 뒤 후유증(학업, 감정)에 대한 고민이 있었다.

- 힘든 시기에 사귀었던 여자친구와 헤어지고 난 뒤 잊히지 않아요.
- 공부를 더 열심히 하기 위해 헤어지자고 해서 헤어졌는데, 계속 미련이 남고 공부도 잘되지 않아서 미치겠어요.
- 남자친구와 헤어졌는데 다시 돌아오리라는 기대감이 있어요.
- 여자친구와 헤어지게 되었는데, 잊을 수 없어서 고통스러워요. 여자친구가 첫 경험을 저하고 했는데, 그 후 제가 자신을 함부로 대한다고 화를 많이 냈었어요.
- 같은 반에 있는 헤어진 여자친구가 나에 대한 욕을 할까 봐 두려워요.
- 헤어진 남자친구가 나를 욕하고 다녀서 속상한데, 그 친구와 다시 만나고 싶은 마음이 있어서 괴로워요.

두 번째 영역으로는, 현명하게 헤어지기 위한 방법에 대한 고민(이성친구의 집착, 헤어지는 것에 대한 결정)이 있었다.

- 진심으로 헤어질 생각도 하고 있고, 헤어지고 나면 되게 편할 것 같은데, 사귄 기간이 길어서 막상 헤어지면 비참하고 눈물부터 날 것 같아서 헤어지는 것을 결정하기가 어려워요.
- 5살 차이 나는 오빠와 상처가 작게 헤어지고 싶어요.
- 헤어질 때 남자친구가 상처 주는 말을 할 것 같아서 걱정이에요.
- 여자친구를 붙잡고 싶은데 여자친구가 상처를 너무 많이 받았어요.

세 번째 영역으로는, 이성교제 후 얻게 된 것과 잃게 된 것에 대한 고민이 있었다.

> • 남자친구를 그리워한다기보다는 혼자 있는 것이 외로워요. 고민 나눌 대상이 있었으면 좋겠어요.
> • 성격이 아주 얌전해지고 이렇게 조곤조곤 얘기할 수 있는 것도 남자친구가 저를 많이 변화시켰기 때문인데 헤어지게 되어 아쉬워요.

마지막으로, 이성교제와 관련된 내용이지만 이성교제 시기별 분류에는 속하지 않았던 사례를 기타로 분류했으며, 성인 이성과 만나야 할지 망설이는 내용, 동성친구에게 관심이 가는 내용, 용돈이 적어 이성친구와의 만남이 힘든 내용 등이 있었다.

> • 채팅으로 만난 성인을 만나야 할까요?
> • 동성친구에게 관심이 가요.
> • 게이에 대해 어떻게 생각해요?
> • 여자친구를 만나야 하는데 용돈이 적어요.

7장

학벌사회에서
살아남기

오직 스카이를 위하여!

우리나라는 대학을 어디 나왔는지에 따라 평생의 삶이 달라져. 나도 이게 바람직하다고 생각하지는 않아. 그렇지만 현실인 걸 어떡하니! 내가 원치 않더라도, 사회가 정한 대로 해야 할 때도 있어.

좋은 대학을 가려면 공부에 집중해야 해. 10대 때 연애하면 물리적인 시간을 많이 뺏겨. 정신적으로도 애인에게 빠져서 공부에 집중을 못해. 이런 연유로 많은 부모님이 연애는 대학 가서 하라는 거야.

아까 내가 "지금 당장 행복해지고 싶다"라고 한 말은 그냥 흘려 들었지? 미래의 행복을 위해 지금은 불행해도 돼? 현재의 불행을 토대로 한 미래의 행복은 참된 행복 맞아?

대학에 따라 인간을 평가하는 사회는 올바른 사회야? 아빠도 이런 학벌주의 사회는 문제가 있다며? 왜 언행일치가 안 돼. 사회적으로는 학벌을 타도하는 게 맞지만, 내 자식은 좋은 대학을 보내야겠다. 뭐 이런 심보지? 아빠의 표리부동한 모습을 보니까, 예전에 어느 강연에서 들었던 얘기가 하나 떠오르네.

어떤 진보적인 대학교수가 있었대. 사회 참여를 많이 하는 분이라서 대중적으로도 유명한 분이셨어. 진보 교수인 만큼 학벌주의 사회에 대한 문제의식도 강했지. 그래서 그분은 자녀에게도 공부하라는 스트레스를 주지 않고 대안학교를 보내며 자유롭게 키웠어. 세월이 흘러 자녀가 고등학교에 갈 나이가 되었어. 그 교수는 자녀한테 대안학교를 그만두고 일반 학교에 가라고 했대. 과외와 학원을 풀코스로 등록시키고 말이야. 지금까지 자유로이 살았으니 이제부터는 스카이 대학을 목표로 열심히 공부할 시기라고 했대. 자녀는 충격을 받았어. 그전까지는 가장 존경하는 사람이 자기 아빠였어. 아빠의 이중적인 태도를 마주한 후로는 위선자로 생각하게 되었대.

이 이야기 실화야. 아빠도 나에게 위선자로 기억되고 싶어?

아빠도 학벌주의가 문제라고 생각해. 내 마음대로 사회가 바뀌면 얼마나 좋겠니? 현실은 냉혹해. 네가 좋은 대학을 나오면 네 평생이 유리해져. 반대로 대학을 안 나오거나 좋지 못한 대학을 나오면 평생이 힘들어져. 이런 현실을 잘 아니까, 아빠가 인생 선배로서 충고하는 거야!

《고래가 그랬어》라는 어린이 잡지를 만드는 김규항 선생님이 강연회에서 이런 말씀을 하셨어.

"진보적인 부모는 남의 시선을 부끄러워하며 자녀에게 과외를 시키고, 보수적인 부모는 당당하게 과외를 시킨다. 보수적인 부모의 교육 목표는 아이가 일류대 학생이 되는 것이다. 진보적인 부모의 교육 목표는 아이가 진보적인 일류대 학생이 되는 것이다. 우리나라 부모는 진보나 보수나 자녀 교육 문제, 입시 문제에서는 결과적으로 똑같다."

오직 스카이 대학을 위하여! 지잡대는 개무시하라! 학벌로 인간을 평가하라!

😀 아빠라고 좋아서 이러겠니?

😀 김규항 선생님이 《주간경향》 칼럼에서 이런 말씀도 하셨어. "세상의 오른쪽엔 우파 부모들이 있고 왼쪽엔 좌파 부모들이 있다. 그리고 그들 아래에 가난한 부모들이 있다.' 이게 현실이고, 우리는 그 현실에서부터 출발해야 합니다."
요즘 스카이 대학 진학률은 옛날보다 부잣집 자녀의 비중이 더 높아졌어. 양극화가 심화되고 비정규직 노동자가 증가하면서 사교육의 질적 차이가 벌어진 탓이지. 가난한 집 자녀가 EBS로 열심히 영어 공부해도, 방학 때 미국 어학연수를 다녀오는 부잣집 아이를 따라잡기 어려워. 가난한 집 부모는 맞벌이에 하루 열 몇 시간을 일하느라, 사는 게 바빠서 자녀 공부를 챙길 여력이 없어. 부자 부모는 직접 자녀 공부를 챙기거나, 학습 코치를 붙여서 자녀 입시를 준비해. 현실적으로 부자와 빈자는 경쟁이 안 돼. 결국 갈수록 부잣집 자식의 스카이 대학 진학률은 높아지고, 가난한 집 자식은 도태되지. 이런 현실이 지속 반복되면 계층 간 이동은 점점 어려워져. 개천에서 나는 용은 사라지고, 그들은 영원히 개천을 벗어나지 못하지.

😀 나한테 어쩌라고? 가난한 집의 아이가 사교육을 못 하는 게 내 잘못이야?

😀 아빠처럼 오직 스카이 대학만을 지상 목표로 하는 사람들의 욕망은 빈부 격차와 사회적 차별을 더 심화시켜. 자기 자식만 좋은 대

학을 보내기 위해 애쓰는 부모에게서 자녀가 배울 것이라곤 이기심과 비열함밖에 없어. 나는 그런 역겨운 인간이 되고 싶지 않아. 경쟁에서 승리하기 위해 친구를 짓밟으라고 세뇌시키지 마. 서로 도우며 함께 살아가는 삶을 꿈꾸라고 말해줘.

😀 나는 도대체 네가 무슨 말을 하는지 모르겠다. 공부 열심히 해서 좋은 대학 가라는 아빠의 권유가 잘못됐어? 우리나라 부모 중에 아빠처럼 말 안 하는 부모가 어디 있어? 네가 아까 말했잖아. 진보적인 교수도 자녀 입시를 위해 사교육에 매진한다며? 그렇다면 나 같은 보통의 부모는 당연히 사교육에 목매달아야 하잖아?

🙂 아빠는 타인에 대한 공감 능력이 몹시 떨어져. 사회적 약자에 대한 연대 의식이 전혀 없어. 내 말의 기저에 깔린 의미가 뭔지 생각조차 하지 않아.

😀 너는 굉장히 거창하고 복잡해. 그냥 공부 열심히 하라는 말일 뿐이야. 공부 열심히 해서 좋은 성적을 얻으면 좋은 대학 가는 거고, 열심히 안 하면 못 가는 거야. 네 미래를 위해 공부 열심히 해서 좋은 성적 받으라는 말에 대해 무슨 그런 복잡한 이야기를 하니?

🙂 그래, 내가 아빠한테 뭘 더 바라겠어.
학벌사회에 대한 복잡한 담론은 집어치우고, 단순히 성적만 이야기해도 현실은 충분히 비참해. 아빠, 우리나라가 OECD에서 청소년 자살률이 1위인 건 알아?

😊 알지.

😊 청소년의 자살 이유 중 1위가 성적 비관이래. 전 세계 어디를 봐도 성적을 비관해서 자살하는 청소년은 없어. 이게 바로 대한민국 학벌사회의 비극이야!

😊 안타깝지만 어쩌겠니? 현실인데! 미천한 우리가 적응해야지.

😊 아빠, 혹시 그거 알아? 아빠가 좋아하는 극작가인 셰익스피어도 대학을 안 나왔어.

😊 당연히 알지. 대학을 못 다녔다는 이유로 셰익스피어는 당시 주류 문학계에서 왕따를 당했어. 실력은 월등한데 학벌이 딸리니까 인정을 못 받았지. 옛날부터 이랬으니까, 아빠가 너한테 대학을 위해 다른 것들은 잠시 포기하거나 참으라는 거야!

😊 인정을 못 받은 게 아니라, 옹졸한 인간들에게 시기 질투를 받은 거지!

셰익스피어는 20여 년간 38편의 희곡과 4편의 시, 154편의 소네트를 썼으니 어마어마하게 왕성한 집필 활동을 했어. 그 작품들 대부분 엄청난 사랑을 받았지. 이에 대한 질투인지, 셰익스피어 관련 야사 중에 저작자 논쟁이 있어. 대학도 안 다닌 사람이 어떻게 이 위대한 작품을 다 썼겠냐, 뭐 이런 말이지. 「톰 소여의 모험」이라는 유명한 고전 알지? 이 책의 저자인 마크 트웨인은 셰익스피어 작품에 대해 "설마 이 모든 것을 윌리엄이 썼다고 믿습니까?"라면서 의문을 제기했었어. 마크 트웨인은 위대한 철학자로 명성이 자자한 프랜시스 베이컨이 셰익스피어 작품의 실제 원작자라고 주장했어.

셰익스피어의 작품을 쓴 원작자로 거론되는 또 다른 인물은 옥스퍼드 백작이라고 불리는 에드워드 드 비어라는 사람이야. 셰익스피어의 작품에 그려진 인물이나 배경이 이 사람의 삶과 닮았다는 점이 원작자라는 증거래. 셰익스피어 4대 비극 중에서도 가장 유명한 「햄릿」의 주인공인 햄릿처럼, 이 사람도 젊은 나이에 아빠가 죽었고 엄마가 재혼했거든. 그뿐만 아니라 「끝이 좋으면 다 좋아」의 버트럼처럼 잠자리 속임수에 넘어가 원치 않았던 자신의 아내와 동침했어. 또 이 사람의 성격이나 행동이 리어왕의 광기, 오셀로의 질투심, 맥베스의 저항적 태도와 비슷했다고 알려졌어. 이런 여러 가지 정황으로 원작자는 셰익스피어가 아니라 에드워드 드 비어라는 거지. 이 같은 주장을 강하게 한 사람이 바로 정신분석학의 창시자이자 세계적인 심리학자인 지그문트 프로이트야. 그는 "대학도 나오지 못한 셰익스피어가 그려내기엔 작품의 수준이 지나치게 높다"라고 주장했어.

후대 사람들뿐만 아니라 동시대 작가들도 상당한 질투와 조롱을 했어. 당시 유명한 극작가 중에 벤 존슨이라는 사람이 특히 셰익스피어를 사뭇 조롱했대. 로버트 그린이라는 극작가는 "대학도 안 나온 주제에 품격이 떨어지는 연극을 양산한다"라며 욕했어.

아~ 그놈의 대학, 대학! 옛날이나 요즘이나 사람들은 왜 이렇게 학벌에 집착해! 작가가 글쓰기 실력만 좋으면 그만이지, 학벌이 무슨 상관이야.

😊 셰익스피어가 유년기에는 부유하게 살면서 교육을 잘 받았어. 아버지가 장사해서 돈을 잘 벌었거든. 셰익스피어가 10대 때 아버지 사업이 망해서 그 후로는 적당한 교육을 못 받았대.

너는 행복한 거야. 아빠 연봉이 나쁘지 않잖아. 동시에 너의 대학 진학을 위해 과외든 학원이든 얼마든지 밀어줄 의사가 있고! 이 좋은 것을 너 스스로 포기하는 게 문제지.

🙂 더는 내 대학 진학을 거론하지 마! 내가 다 알아서 해. 대학은 필수가 아니라 선택이야. 비록 대학은 못 갔지만, 변호사도 하고 대통령까지 당선된 분도 계시잖아. 나도 대학을 안 가더라도 내가 원하는 삶을 살 수 있어.

나는 학벌사회라는 바다에 떠 있는 외로운 배

😊 네가 말한 노무현 대통령께서 대학을 못 가서 평생 얼마나 조롱받았는지 아니? 노무현 대통령 자신도 늘 "나는 학벌사회라는 바다에 떠 있는 외로운 배"라고 말할 지경이었어. 노무현 대통령의 사법연수원 동기생이 《한겨레신문》 인터뷰에서 이렇게 회상했어. "판사 출신인 연수원 교수들이 수업하다가 '어이, 상고 출신 노무현이 대답해봐', '나이 많은 노무현은 어떻게 생각하나?' 이런 식으로 짓궂은 질문을 많이 했다. 시보를 나가서도 '(상고 출신이라서) 이런 기본적인 것도 모르냐, 너 뭘 배웠냐' 식의 구박을 받기도 했는데, 당시 지나치게 경직된 법조계의 분위기를 못 견뎌 했고, 그래서 판사도 짧게 하고 말았다."
노무현 대통령의 부인께서도 놀림당했어. 권양숙 여사의 학력을 두고, 어느 방송인이 집회에서 "고등학교도 안 나온 여자가 국모 자격이 있냐!"라고 비난하면서 "XX년"이라는 욕설까지 했었어.
노무현 대통령 학벌 조롱한 사람은 너무 많아서 셀 수 없을 정도야. 그중에서도 압권은 '전국 검사들과의 대화'에서 고졸인 걸 번연히 알면서도 대학 학번을 물었던 검사였지.

> **(노무현 대통령 임기 초) 전국 검사들과의 대화**
>
> 박○○(21기) 당시 서울지검 검사 과거 어느 언론을 보면 대통령님께서 83학번이라는 보도를 어디서 봤습니다. 혹시 기억하십니까?
> 노무현 대통령 예, 뭐, 8, 80학번쯤으로 보면 될 겁니다.
> 박○○(21기) 당시 서울지검 검사 저는 83학번이라는 보도를 보고 '아 내가 83학번인데, 동기생이 대통령이 되셨구나!' 이런 생각이 들었습니다.

😀 노무현 대통령은 부산상고를 졸업하고 대학을 가지 못해서 학번이 없어. 대통령의 학력은 누구나 아는 사실이었는데, 이것을 온 국민이 보는 TV에서 굳이 언급하는 이유가 뭘까? 대학도 못 나온 고졸 대통령이라고 국민들 앞에서 조롱하고 무시하기 위함 아닐까? 그러면서 '동기생이 대통령이 되셨구나!'라고 생각했단다. 아빠는 이 검사의 말이 '나이도 비슷한데 나는 당신이 다니지 못한 대학을 다녔다'라는 뜻으로 이해됐어.

😐 아… 이 타이밍에서 "예, 뭐… 8, 80학번쯤으로 보면 될 겁니다"라고 겸연쩍게 답하지 말고, "이쯤 하면 막 나가자는 거지요?"라고 혼냈어야 하는 건데… 쩝!

😀 사실 노무현 대통령은 공부를 무척 잘했어. 당시만 해도 상고를 졸업하면 은행이나 기업에 취업이 되게 잘됐어. 공부는 잘하는데, 집안 형편이 어려운 학생들은 실업계 고등학교를 꽤 많이 갔었지. 노무현 대통령도 집이 퍽 못 살아서 상고를 간 거래. 예전에 서울여상을 나온 사람들은 서울대도 갈 수 있는 실력이었다는 말이 있었지.

😐 정말? 서울대 갈 실력이었다면 가면 되지. 국립대니까 학비 싸잖아.

😀 지금의 시각에서는 그렇게 생각할 수도 있겠지. 옛날에는 그런 생각을 할 수 없을 만큼 지지리도 가난한 집이 많았어. 여상 나와 일찍 은행이나 기업에 취업해서 돈을 벌어야 했지. 남자는 예외인 집도 있기는 했어. 이를테면 여자는 공부를 조금만 하고 어린 나이부터 돈을 벌어서 집안의 남자 동생이나 오빠를 공부시키는 경우가 많았지.

서울여상까지 간 사람은 그래도 집안 형편이 좀 나은 경우라고 말하는 사람들도 있어. 더 가난한 집안의 여자아이들은 국민학교만 겨우 졸업하고 공장에 취업해서 밤낮없이 일하는 경우가 많았거든.

음… 전태일 평전에서 봤어. 환기창도 없고 허리도 펴기 힘든 공장에서 어린 여자아이들이 시다를 하며 돈을 벌었다는….

남동생이나 오빠를 대학 보내려고 그랬지. 1960~70년대는 그런 사연이 부지기수였어.

그렇다고 하더라도 서울여상 출신이 서울대 갈 실력이었다는 말은 과장이 심한 것 같아.

과장 아니야. 중학교 때 전교에서 손가락에 꼽힐 정도로 공부 잘해야 서울여상을 갈 수 있었어. 예전에는 중학교 교사가 원서를 써줘야 고등학교 입학시험을 칠 수 있었어. 서울여상의 경우 아주 공부 잘하는 학생에게만 원서를 써줬지. 성적이 안 좋은 학생은 입학시험도 칠 수 없는 학교였어. 서울에는 서울여상이 최고였고, 지방마다 이런 상고들이 있었어. 아빠가 80년대 학번이잖아. 아빠 때도 서울여상 출신들은 퍽 공부를 잘했어. 그 전에는 더 대단했었대. 중학교 전교 1등이 서울여상 갔다는 얘기가 흔했어.

나야 대학에 대한 환상도 없고, 학벌주의를 개혁해야 한다는 입장이라서 고졸이라도 아무 상관없어. 하지만 일반적인 사람들의 시각에서는 이해가 안 되겠는데? 공부를 그렇게 잘했다면, 인생을 조금만 장기적으로 생각해보면 어떤 게 더 현실적으로 유리할지 답이 나오지 않나? 대한민국이 학벌사회인데 몇 년만 꾹 참고 서울대를 졸업하면 고액 연봉을 받을 수 있잖아. 사회적으로도 더 인정받을 수 있을 테고! 이게 아빠가 칭송하는 현실이잖아.

야, 내가 언제 칭송했어? 나도 이런 학벌사회가 문제라고 생각한다니깐! 단지 현실과의 타협을 하는 거지. 네가 내 딸만 아니었어도 좋은 대학 가야 한다는 말을 꺼내지도 않아. 아빠 말의 진의는, 고졸을 차별하는 현실이 올바르다는 게 아니잖아. 문제가 있지만 소시민인 우리 입장에서는 현실에 순응할 수밖에 없다는 뜻이야.
너 할머니가 10대 때 소원이 뭐였는지 아니?

내 할머니?

그럼 네 할머니지 누구 할머니겠어?

할머니의 10대 때 소원이라… 가난했던 시절이니까 배불리 먹는 거?

중학교 가는 게 소원이셨어.

아….

도시는 중학교나 고등학교가 집에서 가깝잖아. 할머니 고향인 시골에서는 중학교에 가려면 멀리까지 가서 자취를 해야 했어. 옛날 시골에서는 여자가 중학교에 가는 것도 드문 일인데, 집을 나와 자취까지 하면서 중학교에 가는 건 언감생심이었지. 할머니 때는 남녀차별이 굉장히 심했어. 할머니의 집안 어른들께서는 할머니의 오빠는 남자니까 공부를 많이 시켰지만, 할머니는 여자니까 한글 가르쳐준 것만으로도 감지덕지하라고 하셨대. 할머니는 그게 평생의 한이셨어. 너, 할아버지가 일찍 별세하신 거 알지? 아빠 국민학교 2학년 때 돌아가셨잖아. 할머니 입장에서는 이제 겨우 30대 후반인데, 남편은 죽었고 어린 자식이 다섯 명이나 있는 상황이었어. 설상가상 찢어지게 가난했지. 그럼에도 할머니는 악착같이 구멍가게를 해서 끝내 자식 다섯을 전부 대학까지 졸업시켰잖아. 할머니는 자식을 통해 한을 푼 셈이지.

🙂 갑자기 뭔가 숙연해지네.

😄 하하하. 그렇다고 숙연할 것까지는 없어. 다 옛날이야긴데 뭐! 아빠도 가난으로 인해 조금은 고생했지만, 그 덕에 오늘의 아빠가 있는 것 아니겠니?

옛날에는 경제적인 이유로 공부하고 싶어도 할 수 없는 사람들이 썩 많았어. 근데 너는 아빠가 모든 지원을 해주겠다는데도, 좋은 대학 가겠다는 목표가 없냐? 대학은커녕 이 중요한 고등학교 시기에 연애를 한다는 둥… 너만 보면 참으로 대책이 안 선다.

🙂 아빠, 내 대학 진학 이야기는 이제 그만하라니까!

기왕에 학벌주의 얘기가 나왔으니 이게 얼마나 인간을 차별하게 만드는지 예를 하나 보여줄게.

학벌 인간 차별

고려대학교 대나무숲 페이스북 페이지에 실린 학벌주의 심화를 바라는 글.

🙂 이게 진짜 대학생이 쓴 글이야! 대학이 지성의 전당이라는 말은 다 허구야! "학벌주의가 더 심해져서 SKY 출신이 더 대접받았으면 좋겠다"라니, 이 인간 약 먹은 거 아니야? 전호후랑이라고 "아예 진출할 수 있는 직업군이 분류되면 더 좋겠다"라네! 개짜증 나. 뭐 이런 인간이 다 있냐. 지금이 무슨 봉건시대야! 헌법에서도 보장하는 직업선택의 자유를 학벌로 제한하자고? 학벌을 계급화하자는 말이잖아. 이미 현실적으로 학벌이 계급화돼 있는데, 이것을 공식적으로도 못 박자는 주장이야.

이 양반이 제 나름대로는 논리 정연하게 말한답시고 자기주장에 대해 예까지 들고 있어. "예를 들면 공무원 시험에서 특정 직렬은 어떤 학교 이상 졸업해야 시험을 볼 수 있게 하는 거다. 안 그러면 공무원은 학벌 세탁의 가장 좋은 수단이 된다." 21세기 AI 시대를 살아가시는, 자칭 위대한 SKY 출신께서 조선시대 수준도 안 되는 발상을 하시네. 그때도 관리를 뽑는 과거 시험은 일반 양민들도 볼 수 있었어. 그리고 학벌이 무슨 빨랫감이야? 세탁을 한다니! 세탁은 지저분하고 더러운 것에 쓰이는 말이잖아. 고려대를 못 나온 사람의 학력은 더러워? 이런 미친 X를 봤나! 돈 세탁처럼 범죄행위를 세탁한다는 말은 들어봤어도, 학력 세탁이라니! 그 발상이 참 수준 이하다. 주입식 획일적 교육이 난무하니, 이런 개차반도 고려대학교에 입학하는 거지. 창의력이나 비판적 사고, 철학, 인성 등을 중심으로 입시 제도를 바꿔야 해! 인간 같지도 않은 것들이 대학생이니 지성인이니 떠들어대는 꼴을 보고 있자니, 참으로 어처구니가 없다.

"기업에서도 대학 순으로 자르고 연봉도 대학 순서로 정해 저보다 낮은 대학 출신이 더 높은 기업에 입사하게 되거나 더 많은 돈을 버는 일이 없었으면 좋겠다." 점입가경이라는 말은 딱 이런 인간한테 써야 해. 10대 때 공부 좀 했던 거로 평생 우려먹겠다는 말이잖아. 완전 놀부 심보구만! 고려대학교 학생이라는 사람이 이런 저급한 관점으로 장차 사회에 진출해서 소위 엘리트랍시고 설치고 다닐 거잖아. 얼마나 많은 사람을 무시하고 차별할지, 안 봐도 훤하다.

😀 이 친구는 좀 심하긴 하네. 설마 고려대 학생이 전반적으로 이런 생각을 할까?

고려대학교 대나무숲

(익명 댓글)

글 제보한 사람은 정말 부끄러움을 느끼시고, 어그로 글이길 바랍니다. 정말 본마음이라면 한 번쯤 시간을 내서 깊이 생각해보고 본인의 못된 생각을 느껴보시고 반성해보길 추천해 드려요.

또한 제보자의 생각은 모든 사람이 절대적으로 동일한 기회의 평등 속에서(책값, 학원비, 과외비, 돈이 아니더라도 불우한 가정적 환경, 공부를 할 수 없는 딱한 처지 등등이 모두 같은) 노력한 결과라면 그 논리가 어느 정도는 받아들여질지 모르겠네요.

하지만 현실적으로 그건 불가능하며, 최소한 다들 적게는 한두 번 많게는 수십 번 그 환경을 싫어도 받아들여야 했고, 고생한 사람이 끝끝내 힘을 내서 이겨내고 새로 세상을 바라봤을 때 적어도 자기가 하고 싶은 새로운 도전을 할 수 있게 하여야 하고, 그러기에 공무원이든 다른 공부든 그 기회를 마련하고 있는 겁니다.

이런 이야기에도 불구하고 만약 제보자분이 "나는 학원도 안 가고 책도 교과서만 보고 독학으로만 노력해서 왔으니 대접받아야 한다"라고 한다면, 그나마 공부할 수 있는 여건이 있었단 거에 감사하시고, "공부할 여건 아니었는데 내가 알바하며 일하며 열심히 책값도 벌고 시간 쪼개서 공부도 해왔다"라고 한다면, 칭찬해드리지만 어릴 땐 몸이 안 좋아서 공부를 할 수 없었던 사람들도 있었겠구나 생각하세요. 항상 그쪽의 아래에는 당신보다 더 절실하고 힘든 사람이 있으니까요.

인생은 야구처럼 쓰리아웃으로 망하면 안 돼요. 아웃까지의 스트라이크 수는 제한이 없어야 합니다. 본인이 더는 배트를 휘두를 수 없을 만큼 지쳐 몸져누우면 몰라도, 그 정도면 됐으니 그만하고 저리 가라고 배트를 뺏지는 말아야 합니다. 모든 사람의 인생엔 끝없는 기회가 있어야 하며, 청소년기의 좁디좁은 시각에서의 단 하나, 공부. 그걸로 줄지어 세상을 바라보려는 제보자분은 좋은 대학을 나왔음에도 그 대접을 받지 못하고 있다고 느낄 겁니다. 왜 그런지 잘 생각해보시기 바랍니다.

제보자분은 좋은 기회로 인해 감독의 눈에 들어 대타로 나가서 운 좋게 홈런을 치셨습니다. 이젠 그 역량을 갈고닦아 앞으로의 경기에서도 그 역량을 보여줘야 합니다. 그게 고려대에서도 바라는 인재상일 겁니다. 근데 뭐 하고 있습니까? 중요한 경기에 대타로 역전 홈런 친 MVP라고 자신을 뿌듯해하며, 더 이상의 훈련과 경기는 하지 않으며 바로 연봉을 1군 주요 멤버급으로 달라고 떼쓰고 있지는 않으십까??

고려대학교 대나무숲 페이스북 페이지에 실린 학벌주의 심화를 바라는 글에 대한 반박 댓글.

맞아. 댓글을 보면 괜찮은 관점을 가진 학생들도 있어. 이 중에서 '좋아요' 6만 4,000여 개를 받은 댓글이 눈에 띄어. 이 학생은 먼저 기회의 불평등성을 언급하고 있어. 가령 가난한 집과 부유한 집의 사교육 여건의 차이로 성적이 달라질 수 있다는 거지. 이어서 야구에 빗

대서 한 반박이 멋져.

"인생은 야구처럼 쓰리아웃으로 망하면 안 된다. 모든 사람의 인생엔 끝없는 기회가 있어야 한다."

😀 이 친구의 생각은 이상일 뿐이야. 현실은 어때? 10대 때의 성적이 곧 인생을 결정해. 좋은 대학에 입학하기만 하면 사회에서 엘리트 대접을 받아. 우리나라 스카이 대학의 동문회가 얼마나 강력한지, 너는 상상하기도 어려워.

😐 사람은 다양한 생각, 재능, 취미, 성적 취향 등을 갖고 있어. 우리나라의 10대는 이 모든 차이를 깡그리 무시당하고 오직 학벌의 잣대로 줄 세움 당해. 아빠는 미술에 완전 소질이 없잖아. 혹시 학교 다니면서 그림 못 그린다고 혼나거나 무시당한 적 있어? 당연히 없겠지. 유독 국·영·수를 비롯해 입시에 나오는 공부를 못하면 대놓고 차별 당해.

교육은 인간성을 형성하고 각자의 개성을 존중하면서 재능을 계발하는 것을 목적으로 해야 해. 그렇지만 우리나라는 오직 입시 제일주의야. 스카이 대학 진학률에 따라 고등학교 평가 결과가 달라지지. 단지 공부를 못한다는 이유로 차별하는 나라는 우리나라밖에 없을 거야. 그 공부도 입시와 관련된 것만을 숭배하고, 나머지 공부는 하지 말아야 하는 것이거나 대학 가서 하기를 강요당하지.

우리나라에서 대학은 사람의 사회적 신분을 결정해. 우리 사회의 부와 권력은 소위 일류대학 출신들에게 독점돼 있어. 대학을 나오지 않았거나, 학벌이 나쁘면 평생을 차별과 열등감 속에 살아야 해. 이런 입시 제일주의 학교 교육에서 창의력과 다양한 재능이 생겨날 수 있겠어? 아인슈타인 같은 위대한 사람이 우리나라에서 태어났다면, 필시 문제아 취급받았을 테야. 우리나라는 아인슈타인이 아니라 '입시 선수'가 사회의 지도자가 되었어.

아빠가 생각하기에도 뭔가 부당하지만, 그래도 어쩌겠니? 어디에나 규칙이 있어. 우리나라 대학 입시에도 룰이 있지. 싫든 좋든 나라가 정한 룰이야. 일단 규칙은 따르고 그 후에 문제점을 고쳐야지. 악법도 법이라고 하잖아.

문제 있는 규칙은 당장 고쳐야지, 일단 따르고 나중에 고친다고? 일단 따른다는 것도 마음에 안 들지만, 나중에 고친 적은 있어?

창의 인간 우대

바칼로레아(Baccalauréat)는 프랑스 중등과정 졸업 자격시험이자, 대학 입학 자격시험이야. 1808년 나폴레옹 시대 때 시작되어 200년이 넘는 역사를 가지고 있지. 프랑스는 대학 입시를 절대평가로 결정해. 바칼로레아 시험 20점 만점의 절반인 10점만 넘기면 합격이야. 마치 자동차 운전면허시험 같은 거지. 운전면허시험은 기준 점수만 넘으면 누구나 면허증을 받잖아. 가령 100점 만점에 50점을 넘기면 합격이라고 했을 때, 50점 받은 사람이나 100점 받은 사람이나 똑같은 운전면허증을 받는 것과 같은 이치야. 100점 받은 사람의 면허증은 금으로 만들어주고, 50점 받은 사람의 면허증은 은으로 만들어주지 않아. 점수에 따른 차별이 없지. 프랑스 대학교들도 수험생의 바칼로레아 시험 점수와 순위는 보지 않고, 오직 합격 여부만 따져서 입학을 결정해. 말 그대로 대학 입학 '자격'시험인 거지. 이와는 다르게, 우리는 상대평가에다가 대학 서열화가 극심해서 시험 점수 1점에도 목숨을 걸어야 할 정도로 수험생들의 스트레스가 높아.

바칼로레아에서는 전공 계열에 상관없이 모든 학생이 철학 시험을 쳐야 해. 이 철학 시험문제는 학생뿐만 아니라 전 국민의 관심사야. 시험 문제는 《르몽드 신문》에도 소개되고, 시험 당일 저녁이면 많은 국민이 문제를 풀면서 토론하는 걸로 유명하지. 시험 시간은 4시간이고, 각 계열로 제시된 3개의 문제 중 하나를 골라서 서술하면 돼. 단편적인 지식이 아닌 심오한 사고력과 문장력을 요구하는 주관식 논술형 문제라서 우리나라 고3들은 풀기가 쉽지 않을 거야. 우리나라는 워낙에 주입식 획일적 교육이니까! 2019년에 나온 바칼로레아 시험 문제는 다음과 같아.

독일의 김나지움(Gymnasium)은 대학 진학을 목표로 하는 학생들이 가는 중등교육과정이야. 프랑스의 바칼로레아처럼, 독일 김나지움 졸업 자격시험인 아비투어(Abitur)는 대학입학 자격시험을 겸하고 있어. 즉 아비투어에 합격하여 김나지움을 졸업한 학생은 대학교에 입학할 수 있지.

기본적으로 아비투어 합격자는 대학에 입학할 수 있지만, 정원을 초과하는 지원자가 있는 선호 학과는 경쟁해야 해. 결과적으로 독일의 대입전형은 크게 두 종류야. 입학제한이 없는 학과의 대입 전형과 입학제한이 있는 학과의 전형. 절대평가와 상대평가가 혼합돼 있는 셈이지. 최근에는 그 비율이 대략 6:4 정도래. 약 60%의 학생은 아비투어 자격증만으로 대학에 입학하고, 약 40%의 학생은 선호 학과에 따라 경쟁 선발돼.

독일의 아비투어도 깊은 사고력을 요하는 논술형이야. 이병련 고려대학교 역사교육과 교수의 연구[18]에 의하면, 독일의 아비투어 역사시험은 우리나라의 그것과는 차이가 커. 가장 큰 차이는 수험생들의 자립적인 역사 사고 능력을 요구한다는 점이야. 우리나라에서 역사라는 과목은 단순 암기과목으로 치부되잖아. 독일은 그렇지 않아. 역사에 대해 학생들이 얼마나 스스로 문제를 해결하고, 스스로 근거 있는 판단에 도달할 수 있는지를 평가해. 이미 알고 있는 것을 그대로 반복하여 논술형 답안을 작성하면 좋은 성적을 얻을 수 없대. 세부 평가 항목은 다음의 세 분야래. 첫째 역사 지식의 '재생' 또는 '요약'의 능력. 둘째 '재조직'과 '전이'의 능력. 셋째 '반성'과 '문제해결'의 능력. 역사 전반에 관한 예리한 통찰력 없이는 이러한 논술형 역사시험을 제대로 칠 수 없어. 실제 아비투어 역사시험 문제를 보면, 우리와는 완전히 다르다는 것을 알 수 있어.

독일 아비투어(고교 졸업 및 대입 자격시험) 역사시험 문제

◆ 로마 제정기의 검투사 경기의 해석과 기능에 관하여
  1. (서로 다른 시기의 사료 비교 해석) 사료들의 비교를 기초로 하여 세 저자가

검투사 경기를 어떻게 평가하는지를 요약하여 보시오.

2. 사료를 통하여 로마제정기 문화의 근본적인 문제를 나타내 보시오.

3. 검투사 경기에 관한 상이한 평가들이 근대 유럽문화의 문제를 어느 정도로 설명해 줄 수 있는지 검토해보시오.

◆ 독일 반유대주의의 치명적인 형태가 독일의 범죄자들에게 꼭 필요했던, 유대인의 절멸에 자발적으로 참여할 수 있게 했던, 동기들을 부여했다고 하는 골드하겐(D. J. Goldhagen)의 테제에 대해서 논의하시오.
  - 골드하겐의 관점을 요약하시오(M1).
  - M1, 1줄에 나와 있는 주장들을 논의하시오.
  - 마노(Manoschek)의 관점에서 M1. 1줄과 12줄 이하에 나타나고 있는 골드하겐의 테제를 평가해 보시오.

◆ 18세기 말부터 19세기 말까지 통합과 배제의 관점에서 미국의 국민 형성에 관하여 서술하시오.
  - 국가 건설 시기에 미국의 국민 형성을 위한 출발 조건을 서술하시오.
  - 국민 형성을 위한 프런티어 운동과 계승 전쟁의 의미를 설명하시오.
  - 국민 형성에 참여했던 주민집단의 행위를 성격 지으시오.
  - 미국 사회가 19세기 말에 어느 정도로 하나의 국민을 이루었는가를 검증하시오.

◆ 이슬람과 서양
  1. 자료에 제시된 테제를 그 근거와 함께 요약 정리해보시오.
  2. 이 테제를 브로델(Braudel)의 문화개념과 그의 지중해 권역의 문화에 대한 설명과 관련지어 논의하시오.
  3. 헌팅턴의 테제를 결론적으로 평가하시오.

교육평론가 이범 선생님은 칼럼이나 강연을 통해 유럽의 대입 시험 문제를 소개했어. 그중 스웨덴 대입 국어시험에 이런 문제가 있었어.

"파편화된 사회보다 하나로 뭉친 공동체를 이루기 위해 총리가 젊은 이들을 대상으로 프로젝트 아이디어를 공모한다. 총리에게 보낼 서한문을 작성하라. 공동체 형성을 도모할 수 있는 프로젝트를 제안하고, 왜 자신의 프로젝트가 투자할 가치가 있는지를 논하라."

이범 선생님께서 "서구의 시험은 '내 생각'을 묻는다"라고 했어. 평소에 창의적이고 비판적인 사고를 하지 않으면 시험을 잘 치기 어렵겠지! 우리는 어때? 도리어 이런 사고를 하는 학생은 또라이 취급하잖아. 나 같은 10대를 어른들은 까진 문제아로 손가락질하지! 이범 선생님은 "서구의 시험과는 달리, 한국은 정답이 있는 것만 묻는다"라고 했어. 우리나라는 일제 식민지 시대와 권위주의 정권, 군사정권 체제를 지나면서 근·현대 교육이 확립되었어. 국가에 충성하는 국민을 만들기 위해 객관식 단답형 위주의 교육을 했대. 유럽처럼 토론하고 논증하는 방식으로 학생들을 가르치면, 반민주적인 군사정권에 대항하게 될 테니까! 그 시절에 만들어진 교육이 지금도 주입식 획일적 교육으로 이어지고 있대.

만약 한국이 대입제도를 개편해서 위의 유럽 국가들처럼 논술형 문제로 시험을 본다면 어떻게 될까? 한국 사람들은 가장 먼저 채점의 공정성에 문제를 제기할 거야. 논술형 시험은 객관적인 기준이 명확하지 않아서 채점자에 따라 점수가 달라질 수 있으니까! 그래, 문제 제기 자체는 맞는 말이야. 그런데 우리나라 사람들이 채점의 공정성에 왜 그렇게 민감한지 생각해봤어? 바로 대학 서열화가 극심해서야. 한국에서는 어떤 대학에 진학하는지가 사회적 계급이 되잖아. 앞서 본 고려대학교의 꼴통 학생도 대학 서열화에 찌들어서 그런 발상을 한 거지. 논술형 시험에서 채점자의 주관적인 판단 탓에 1점이라도 차별을 받으면, 내 계급이 달라지겠지. 전 세계적으로 우리나라 보다 대학의 수직 서열화가 심한 나라는 없을 것 같아. 결국 프랑스나 독일 처럼 절대평가와 논술형 시험이 가능해지려면, 대학 서열화가 아니라 대학 평준화가 선행되어야 해. 어떤 대학을 가든 차별이 없다면 굳이 지방에서 서울까지 비싼 생활비 들여가며 유학할 필요도 없겠지. 절 대평가로 대입 자격증을 취득한 사람은 희망하는 어떤 대학이든 갈 수 있다면, 수능 점수 때문에 소송을 걸거나 자살하는 일도 없을 테 야. 단답형 주입식 획일적 학교 교육을 혁명적으로 개선하려면, 대학 평준화가 핵심 조건이야. 대학 평준화 없이 학생들의 창의적이고 비판 적인 사고력을 높인다는 건 난중지난(難中之難)이지!

유럽 방식의 입시가 좋다고 해서 당장 네가 유럽 대학에 진학할 순 없잖아. 너는 현재 한국에 살고 있고, 앞으로도 한국에서 살 거잖 아. 그럼 한국의 룰을 따라야지. 입시제도는 간단히 바꿀 수 있는 문 제가 아니야. 수십 년간 공고해진 거대한 사회 시스템을 바꾸는 일이 야. 오늘부터 당장 변화에 대한 논의를 시작한다고 하더라도 결론을 내는 데만 최소한 몇 년은 걸려. 그런데 너의 입시는 바로 올해야. 고 3이라는 녀석이 무슨 시사 동아리 회장을 하질 않나, 연애니 성관계 니 발라당 까진 소리나 하질 않나… 이렇게 해서 일류 대학은커녕 어 디 지방대라도 갈 수 있겠니?

아빠랑은 대화가 안 돼. 오직 "입시를 위해 모든 걸 포기하라"라 는 부류의 말만 앵무새처럼 반복하고 있어. 여러 가지 이야기를 하는 것 같지만, 알고 보면 같은 말만 반복하는 것! 이것이 바로 꼰대의 전 형적인 특징이지!

10대의 존재 이유가 입시야? 10대는 오직 좋은 대학을 가기 위해 존재하는 사람이 아니야. 대한민국이 왜 청소년 자살률 1위인지 생각해줘! 우린 입시를 위해 인간이기를 포기당하고 있어. 나는 자살하고 싶지 않아. 슬픔을 느끼고 행복을 느끼고 사랑을 느끼는 인간으로 살고 싶어. 사랑하는 사람을 만나면 사랑을 나누고 싶어. 입시 때문에 사랑의 감정을 부정당하고 싶지 않아. 성관계를 하고 말고는 중요하지 않아. 나중은 없어. 지금 당장 행복해지고 싶어.

입시는 현실이야. 네가 원하는 행복한 삶을 현실에서 실현시키기 위해서라도 입시에 전념해야 해.

아우~ 답답해. 나니까 아빠 이야기를 들어주는 거야. 요즘 밀레니얼-Z세대에게 그런 식으로 말하면, 아빠는 즉시 꼰대 아재로 낙인 찍혀!

밀레니얼세대니 Z세대니 하면서 자꾸 세대를 구분 짓고 나누지 마!

8장

밀레니얼-Z세대, 그것이 알고 싶다

아빠, MZ세대가 뭔지는 알아?

MZ세대는 또 뭐야? 자꾸 되지도 않는 용어 좀 만들어내지 마라. 요즘 젊은 애들은 과도하게 말을 줄여. 외래어도 아니고 한글도 아닌 이상한 단어 좀 쓰지 마. 은어, 비속어도 적당히 써야지.

이렇게 트렌드를 따라오지 못하시니… 쩝! MZ세대는 밀레니얼세대와 Z세대를 아울러 부르는 말이야.

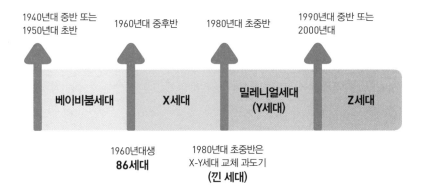

연구자들마다 세대 구분 연령이 조금씩 차이가 있는데, 밀레니얼세대는 주로 1980년대 초중반에서 1990년대 중반 또는 2000년까지 태어난 세대를 말해. Z세대는 1990년대 중반 또는 2000년대 초반에서 2000년대 후반 또는 그 이후에 태어난 세대를 말하지. 밀레니얼세대의 앞 세대가 X세대야. 주로 1960년대 중후반에서 1980년대 초중반에 태어난 세대를 말해. 밀레니얼세대를 다른 말로 Y세대라고도 해. X세대, Y세대 다음에 태어난 세대라서 Z세대로 불러. 참고로 X세대 이전 세대는 '베이비붐세대'로 1940대 중반 또는 1950년대 초반부터 1960년대 중후반까지 태어난 세대를 말해. 연구자에 따라서는 1960년대생들을 86세대로 칭하며, 베이비붐세대 및 X세대와 분리하기도 해.

각 세대의 전환기에 태어난 사람은 소위 '낀 세대'의 특징을 나타내기도 해. 가령 1980년대 초중반에 태어난 사람들은 직장에서 베이비붐과 X세대 상사의 비위를 비교적 잘 맞추는 편이야. 동시에 개성 강한 밀레니얼-Z세대 후배들을 다독여서 상사의 요구에 맞게 리드해야 하지. 오후 늦게 회의를 마치고 상사가 갑자기 오늘 저녁에 술 한잔하자는 제안을 하면, 이들은 탐탁지 않더라도 참석해. 하지만 밀레니얼-Z세대 후배들은 솔직하고 당당하게 거절하지. 이들은 중간에 낀 사람으로서 양쪽의 눈치를 보며 술자리를 잘 만들기 위해 노력해. 그 과정에서 후배들에게 젊은 꼰대 소리를 듣게 되지. 상사에게는 후배를 휘어잡는 카리스마가 부족하다는 핀잔을 들어야 하고! 낀 세대의 설움이자 비극이라고 할 수 있어. 그들은 때론 X세대로, 때론 밀레니얼세대로 분류되는 애매한 세대지.

우리 집으로 따지면, 엄마·아빠는 베이비붐세대의 막내급이거나 86세대고, 언니는 밀레니얼세대, 나는 Z세대라고 할 수 있어. 그리고 보니 아빠도 베이비붐과 X세대 사이에 낀 세대라고도 할 수 있겠네.

😀 그렇지 않아도 요즘 회사에서 밀레니얼-Z세대가 말썽이야. 제격하면 그만두고, 회식에 함부로 빠지고, 헤어스타일이나 복장도 마음에 안 들어.

🙂 아빠의 그 '마음'이 문제네. 상대를 이해할 생각은 안 하고, 다른 점을 틀린 점으로 생각하는 그 마음이 문제야.

밀레니얼세대와 Z세대는 모두 개성과 취향이 명확하고 디지털에 능숙해서 서로 비슷한 점이 많지만, 자세히 보면 조금 달라. 밀레니얼세대가 '디지털 유목민(Digital Nomad)'이라면, Z세대는 '디지털 네이티브(Digital Native)'라고 할 수 있지. 밀레니얼세대는 조금이나마 아날로그를 경험했지만, Z세대는 거의 경험하지 못했어. 태어났을 때부터 온 세상이 디지털로 연결돼 있었지. 아기 때부터 스마트폰을 손에 쥐고 동영상을 보면서 놀았어. 이에 Z세대를 '포노 사피엔스(Phono Sapiens)'라고 부르기도 해. Z세대는 윗세대보다 스마트폰으로 콘텐츠를 더 많이 소비하지. 최근 유튜브가 인기 있는 비결에서 Z세대를 뺄수 없어.

😀 스마트폰이나 인터넷 같은 온라인에 익숙하다고 해서 다른 세대와 특별히 다를 게 있나?

🙂 베이비붐세대나 X세대는 주로 오프라인에서 만난 사람들과 친밀한 인간관계를 맺지. 밀레니얼세대와 Z세대는 온라인에서 만난 사람들과도 취향이 같으면 쉽게 만나.

예를 들어 어떤 사람이 다이어트를 위해 달리기를 하고 싶은데, 혼자서 달리고 싶지는 않다면 어떻게 할 것 같아? 기성세대라면 달리기 동호회에 가입하겠지. 아니면, 주변 지인들에게 제안해서 작은 동호회를 만들 수도 있을 테야. 밀레니얼-Z세대는 카카오톡 오픈 채팅방에서 달리기나 마라톤 등으로 검색해. 그런 오픈 채팅방이 없다면 만들기도 하지. 중요한 건 이들과 만나서 함께 달리기를 하더라도, 진짜 딱 달리기'만' 한다는 거야. 약속 장소에서 만나 몸 풀고 함께 달린 후 그냥 헤어지는 거지. 기성세대처럼 이름이며 나이며 사는 곳이며 직업이며 말하지도 묻지도 않아. 끽해봐야 온라인에서 쓰는 닉네임 정도 소개하는 게 다야. 달리기라는 취미로 만난 사람들이니 달리기만 하고 각자 집에 가는 거지. 기성세대 중에는 본행사보다 뒤풀이가 더 중요하다는 사람이 많잖아. 밀레니얼-Z세대에게는 뒤풀이도 선택일 뿐이야. 물론 모임에서 서로 친해지는 경우도 있는데, 그조차도 기성세대와는 달라. 기성세대는 친해지기 위해 목적의식적으로 서로 노력하는 경향이 있어. 밀레니얼-Z세대는 자연스럽게 친해지면 친해지는 거고, 아니면 그만이라고 생각해. 밀레니얼-Z세대가 동호회에 참가하는 건 자기의 취향을 위해서지, 인간관계를 넓히기 위해서가 아니거든. 동호회 회원들과의 관계가 이후에도 계속 이어지기를 기대하지 않아. 밀레니얼-Z세대는 인간관계에서 부담을 느끼지 않을 정도로만 함께하는 휘발적인 관계를 지향해. 이러한 경향성은 밀레니얼세대보다 Z세대에서 더 강하게 나타나.

옷깃만 스쳐도 인연이라는데, 사람과 사람이 만나서 대화도 넉넉히 안 하면 되나. 달리기 동호회니까 달리기만 한다고? 도대체 이해가 안 돼. 적어도 통성명은 해야지. 기왕이면 뒤풀이를 통해 친분을 쌓으면 더 좋고! 내가 살아보니까 두루두루 인간관계를 넓혀놓으면 그게 다 재산이더라. 힘든 일이 있으면 도와주고, 기쁜 일이 있으면 축하해 주는 인간관계는 넓으면 넓을수록 좋아.

🙂 아빠가 산 세상에서는 그게 더 좋은 것일 수도 있지만, 우리가 살 세상에서는 아닐 수도 있어. 인간관계를 넓히기 위해서는 그만큼 의 시간과 노력이 필요하잖아. 그 과정에서 엄청난 우여곡절과 갈등 을 겪을 수도 있어. 그 시간과 노력과 스트레스가 직사하게 소모적이 라는 생각 안 들어? 우리의 세상에서는 그런 아날로그적 인간관계가 넓지 않아도 많은 것을 할 수 있어. 우리는 이미 모든 것이 연결된 세 상에서 태어났어. 우리에게 온라인과 오프라인의 경계는 희미해. 아 니, 차라리 온라인이 오프라인보다 익숙하고 편안해. 서로의 개성과 취향에 따라 온라인에서 유튜브를 하고 인스타를 하는 건 단순히 여 가 활동이 아니야. 태어나서 지금까지 쭉 이어온 우리의 삶 그 자체 야. 온라인을 통해 인간관계를 가볍게 맺고 헤어지는 건 우리의 일상 이야. 아빠 세대와 우리 세대는 살아가는 세상 자체가 달라. "내가 살 아보니까"라며 아빠가 산 방식을 우리에게 강요하지 마.

😀 네가 아직 인생을 덜 살아서 그런 소리하는 거야. 한번 살아봐 라. 언젠가는 '아빠 말대로 인간관계를 넓히기 위해 노력 좀 할걸' 하 고 후회하게 될 거다.
아빠 회사의 밀레니얼-Z세대 중에는 조직문화에 적응하지 못하는 사 람이 꽤 있어. 우리 때 같았으면, 내 평판을 위해서나 인간관계를 위 해서나 조금 불만이 있어도 서로 타협하고 참았단 말이야. 요즘 애들 은 인내심이 없어.

일할 때도 투덜투덜 말이 많아. 회사에서 돈을 벌면 됐지, 자기 스타일과 안 맞다, 이 업무의 가치와 의미를 모르겠다, 자기가 일을 하려면 동기부여가 필요하다, 별별 소리를 다 한다니까! 회사가 동호회야? 장난이야? 어디 놀러 왔어? 윗사람이 뭔가를 시킬 때는 다 이유가 있어. 뭐 그렇게 말이 많아. 우리 땐 까라면 그냥 깠어. 그러다 스트레스가 심하면 회식자리에서 술 한잔 먹고 털어냈단 말이야. 요즘 애들은 참 유별나. "마음에 안 드는 일은 하기 싫다. 회식은 더 싫다." 이래서야 어떻게 이 험한 세상을 이겨낼 수 있겠어?

아휴… 내가 다음에 취업해서 아빠 같은 상사 만날까 봐 겁난다. 세상이 변했는데 혼자서 저렇게 아집을 피우고 있으니! 에휴… 더 심각한 문제는 혼자 안 변하는 걸 도태된다고 생각하지 않고, 독야청청 (獨也靑靑) 멋지다고 착각한다는 거지.

우리 따님이 말씀을 참 싸가지 있게 하시네. 아빠 욕하니까 기분이 겁나게 좋으시죠?
그래서 밀레니얼-Z세대의 특징이 뭔데? 복잡하게 설명하지 말고 딱 한마디로 정리해봐.

기성세대는 교육은 주입식, 생각은 획일적, 행동은 통일이라서 한마디로 세대를 정리할 수 있을지 모르겠는데, 밀레니얼-Z세대는 그게 안 돼. 이제 더 이상 중국집에서 "짜장면으로 통일"을 외치면 곤란해. 아빠가 요구하듯 한마디로 정리할 수 있는 게 기성세대이고, 한마디로 정리할 수 없는 게 우리 세대야.
'개취존중'이라는 말은 들어봤지? 개인의 취향을 존중해달라는 뜻이지. 밀레니얼-Z세대에게 개취존중은 절대 선 정도로 인식 돼. 예컨대 온라인에 자기가 쓴 글에 대해 악성 댓글이 달릴 때 개취니까 존중해 달라고 요구하면 순식간에 논란이 일단락되지.

밀레니얼-Z세대를 연구하는 '대학내일20대연구소'*라는 곳이 있어. 젊은 세대의 가치관이나 각종 트렌드, 취향 등에 대한 실증적인 연구를 지속적으로 진행하고 있지. 대학내일20대연구소가 밀레니얼-Z세대의 가치관 중 하나로 '싫존주의'라는 용어를 만들었어. 싫음마저 존중하는 주의라는 뜻이야. 불호 표현을 분명히 하는 밀레니얼-Z세대의 경향성을 싫존주의로 정의한 거지. 페이스북에 개설된 '오이를 싫어하는 사람들의 모임(오싫모)'은 약 10만 명에게 '좋아요'를 받았어. 이 모임의 설립 취지는 오이를 싫어하는 사람들이 살 만한 세상을 위해라고 해. 오이를 먹지 않는다는 이유로 주변 사람들에게 핀잔을 듣거나 오이를 빼고 음식을 주문할 수 없었던 경험을 공유하고 있어. 밀레니얼-Z세대는 싫존주의를 통해 타인의 싫음을 존중해야 나의 싫음도 존중받는다는 것을 깨달았어. '아싸'(아웃사이더의 줄임말. 주로 혼자 노는 사람을 뜻함. 반대말은 '인싸'(인사이더)) 마저 싫은 관계는 굳이 지속할 필요 없다는 취향의 한 영역으로 인정받을 정도야.

대학내일20대연구소의 조사 결과,[19] "싫어합니다. 존중해주시죠!" 등의 불호 표현을 최근 6개월 이내에 한 경험이 있다는 비율은 77.4%였어. 불호 표현 방식으로는 싫어하는 사람의 카카오톡을 차단(60.5%)하거나 SNS 언팔로우(47.5%)하는 간접적 방식도 있었지만, 강요하는 개인이나 집단에 불편함을 표현(47.6%)하는 직접적인 방식도 있었어.

---

* 대학내일20대연구소의 각종 연구 보고서를 보고 싶은 사람은 QR코드를 찍어보세요.

밀레니얼-Z세대의 70.3%는 "자신이 싫어하는 것을 구체적으로 알고 있다"라고 응답했어. 66.8%는 "좋아하는 것을 해주는 것보다 싫어하는 행동을 하지 않는 것을 더 선호한다"라고 밝혔어. 밀레니얼-Z세대는 선호보다 불호에 더 예민한 경향이 있어.

😄 우리 기성세대는 사회생활을 잘하기 위해 다소 싫은 것이 있어도 웬만해선 표현하지 않아. 상대방에 대한 예의가 아니니까. 조금 불편하고 싫은 게 있어도 서로 배려하면서 살아야지. 어떻게 내 편하고 좋은 대로만 살 수 있어? 자꾸 그렇게 "나는 그거 싫다. 불편하다" 같은 말을 해대면, 다른 사람이 나를 싫어하게 될 수도 있어. 그러면 원만한 사회생활이나 인간관계가 가능하겠어?

🙂 밀레니얼-Z세대는 이기적으로 자신의 싫존주의만 외치진 않아. 밀레니얼-Z세대의 75.2%는 "가급적 다른 사람이 싫어하는 행동을 하지 않기 위해 신경 쓴다"라고 밝혔어. 내 불호만 존중해달라가 아니라, 다른 사람의 불호도 존중해. 만약 불호를 표현하더라도 관계가 틀어지지 않도록 '거절을 잘하는 방법을 배우고 싶다'는 의견도 63.1%에 달했어. 아빠 세대가 중요하게 여기는 사회생활을 위해서든, 인간관계를 위해서든 예의 바른 행동에 대해서도 신경 쓰고 있어.
기성세대는 밀레니얼-Z세대를 이기적인 세대로 생각하는 경향이 있는데, 이처럼 이타적인 성향도 개많아. 알다시피, 개인주의와 이기주의는 달라. 나의 취향'도' 존중해달라는 것과 나의 취향'만' 존중해달라는 건 문장에서는 조사 하나 차이지만, 실제로는 천지 차이지.

😄 요즘 아이들은 겁나게 복잡해. 좀 심플하게 살면 안 돼?

🙂 전혀 복잡하지 않아! 서로의 차이를 존중하자는 것을 어떻게 복잡하다고 해석할 수가 있어? 아빠의 왜곡된 생각이 문제다.

밀레니얼-Z세대는 기성세대와는 달리 '다양성, 선택의 자유, 자신만의 확고한 취향' 등을 강하게 원할 뿐이야. 이러한 삶의 방식을 통해 진정성과 재미를 얻고 싶어 해. 공유와 협력, 성장을 중히 여겨. 속도와 혁신을 추구해. 디지털 세상에 익숙하니까 SNS를 통한 정보 전달이 빠르고 트렌드에 민감하지. 자기 취향이 중요하니까 희소성 있는 제품 소비를 통해 자신의 개성을 표출하고, 이를 SNS에 공유하면서 만족감을 느껴. 밀레니얼-Z세대는 취업하기 전부터 저성장과 함께 일자리 문제에 직면했어. 그러다 보니 100:1, 200:1의 취업 전쟁이 흔한 풍경이지. 경쟁에서 살아남기 위해 자기 계발에 몰두해.

😀 밀레니얼세대와 Z세대가 대동소이한 것 같은데, 굳이 세대 구분은 왜 해?

🙂 기성세대의 획일적인 시선에서는 비슷해 보이겠지만 다른 점이 개많아. 기성세대는 서로의 작은 차이를 뭉치고 하나로 뭉쳐서 "대동단결!"을 외쳤지. 밀레니얼-Z세대는 작더라도 차이가 있다면 존중하고 서로의 다른 점을 이해해. 밀레니얼세대와 Z세대의 차이를 만든 여러 원인 중 하나가 부모세대야. 대부분의 Z세대는 86세대를 포함한 X세대가 부모야. 밀레니얼세대의 부모는 베이비붐세대지.

베이비붐세대는 한국전쟁 이후의 격동기를 이겨내고 빠른 경제성장을 이뤄냈어. 이들에게는 경쟁에서 승리하는 것이 인생에서 가장 중요한 가치였어. 한강의 기적이라고 불릴 만큼 한국을 성장시킨 베이비붐세대는 '하면 된다'는 도전정신으로 무장했어. 가난한 삶도 노력으로 극복 가능하다고 확신했지. 옛날 사람답게 유교적이고 가부장적이고 권위적인 베이비붐세대는 자녀인 밀레니얼세대를 키울 때도 자신들의 방식 그대로였어. 도전정신과 노력을 강조하고, 다양한 상상력이 아닌 획일적인 생각을 요구했어. 돈을 잘 버는 직업이 좋은 직업이라고 알려줬고, 험한 세상에서 살아남기 위한 강한 정신력을 요구했어. 아날로그 세상에서만 살았던 베이비붐세대는 디지털 유목민으로 성장하는 밀레니얼세대의 감성을 이해하지 못했어. 밀레니얼들은 부모세대에게 느낀 불만을 디지털 세상에서 해소했어. 앞서 언급한 밀레니얼들의 특징은 부모세대에 대한 반작용으로 생긴 경향이 있어.

반면 Z세대는 부모세대와의 반작용이 아니라 부모의 지지와 격려를 받으며 그들의 세대를 구축하고 있어. X세대 부모와 Z세대 자녀는 상대적으로 친근한 관계인 경우가 많아. X세대가 디지털 세상을 접한 시기는 청년기였어. 아직은 새로운 문명에 대한 거부감보다 호기심이 더 많은 나이였지. X세대는 베이비붐세대와는 달리 디지털 세상에 적응하기 위해 부단히 노력했어. 밀레니얼세대와 Z세대보다 능숙하진 않지만 디지털 전환에 열려 있고 거부감도 없었지. X세대는 디지털 세상에서 궁금한 게 생기면 자녀와 나란히 앉아서 검색을 해. 자녀와 함께 스마트폰 게임을 즐기기도 하지. X세대가 20~30대였을 당시, 그들은 상대적으로 진보적인 세대로 불렸어. 또 X세대는 이전세대에 비해 자유주의적 경향도 강했어.

이러한 X세대의 자녀인 Z세대는 부모세대에게 물려받은 자유로운 가치관을 기반으로 다양성을 특히 존중해. 공부를 못한다고 해서 인생의 패배자가 아니라는 것을 무척 잘 아는 세대야. 직업을 선택할 때도 일과 삶의 균형이나 일 자체에서 찾을 수 있는 의미에 중요성을 두고 있어. Z세대는 자신이 하고자 하는 일이 자기가 추구하는 가치와 맞거나 다른 사람에게 긍정적인 영향을 줄 수 있는 일을 원해.

부모세대인 베이비붐세대에게 경쟁에서의 승리가 지상 최대의 가치라고 주입받은 밀레니얼세대는 학자금 대출을 받아서라도 대학을 가야 한다고 생각했어. 현실적으로도 X세대 때보다 더 좁아진 취업의 문을 뚫기 위해 대학 성적에 짱 민감했고 각종 스펙을 쌓으며 노력했어. 한편 베이비붐세대보다 민주적이고 자유주의적인 X세대의 자녀인 Z세대는 대학에 대해서도 밀레니얼세대와 생각이 달라. 대학은 필수가 아니라 선택이라고 생각하지. 당돌한 Z세대는 대학 4년간의 비용을 계산해서 부모한테 이 비용을 일시불로 자기한테 달라고 요구해. 군이 대학은 갈 필요 없으니, 그 돈으로 자신이 하고 싶은 일을 하겠다는 거지. 만약에 동일한 요구를 밀레니얼 자녀가 베이비붐 부모에게 했다면, 단박에 안 된다고 했을 거야. X세대 부모는 자녀의 제안을 무시하지 않고 진지하게 논의하면서 자녀와 함께 고민하지.

🙂 너의 사촌 중에 민우가 고등학교를 중퇴하고 일찍부터 사업을 시작했지. 온라인 게임 개발회사를 하고 싶은데, 당장은 자본금이 부족하니까 외국 게임 번역하는 일을 하잖아. 민우가 나이에 비해 일찍 철들었어.

🙂 알아. 민우 오빠는 고등학교 때 이런 생각을 했대. '나는 앞으로 프로그램 개발자를 할 것이다. 군이 고등학교와 대학교에서 돈과 시간을 낭비할 필요가 없다.' 민우 오빠가 이런 생각으로 고등학교 자퇴를 결심했을 때 고모와 고모부는 흔쾌히 동의했대.

🙂 베이비붐세대와 X세대를 비교해보니, 나는 X세대 부모네. 나처럼

자녀 말을 잘 들어주는 부모는 드물잖아?

😊 에고, 그래 잘 듣기는 하시지. 바로 흘리는 게 문제지만! 그러면서 했던 말 또 하고, 했던 말 또 하면서 아빠의 입장을 강요하시지. 아빠 스스로는 꼰대가 되지 않기 위해 노력한다지만, 그건 말뿐이잖아. 아빠는 꼰대의 전형이야.

베이비붐과 X세대가 모두 꼰대는 아니야. 내가 보기에 X세대 중에서는 꼰대가 되지 않기 위해 노력하는 사람이 많고, 베이비붐세대 중에서는 자신이 꼰대임을 당당하게 여기는 사람이 많은 것 같아.

😄 이 아빠도 꼰대가 되지 않기 위해 노력하는 1인이야. 너처럼 까진 Z세대의 터무니없는 이야기도 최선을 다해 들어주고 있잖아.

😊 아~ 예예. 그러셨어요. 아바마마와 19년을 살았는데 제가 미천하여 몰랐네요.

:: 온라인 관계에 열려 있는 Z세대[20]

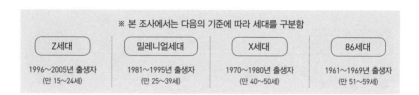

※ 본 조사에서는 다음의 기준에 따라 세대를 구분함

Z세대	밀레니얼세대	X세대	86세대
1996~2005년 출생자 (만 15~24세)	1981~1995년 출생자 (만 25~39세)	1970~1980년 출생자 (만 40~50세)	1961~1969년 출생자 (만 51~59세)

세대별 친구라고 생각하는 관계의 유형

(Base: 전체, 세대별 n=300, 복수 응답)

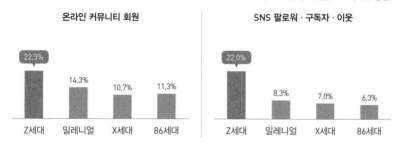

온라인 커뮤니티 회원

- Z세대: 22.3%
- 밀레니얼: 14.3%
- X세대: 10.7%
- 86세대: 11.3%

SNS 팔로워 · 구독자 · 이웃

- Z세대: 22.0%
- 밀레니얼: 8.3%
- X세대: 7.0%
- 86세대: 6.3%

세대별 최근 한 달간 가까운 친구와 소통한 방식

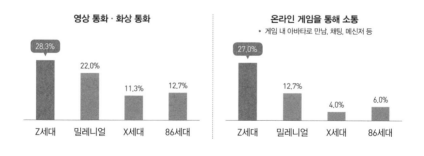

영상 통화 · 화상 통화

- Z세대: 28.3%
- 밀레니얼: 22.0%
- X세대: 11.3%
- 86세대: 12.7%

온라인 게임을 통해 소통
- 게임 내 아바타로 만남, 채팅, 메신저 등

- Z세대: 27.0%
- 밀레니얼: 12.7%
- X세대: 4.0%
- 86세대: 6.0%

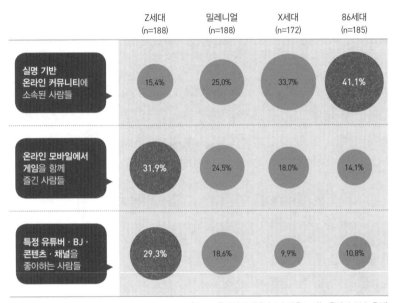

세대별 온라인에서
친근감과 소속감을 느끼는 관계의 유형

	Z세대 (n=188)	밀레니얼 (n=188)	X세대 (n=172)	86세대 (n=185)
실명 기반 온라인 커뮤니티에 소속된 사람들	15.4%	25.0%	33.7%	41.1%
온라인 모바일에서 게임을 함께 즐긴 사람들	31.9%	24.5%	18.0%	14.1%
특정 유튜버 · BJ · 콘텐츠 · 채널을 좋아하는 사람들	29.3%	18.6%	9.9%	10.8%

(Base: 온라인 관계에서 소속감을 느끼는 응답자, 복수 응답)

대학내일20대연구소가 2020년에 전국 만 15세 이상 59세 이하 남녀 1,200명을 대상으로 세대별 가치관 비교 조사를 했어. Z세대 (만 15~24세), 밀레니얼세대(만 25~39세), X세대(만 40~50세), 86세대(만 51~59세)로 구분해 조사했어.

조사 결과, 친구에 대한 개념에서 세대 간 차이가 있었어. Z세대 22.3%가 "온라인 커뮤니티 회원을 친구라고 생각"했지만, 밀레니얼세대(14.3%), X세대(10.7%), 86세대(11.3%)는 Z세대보다 응답률이 낮았어. Z세대는 "SNS 팔로워(follower)를 친구로 생각"하는 비율도 22.0%로 다른 세대보다 높게 나타났어. 우리는 태어날 때부터 온라인 환경에 익숙한 디지털 네이티브 세대잖아. 온라인과 오프라인을 별도의 세상으로 인식하기보다 통합적으로 사고하는 경향이 있어. 친구의 개념도 기성세대처럼 현실에서 만난 사람만으로 한정하지 않아.

Z세대는 디지털 소통에도 익숙해. 세대별로 최근 1개월간 가까운 친구와 소통한 방식을 물어봤어. Z세대 28.3%가 "영상 통화, 화상 통화로 소통한 경험이 있다"라고 답했어. 밀레니얼세대(22.0%), X세대(11.3%), 86세대(12.7%)보다 디지털 소통에 열려 있어. Z세대는 "온라인 게임 속 아바타를 통해 채팅, 메신저 등으로 소통했다"라는 비율도 다른 세대보다 높게 나타났어. Z세대가 27.0%였고, 그다음으로 밀레니얼 세대(12.7%), 86세대(6.0%), X세대(4.0%) 순이었어.

Z세대는 온라인에서의 소통에 익숙하듯, 온라인을 통한 관계에서도 친근감과 소속감을 잘 느꼈어. Z세대는 온라인게임을 같이 하거나(31.9%), 특정 유튜버·BJ·콘텐츠·채널(29.3%)을 함께 즐기는 일시적이고 가벼운 인간관계에도 친근감과 소속감을 느끼고 있었어. 86세대(41.1%)와 X세대(33.7%)는 온라인에서도 실명을 기반으로 한 관계에 소속감을 느꼈어. 여러 세대가 함께 있는 단톡방에 들어가면, 꼭 꼰대 어른이 닉네임을 실명으로 바꾸라고 강요하잖아! 그런 거 Z세대는 개싫어해. 남이야 닉네임을 쓰든 실명을 쓰든 뭔 상관이야!

온라인 커뮤니티 회원이나 SNS 팔로워를 친구라고 인식할 수도 있구나! 온라인 게임이나 유튜버 채널을 함께 즐기는 일시적인 관계에서도 소속감을 느낀다니⋯ 정말 새롭다. 게임 속 아바타로 대화하는 것도 웃긴데, 그걸 소통으로 인식한다고? 신기하네.

솔직히 진정한 친구라면 경조사에도 참석해야지. 통상 그렇잖아. 온라인에서 가볍게 만난 사람이 나의 경조사에 오나?

😊 누가 속물 아니랄까봐! 친구관계의 예를 들어도 어떻게 딱 경조사를 들어? 아빠의 경조사 때 친구가 부조 안 할까봐 걱정돼? 아빠는 10만 원 했는데, 그 친구는 아빠한테 5만 원 하면 막~ 속상하고 그렇지? 에휴⋯ 돈의 잣대로 친구 관계를 떠올리는 아빠가 처량하다.

😄 하⋯ 이 녀석이! 아빠는 단순히 예를 든 거잖아. 겁나서 뭔 말을 못하겠네. 내가 기쁜 일이 있을 때 함께 기쁨을 나눌 수 있는 친구, 슬플 땐 위로해줄 수 있는 친구를 말한 거잖아. "기쁨은 나누면 배가 되고, 슬픔은 나누면 반이 된다"라는 말도 몰라?

😊 디지털 세상의 친구들과도 얼마든지 기쁨과 슬픔을 나눌 수 있어. Z세대는 인생의 많은 시간을 온라인에서 보내고 있지. 친구도 SNS에서 만나고, TV보다는 유튜브를 통해 많은 정보를 취득해. 이건 우리가 태어나서 지금까지 계속된 삶의 방식이야. 아빠 세대처럼 아날로그로 살다가 디지털을 만난 게 아니고 우리는 처음부터 디지털 세상에서 태어나서 살고 있어. 우리에게는 온라인과 오프라인, 디지털과 현실이 서로 다르지 않아. 모두 우리의 삶이 지속되는 공간이야.

😄 이성적으로는 네 말이 뭔 말인지 알겠다만, 감성적으로는 당최 와 닿지 않네.

😊 그나마 이성적으로라도 이해했다니 다행이다.

86·X·밀레니얼·Z세대의 일과 직장생활

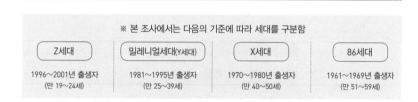

※ 본 조사에서는 다음의 기준에 따라 세대를 구분함

Z세대	밀레니얼세대(Y세대)	X세대	86세대
1996~2001년 출생자 (만 19~24세)	1981~1995년 출생자 (만 25~39세)	1970~1980년 출생자 (만 40~50세)	1961~1969년 출생자 (만 51~59세)

세대별 업무를 통해 추구하는 가치

(Base: 전체, 1순위 응답, unit: %)

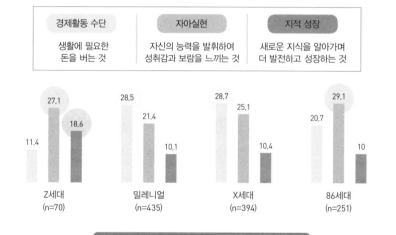

경제활동 수단 — 생활에 필요한 돈을 버는 것

자아실현 — 자신의 능력을 발휘하여 성취감과 보람을 느끼는 것

지적 성장 — 새로운 지식을 알아가며 더 발전하고 성장하는 것

	경제활동 수단	자아실현	지적 성장
Z세대 (n=70)	11.4	27.1	18.6
밀레니얼 (n=435)	28.5	21.4	10.1
X세대 (n=394)	28.7	25.1	10.4
86세대 (n=251)	20.7	29.1	10

세대별 '워라밸(Work and Life Balance)' 정의

(Base: 전체)

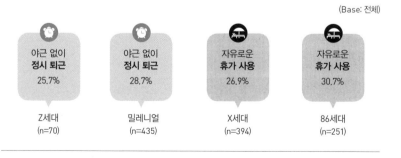

Z세대 (n=70)	밀레니얼 (n=435)	X세대 (n=394)	86세대 (n=251)
야근 없이 정시 퇴근 25.7%	야근 없이 정시 퇴근 28.7%	자유로운 휴가 사용 26.9%	자유로운 휴가 사용 30.7%

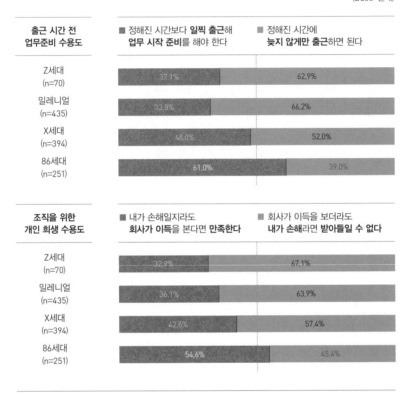

세대별 **직장생활 태도** 정의

(Base: 전체)

출근 시간 전 업무준비 수용도

- ■ 정해진 시간보다 **일찍 출근해 업무 시작 준비를** 해야 한다
- ■ 정해진 시간에 **늦지 않게만 출근**하면 된다

세대	일찍 출근	늦지 않게만
Z세대 (n=70)	37.1%	62.9%
밀레니얼 (n=435)	33.8%	66.2%
X세대 (n=394)	48.0%	52.0%
86세대 (n=251)	61.0%	39.0%

조직을 위한 개인 희생 수용도

- ■ 내가 손해일지라도 **회사가 이득을 본다면 만족한다**
- ■ 회사가 이득을 보더라도 **내가 손해라면 받아들일 수 없다**

세대	회사 이득 만족	내 손해 불가
Z세대 (n=70)	32.9%	67.1%
밀레니얼 (n=435)	36.1%	63.9%
X세대 (n=394)	42.6%	57.4%
86세대 (n=251)	54.6%	45.4%

대학내일20대연구소에서는 '세대별 워킹트렌드 비교 조사'도 했어. 2020년에 전국 만 19세 이상 59세 이하 직장인 남녀 1,150명을 대상으로 조사했어. Z세대(만 19~24세), 밀레니얼세대(만 25~39세), X세대(만 40~50세), 86세대(만 51~59세)로 구분했어.

일반 사회에서는 나와 라이프 스타일이 다르면 그냥 무시하거나 안 만나면 그만이지. 직장에서는 그럴 수 없어. 나와 다른 사람이라도 협업하며 일해야 해. 취향이 다르고, 문화가 다르고, 소통 방식이 달라도 여러 세대가 함께 모여 일해야만 하는 곳이 직장이야. 요즘 밀레니얼-Z세대가 직장에서 서서히 늘어나고 있어. 기성세대와 밀레니얼-Z세대의 갈등도 증가할 수 있다는 말이지. 고로 세대별 특성을 잘 파악해서 서로를 이해하기 위한 노력이 필요해.

조사 결과, 업무를 통해 추구하는 가치가 세대별로 달랐어. 업무를 생활에 필요한 돈을 벌기 위한 수단으로 여기는 비율은 밀레니얼세대와 X세대 각각 28.5%와 28.7%로 다른 세대보다 높게 나타났어. Z세대는 11.4%로 가장 낮았어. 아무래도 결혼, 자녀양육비 및 학비, 주거비, 생활비 등 경제적 부담의 차이로 인한 결과가 아닐까 싶어.

Z세대 직장인은 업무 과정에서 자신의 능력을 발휘해 성취와 보람을 느끼는 것(27.1%)을 가장 중시했어. 새로운 지식을 알아가며 발전하고 성장(18.6%)하고자 하는 욕구도 다른 세대보다 더 높았어. Z세대에게 일이란 단순히 돈을 버는 수단이 아니야. 삶의 성취와 보람을 느끼며 성장하는 동력의 일환이라고 할 수 있어. 회사에서 선배인 기성세대는 Z세대 후배에게 지금 하는 일이 개인 성장에 어떤 영향을 주는지 자주 확인시켜줘야 해. 그러면 Z세대 사원은 더 의욕적으로 일하게 될 거야.

😊 "기성세대가 Z세대 후배에게 지금 하는 일이 개인 성장에 어떤 영향을 주는지 자주 확인시켜줘야 한다"고? 솔직히 말해볼까? 기성세대도 몰라. 나의 성장에 어떤 영향을 주는지 일일이 어떻게 알아? 그냥 하는 거야. 회사에서 어떤 일을 지시할 때는 다 그만한 이유가 있겠거니 생각하는 거지.

😊 그래! 그게 기성세대와 Z세대가 일을 대하는 태도의 차이야. 아

빠는 그저 시키면 시키는 대로 묵묵히 일할 수 있겠지. Z세대는 안 그래. 그나마 밀레니얼세대는 평균 3~5년 정도는 참고 견뎠지만, Z세대는 1년도 안 견뎌. 일에 대한 성취감을 느끼지 못하고, 자신이 성장한다는 생각이 들지 않으면 바로 그만둬 버려.

그만두면 자기만 손해지. 이직자들이 이직 후 6개월 이내에 가장 많이 하는 생각이 뭔 줄 알아? '아… 그래도 이전 회사가 좀 더 나았네.' 나중에 후회하지 말고 지금 있는 직장에서 최선을 다해야 해.

지금은 밀레니얼-Z세대가 회사 내에서 간부의 위치가 아니야. 그래서 이들의 생각을 무시하는 경향이 있는 것 같아. 조금만 더 세월이 지나면 상황이 바뀌어. 밀레니얼세대는 상사가 되고, Z세대는 평사원의 대부분을 차지하게 되지. 뒤늦게 조직문화를 바꾼다고 허둥대지 말고, 지금부터 변화를 받아들이는 자세가 필요해. 트렌드에 뒤처지면 망하고, 트렌드를 선도하면 성공해. 무한 경쟁의 자본주의 사회에서 살아남으려면, 당연히 기업은 변화 혁신에 민감해야 해.

'조직문화 개선, 변화 혁신'은 내가 신입일 때부터 주구장창 들었던 말이야. 하도 많이 들어서 이제는 그냥 뻔한 구호로만 여겨진다고!

뻔한 구호가 아니라 진실로 변해야지. 그동안은 그럭저럭 참고 산 직원들이 많았겠지만, Z세대는 달라. Z세대에게 현 직장에서의 향후 예상 근속연수를 물었더니 50%가 1~3년이라고 응답했어. 아빠 회사에 신입사원이 들어와서 열심히 일을 가르쳤더니, 이제 일할 만하면 절반이 퇴사한다는 의미야. 회사의 경쟁력이 확 깎이겠지. 이게 왜겠어? '기성세대가 Z세대 후배에게 지금 하는 일이 개인 성장에 어떤 영향을 주는지 자주 확인시켜주지' 않아서야.

😊 까탈스럽기는… 이직하면 뭔가 새로울 것 같아? 대한민국 기업이 다 거기서 거기지!

🙂 아빠처럼 변화를 싫어하다가는 도태돼. 변화혁신을 선도하지는 못해도 최소한 따라는 가야지. 계속 그렇게 무시하고 거부하니까 꼰대 소리나 듣는 거잖아.

세대별로 워라밸에 대한 정의도 달랐어. 알다시피, 워라밸은 '일과 삶의 균형'을 뜻하는 '워크 앤 라이프 밸런스(Work and Life Balance)'의 줄임말이야. 각자가 생각하는 워라밸의 형태를 물었더니, X세대(26.9%)와 86세대(30.7%)는 자유로운 휴가 사용을 꼽았어. 밀레니얼세대(28.7%)와 Z세대(25.7%)는 야근 없는 정시 퇴근을 1순위로 꼽았지. 밀레니얼-Z세대는 주어진 일을 덜 하려는 게 아니야. 주어진 시간만큼만 근무하는 직장생활을 원해. 정시 퇴근해서 저녁 시간을 오롯이 자신이 원하는 대로 사용하는 게 워라밸이라는 거지. 말 그대로 '저녁이 있는 삶'을 희망하고 있어.

출근에 대한 개념도 밀레니얼-Z세대는 기성세대와 달랐어. 밀레니얼세대의 66.2%, Z세대의 62.9%는 "정해진 시간에 늦지 않게만 출근하면 된다"고 생각했어. 86세대의 61.0%는 "정해진 시간보다 일찍 출근해 업무 시작 준비를 해야 한다"고 생각했지. "시간은 금(金)이다"라는 말이 있듯이 누구에게나 시간은 소중해. 소중한 시간을 매일같이 희생하면서 일찍 출근하라는 건 무척 불합리해. 과거에는 그런 강요가 통했을지 모르겠지만, 이제는 안 돼.

업무 준비 시간도 업무 시간으로 받아들이는 인식의 전환이 필요해. 마찬가지로 업무를 마무리하고 정리·정돈하는 시간도 업무 시간으로 인정해야 해. 회사는 그 직원과 계약한 노동시간에 대해서만 급여를 주잖아. 돈을 주지 않는 나머지 시간에 대해서는 회사가 관여할 자격이 없어. 사실 더 정확히 말하면, 자본가는 애초부터 노동자의 노동시간 전체에 대해 임금을 주지 않아. 노동시간 중 일부에만 급여를 주고 있어.

아무튼, 무료 봉사는 자신이 원하는 곳에서 원하는 방식으로 자발적으로 하는 거야. 시민·사회단체나 보육원, 양로원 같은 비영리단체가 봉사 활동을 요청하는 건 이치에 맞지만, 이윤 창출이 목적인 회사가 직원들에게 무료 봉사를 강요하면 안 되지. 자본주의 경제는 시간을 사고파는 것과 같아. 그런 소중한 시간을 강탈하는 관행은 사라져야 해.

'야근 없는 정시 퇴근'을 원한다고? 누군 뭐 야근하고 싶어서 하냐? 나도 날마다 워라밸하고 싶어. 그렇지만 당장 발등에 불이 떨어져 있는데 어떡해! 누군가는 남아서 일을 처리해야 하는데, 너도나도 칼퇴근 해버리면 소는 누가 키우노!

그러니까 직원을 더 많이 뽑으면 되잖아. 할 일은 많은데 채용은 적게 하니까, 직원들이 초과 근무를 해야만 하잖아. 구조적으로 야근할 수밖에 없는 환경을 만들어놓고는 부족한 인원이라도 일을 더 시키면 그만이라는 논리잖아. 완전 놀부 심보다. 이런 자본가들과 경영자들이 문제야. 정해진 시간만큼만 일하겠다는 밀레니얼-Z세대는 아무 문제없어.

😀 인건비가 많이 들면 기업 경쟁력이 떨어지잖아.

🙂 그렇다고 일부러 직원을 적게 채용해서 그 직원들이 맨날 야근하는 게 정당해? '경쟁력, 효율성'처럼 듣기 좋은 말의 밑바닥에는 항상 노동자의 고혈이 깔려 있어. 기성세대는 노예처럼 알고도 속고 모르고도 속았을지 모르겠지만, 밀레니얼-Z세대는 달라. 언제까지나 회사에 복종하고 충성하는 개처럼 살지 않아.

😀 이야… 우리 딸이 취업하면 딱 노조위원장감이네. 너는 그러다가 해고 1순위야!

🙂 노조위원장하면 해고된다고 어느 나라 법에 나와 있어? 그놈의 회사는 법도 없어? 불법적인 행위를 밥 먹듯 하면 부지불식간에 감방 갈 수 있어. 감방에서 한 10년은 썩어봐야 "아~ 법을 어기면 안 되겠구나!" 할 텐데, 우리나라는 재벌 오너나 CEO들에게 졸라 관대해. 툭하면 집행유예로 풀어주잖아.

😀 아이고, 대단한 민주투사 나셨네.

🙂 나는 전혀 대단하지 않아. 감히 민주투사 수준도 안 되고! 그저 상식적으로 생각할 뿐이야. 이런 상식적인 주장에 대해 빨갱이니 민주투사니 좌파니 하면서 색깔론으로 왜곡하는 아빠 같은 꼰대가 문제지.

😀 나도 한때는 민주화 운동 해봤어! 대학 때 데모하면서 짱돌도 던져보고, 구호도 외쳐봤지. 우리나라 정치를 바꾸기 위해 이 한 몸 바

쳤단 말이다.

하지만 회사는 달라. 정치와 경제는 구분해야 해. 자본주의 사회에서 기업은 끊임없이 경쟁하지. 그 경쟁에서 살아남으려면 최대한 효율적으로 조직을 운영해야 해. 유휴 인력을 정리하지 않고, 방만하게 경영하면 경쟁에서 패배해. 기업이 망하면 자동으로 직원도 잘려. 회사가 있어야 직원도 있는 법이야.

🙂 회사가 있어야만 직원도 있는 거라고? 직원은 회사에 종속된 존재야? 그렇다면 직원이 없는 회사는 존재할 수 있어? 유령 페이퍼 회사를 제외한 정상적인 기업 중에 일하는 사람이 한 명도 없는 곳이 어디 있어? 회사와 직원은 주종 관계가 아니야! 사람을 중심에 놓고 사고해야지, 기업을 중심에 놓고 사고하면 인간성을 상실하게 돼. 아빠같이 1980년대에 대학교를 다닌 책상물림들이 정치 민주화에는 일정 부분 이바지했는지 몰라도, 경제 민주화에는 크게 역할 한 바 없다고 생각해. 아빠처럼 정치와 경제를 분리하고, 회사에서는 경영자의 입장을 대변하는 사람이 왕왕 있어. 젊을 때부터 나라 걱정을 많이 하신 분들이니, 나라를 위해 이제 그만 물러났으면 좋겠어. 꼰대라고 욕하는 후배들의 뒷담화가 안 들려?

😀 꼰대로도 부족해서 책상물림이라고? 네가 1980년대 대학생의 삶을 조금이라도 진정성 있게 살펴봤으면 그런 말 함부로 못 한다. 군사독재를 타도하고 민주화를 쟁취하려면, 책상에 앉아서 책만 읽으면 되는 줄 알아? 목숨 걸고 싸운 선배 세대에게 최소한의 예의는 갖춰라!

🙂 물론 민주화 운동에 몸 바친 분들께는 존경의 마음을 갖고 있어.

20살 시절 잠깐의 활동이 아니라 평생을 헌신하는 분들은 더욱 존경하지. 그런데 눈살 찌푸려지는 사람들이 있어. 대학 시절 데모 몇 번한 것을 마치 훈장처럼 수십 년 우려먹으며 무용담을 늘어놓는 부류들이지. 술자리에서는 한층 가관이지. 아빠처럼! 그래, 그것까지는 봐줄 수 있어. 젊을 때 잠깐이지만 민주화 운동을 한 건 사실이니까! 하지만 회사에서 경영자의 관점으로 후배들을 닦달하면서도 마치 민주화 운동하듯 당당하게 목소리 높이는 86세대도 있어. 그들의 논리를 받아들일 수 없어. 정치 민주화와 경제 민주화는 분리해서 다룰수 없기 때문이야. 정경유착이라는 말도 있듯이 함께 개혁해야 할 과제지. '대학 때 데모하면서 짱돌도 던져보고 구호도 외쳐본' 기성세대에게 호소한다. 경제 민주화를 위해 다시 짱돌을 들어라. 정치와 경제는 다르다며 자본가의 입장을 대변하려거든 최소한 한때 민주투사였다고 거들먹거리지는 마라! 그건 순수했던 자신의 젊은 시절마저 더럽히는 행위다.

🙂 너, 지금 나한테 하는 소리냐? 하아… 이 녀석이 도대체 누굴 닮았노! 아빠니까 참지, 다른 어른들이었으면 귀싸대기 맞는다.

🙂 용기 있으면 때려봐! 뒤도 안 돌아보고 경찰에 신고할 테니까. 합의는 없어. 폭행범으로 형사처벌 받게 해서 전과자 만들어버릴 거다. 그 후에 민사로 손해배상 청구해서 정정당당하게 돈을 받아낼 테다. 서비스 차원으로, 폭행범의 직장과 집 앞에서 한 달간 1인 시위를 해서 동네방네 망신살 뻗치게 만들어줄 테다.

🙂 와… 참… 기가 막혀서… 진짜 어이가 없네!

요새 너 같은 애들이 자꾸 입사를 하니까, 회사꼴이 말이 아니다. 위 조사에 의하면 "내가 손해일지라도 회사가 이득을 본다면 만족한다"라는 질문에 86세대 절반 이상(54.6%)이 동의했어. 그런데 밀레니얼세대(63.9%)와 Z세대(67.1%)는 "회사가 이득을 보더라도 내가 손해라면 받아들일 수 없다"라고 답했네. 이런 이기적인 애들이 넘쳐나니까 회사꼴이 엉망이야. 회사 일을 하다 보면 잠깐은 손해 볼 수도 있지. 깍쟁이들 같으니라고! 시각을 장기적으로 봐야지. 개구리도 멀리 뛰기 위해서는 일단 움츠리잖아. 당장은 조금 손해가 있겠지만, 나중에는 다 보상해준단 말이다. 회사를 믿고 좀 참을 줄도 알아야지.

🙂 왜 직원이 회사의 이득을 위해 손해를 봐야 해? 회사에 내 시간과 노동력을 투여하는 이유는 그에 따른 정당한 대가를 받기 위함이야. 손해 보라는 말은 대놓고 착취하겠다는 뜻 아니야? 그동안 회사를 위해 자신의 손해를 받아들이며 직장생활을 한 기성세대는 바보 아니면 겁쟁이야! 잘못된 것은 당당히 거부하고 시정을 요구해야지.

😆 살다 보면 조금 손해 볼 때도 있는 법이야. 어떻게 매사 이익만 볼 수 있어!

🙂 회사에서 임금 받는 것이 어떻게 이익을 보는 거야? 임금은 나의 시간과 노동력에 대한 대가야. 기브 앤 테이크일 뿐이지. 은밀히 말하면, 노동자가 착취당하는 구조이지만!

😆 거참… 그렇게 일일이 따지면 큰일을 어떻게 하니?

😊 밀레니얼-Z세대는 기성세대보다 일과 개인의 삶을 나누어 인식하려는 경향이 있어. 회사 일은 회사 일이고, 개인의 삶은 개인의 삶이야. 회사의 이득을 위해 내 삶에 손해가 되는 건 받아들일 수 없어! '국가와 조직을 위해, 개인은 어느 정도 희생할 수 있다'는 관점은 전근대적이고 전체주의적인 발상이야. 이제는 퇴출해야 해!

😄 이렇게 조직에 대한 충성심이 없으니 일할 때도 팀워크가 안 만들어져.

😊 아니야. 밀레니얼-Z세대는 일과 개인의 삶을 분리하는 거지, 일을 게을리하진 않아. 일을 잘하기 위해 회사에서 팀워크가 중요하다고 인식해.

대학내일20대연구소에서는 2019년에도 세대별 워킹 트렌드를 전국 1970~1999년생 600명을 대상으로 조사했어.[22]

"팀원 간의 친밀도는 팀워크에 중요하다"라는 인식에 대해 1980년대생과 90년대생은 각각 69.5%, 68.5%가 그렇다고 응답했어. 1970년대생은 76.5%가 동의했어. 기성세대가 밀레니얼-Z세대보다 팀원 간의 관계를 조금 더 중요하게 여기는 건 사실이야. 하지만 밀레니얼-Z세대도 거의 70%에 육박하는 높은 동의율을 보였어. 간혹 기성세대 중에는 '젊은 후배들은 팀원끼리 친해지거나 팀워크에 관심 없다'는 편견을 가진 사람들이 있는데, 그건 오해야.

😄 약간 의외의 결과구만. 투덜이 스머프 같은 녀석들인 줄만 알았는데….

그러나 "업무적인 사항 외에도 서로에 대해 아는 것이 중요하다"라는 물음에 대해서는 1990년대생은 29.0%만 동의했어. 1980년대생은 39.5%, 1970년대생은 43.0%가 그렇다고 응답했어. 동의하지 않는 비율도 차이가 있었어. 1990년대생은 27.0%가 그렇지 않다고 응답했고, 1980년대생은 21.0%, 1970년대생은 15.5%가 비동의했어. 젊은 세대로 갈수록 공과 사를 엄격히 구분하자는 경향이 나타났어. 기성세대는 앞으로 젊은 후배를 대할 때 사적인 질문은 삼가는 게 좋아. 사실 서양에서는 예전부터 그랬어. 아주 친한 친구 사이도 프라이버시와 관련한 질문이나 평가는 금기였어. 우리나라는 짱 쉽게 남의 사생활에 대해 입을 대.

서로에 대해 아는 게 없는데, 어떻게 친해지니? 팀원 간 친밀도가 팀워크에 중요하지만, 친해지기 위한 노력은 하기 싫다는 소리로 들려. 사람 사이가 시간만 지난다고 저절로 친해져? 직장 동료가 퇴근 후에 뭘 하는지, 애인은 있는지, 있다면 어떤 데이트를 하는지, 주말에는 어디 놀러 가는지, 취미는 뭔지… 이런 사적인 이야기를 서로 주고받아야 차츰차츰 친해지는 거지. 요즘 친구들은 회식도 싫어, 사생활에 대한 관심도 싫어, 걸핏하면 워라밸이라며 칼퇴근이야…. 이래서야 어떻게 친해지고, 무슨 수로 팀워크를 높여!

사생활을 공유해야 친해질 수 있다는 것도 옛날 방식이야. 서로의 취향과 사생활을 존중하는, 배려의 방식으로 친해질 수도 있어. 상대방이 자신을 배려한다는 느낌을 받으면, 그를 향한 마음의 문이 열리는 법이야. 이제는 '취향존중', '싫존주의'를 통해 친해지는 문화를 만들어야 해.

:: 밀레니얼-Z세대가 생각하는 사랑[23]

① 연애 실태

밀레니얼-Z세대의 평균 연애 횟수는 4.7회

평균 연애 횟수
(Base: 연애 경험자, n=393)

4.7회

🔍 연령별 비교

2위 5.2회	1위 5.5회
4.0회	4.4회

| 만 15~18세
(n=104) | 만 19~24세
(n=116) | 만 25~29세
(n=104) | 만 30~34세
(n=69) |

고백과 이별은 직접 만나서, 10대 후반은 비대면 방식도 수용적

연인과 사귀게 된 방법(TOP 3)
(Base: 연애 경험자)

- 전체 (n=393)
- 10대 후반
  (만 15~18세, n=104)

	직접 만나서	메신저	SNS
전체	67.9%	18.1%	4.8%
10대 후반	51.0%	30.8%	10.6%

허용 가능한 이별 방법(TOP 3)
(Base: 연애 경험자)

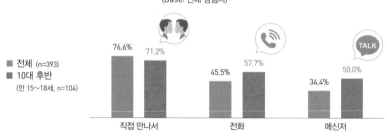

- 전체 (n=393)
- 10대 후반
  (만 15~18세, n=104)

	직접 만나서	전화	메신저
전체	76.6%	45.5%	34.4%
10대 후반	71.2%	57.7%	50.0%

② 연애 및 결혼에 대한 인식

10명 중 2명은 비출산 가정을, 1.5명은 비혼 가정을 희망

향후 희망하는 가정 형태(1순위)
(Base: 전체, n=500)

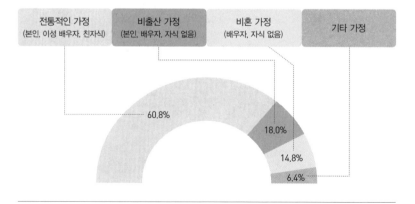

전통적인 가정 (본인, 이성 배우자, 친자식)	비출산 가정 (본인, 배우자, 자식 없음)	비혼 가정 (배우자, 자식 없음)	기타 가정
60.8%	18.0%	14.8%	6.4%

밀레니얼-Z세대 2명 중 1명은 동성애·무성애를 인정하는 태도

동성애 · 무성애에 대한 인식
(Base: 전체, n=500, Unit: Top2(5점 척도))

나에게 동성애는
단순한 성적 지향
차이일 뿐이다

51.6%

타인에게 성적 끌림을
느끼지 않는 무성애를
이해할 수 있다

45.8%

대학내일20대연구소가 2019년에 전국 만 15~34세 미혼 남녀 500명을 대상으로, 밀레니얼-Z세대의 연애와 결혼에 대해 조사했어. 만 15~34세 미혼남녀의 평균 연애 횟수는 4.7회였어. 연령별로는 만 15~18세의 평균 연애 횟수가 5.2회로 만 30~34세의 연애 횟수(5.5회) 다음으로 높았어. 만 15~18세의 연애 기간은 다른 연령보다 1개월 미만(68.3%)의 비율이 높아 비교적 짧고 많은 연애를 하는 것으로 보여.

어찌 된 것이 10대의 평균 연애 횟수가 20대보다 더 많아! 연애를 5.2회나 해봤다니! 10년이나 덜 살았는데, 연애는 더 많이 했네. 요즘 10대는 까져도 너무 까졌다.

갈수록 자기표현을 잘하는 10대가 자랑스럽구만! 툭하면 까졌대! 같은 Z세대라도 10대는 20대 선배들보다 더 솔직하고 진취적이야. 이런 현상은 장차 더 심화할 거야. 그러니 기성세대도 이제는 젊은 세대의 변화에 적응해야 해.

😊 10대의 연애질도 문제지만, 연애 기간을 보니 참 우습지도 않다. 1개월 미만이 뭐냐? 연애를 무슨 놀이처럼 가볍게 생각하고 있어. 아무리 10대의 변덕이 심하다지만, 이건 너무 하잖아.

😐 자신이든 주변 사람이든 연애 경험이 많이 없어서, 사랑하는 방법을 잘 모르니까 그럴 수도 있지! 경험이 부족하면 서툴 수 있잖아.

😊 연애하다 헤어질 수는 있어. 하지만 한 달 만에 헤어진다는 건 서로가 조금의 트러블도 극복할 의지가 없는 거라고 봐. 양보하고 협력하면서, 서로 맞춰가면서 살아야 해. 인간관계가 원래 그래. 내 편 할 대로만 살면, 연애고 결혼이고 아무것도 못 해. 아, 물론… 아빠는 10대 시기에는 연애하면 안 된다는 입장이지만!

😐 나는 10대의 연애는 그 자체로 성숙한 인간으로 성장하는 데 도움이 된다고 생각해. 연애하면서 사람을 배려와 존중으로 대하는 법을 익힐 수 있으니까! 10대 시기에는 연애하면 안 되는 게 아니라 연애를 많이 해야 더 좋다고 생각해.

😄 까진 네가 어련하시겠소!

😐 예예~ 까진 따님의 조사 결과 발표를 계속 들어보세요.
만 15~18세의 10대 후반들은 연인과 사귀게 된 방법에 있어서 다른 연령대보다 온라인의 비중이 높았어. 메신저로 만난 경우가 30.8%, SNS가 10.6%로 나타났어. 디지털에 익숙한 10대의 특성이 반영된 것으로 보여. 허용 가능한 이별 방법(복수 응답)에 있어서도 메신저도 팬

찮다는 응답이 50.0%를 보였어. 10대는 다른 연령대보다 온라인으로 관계를 정리하는 것에 대한 거부감도 작았어.

조사 대상이 밀레니얼세대와 Z세대로 한정되었는데, 그 속에서도 이 렇게 차이를 보였어. 30대에서 20대로, 20대에서 10대로, 연령이 낮아지고 해가 갈수록 연애에 대해 개방적이라는 걸 알 수 있어. 그 방식에서도 온라인을 적극 활용하고 있지.

😃 너한테는 '개방적'으로 인식되나 본데, 아빠는 '까진'으로 생각된다. 심히 가볍지 않니? 사람이 만나고 헤어지는 건 아주 큰일이야. 그런 중대사를 카톡 한 번으로 쉽게 정리하면 되겠니? 참 쉽다 쉬워! 이렇게 가볍고 철없는 10대 주제에 무슨 연애씩이나 한다고 설쳐대니. 어휴….

🙂 온라인에 대한 정서가 다른 거라고 몇 번을 얘기해! 기성세대 입장에선 온라인으로 인간관계를 맺고 끊은 경험이 많지 않으니까 이게 가벼워 보일지 몰라도 우린 결코 가볍지 않아. 우리도 만남과 이별을 중요하게 생각해. 우리에게 온라인은 오프라인과 별 차이가 없을 뿐이야. 경중(輕重)의 문제와는 하등 상관없어.

😃 아이고~ 그러셔요! 고작 1개월 만에 헤어지는 연인이 수두룩한 10대의 사랑이 결코 가볍지 않으셔요? 에라이~ 입에 침이나 바르고 거짓말해라.

🙂 아빠 마음대로 생각하세요.

연인 간 동거에 대한 조사에서는 만 25~29세가 다른 연령대보다 동거 경험이 26.3%로 가장 많았어. 전체의 67.8%는 "연인 사이에 동거는 해볼 수 있는 경험"이라고 응답했어. 절반에 가까운 49.0%는 "결혼과 동일한 법적 혜택을 받는다면, 결혼보다 동거를 택한다"라고 답했어. 전반적으로 동거에 대한 인식이 긍정적이었어. 그러나 동거 경험이 있는 배우자를 받아들이거나(38.4%), 동거 사실을 주변에 거리낌 없이 알리는 것(35.8%)에 동의하는 비율은 비교적 낮았어. 이는 동거를 부정적으로 바라보는 사회적 시선을 의식하는 것으로 보여.

😀 우리 때는 상상하기 힘든 것 중의 하나가 동거였는데, 요즘 아이들은 참 문제야.

🙂 동거가 왜 나빠? 무턱대고 결혼하는 것보다 훨씬 낫지. 연애할 때는 몰랐던 일상생활의 작은 차이가 결혼 후 다툼의 원인이 되는 일이 흔하잖아. 막상 함께 살아보면 그전에는 인식하지 못했던 수많은 차이점이 발견돼. 결혼 후에 이런 걸로 싸우고 이혼하기보다 동거를 통해 사전 점검하는 게 낫다고 생각해. 동거는 일종의 거름 장치 역할을 한다고 봐.
거기에다가 밀레니얼-Z세대는 전반적으로 얽매이는 걸 개싫어해. 자유롭게 연애하고 부담 없이 동거하며 함께 살면 그 자체로 만족해. 결혼해서 가족이라는 틀에 들어가 각종 의무 지는 것을 좋아하지 않아.

😀 가정이 무슨 감옥이야? 얽매이고, 틀에 갇힌다는 인식이 문제다.

🙂 NO! 내 인식에는 전혀 문제가 없어.

내가 진정 문제라고 생각하는 건 따로 있어. 밀레니얼-Z세대가 동거에 대한 보수적인 기성세대의 시각을 상당히 신경 쓴다는 거지. 조사 결과를 보면, 자신은 동거할 수 있다고 생각하면서도 배우자가 동거 경험이 있는 건 싫어한 사람이 많았어. 자신의 동거 사실을 주변에 알리기를 꺼리는 사람도 많았지. 꼰대들이 동거하는 연인을 하도 이상한 눈초리로 손가락질해대니까, 밀레니얼-Z세대가 위축되는 거야. 이런 것이 유럽이나 북미의 밀레니얼-Z세대와의 차이지.

😀 주변 시선도 신경 쓰며 살아야지. 자기가 살고 싶은 대로 막살면 되겠냐? 모름지기 사람에게는 체면이란 게 있어. 동거가 부모 얼굴에 먹칠하는 거라는 생각을 가져야 해.

🙂 아… 답답하네. 동거하면 체면이 상한다는 그 꽉 막힌 관점이 문제다. 도대체 그 체면은 언제 적 유물이야!

😀 됐다. 너하고 무슨 말을 하겠냐!

🙂 만 15~34세 밀레니얼-Z세대는 이성 배우자, 친자식으로 구성된 전통적인 가정을 가장 희망하는 것(60.8%)으로 나타났어. 다음으로는 자식을 낳지 않는 비출산가정(18.0%), 결혼을 하지 않는 비혼가정(14.8%) 순이었어.
한편 2순위로 희망하는 가정 유형을 물었을 때, 1순위로 비혼가정을 택한 사람의 47.3%는 차선으로 희망하는 가정이 없다고 답했어. 이들의 의지가 확고하다는 걸 알 수 있지.

😀 가정의 형태에 대한 의식에 심각한 문제가 있네. 우리 때는 가족의 구성이 부모와 자식인 경우 말고 다른 형태를 상상해보지도 못했어. 요즘 애들은 겨우 60.8%만 전통적인 가정을 희망했다니, 이걸 어떻게 받아들여야 하나! 더군다나 비출산가정이나 비혼가정을 원하는 사람도 상당수 있다니! 그렇지 않아도 출산율이 떨어져서 큰 사회문제가 되고 있는데, 이대로 가다가는 나라가 망하겠다.

😐 결혼하지 않고 자유롭게 연애하고 인생을 즐기는 삶도 좋다고 생각해. 결혼하더라도 자녀를 갖지 않고 부부끼리만 살거나, 강아지·고양이 같은 반려동물과 사는 것도 괜찮다고 봐. 동성 간 가족을 이뤄 사는 것도 좋아. 어떤 형태의 가정으로 살지 남이 왈가왈부해서는 안 돼.

조사 결과를 보면, 밀레니얼-Z세대는 동성애와 무성애에 대해 비교적 열려 있어. "나에게 동성애는 단순한 성적 지향 차이일 뿐이다"라는 물음에 51.6%가 그렇다고 답했어. "타인에게 성적 끌림을 느끼지 않는 무성애를 이해할 수 있다"에 대해서는 45.8%가 동의했어.

"희망하는 가족 구성원 중 자녀 및 반려동물의 선택(복수 응답)"을 묻는 설문에서 만 15~18세 여성의 56.9%, 만 20~24세 여성의 50.7%가 반려동물을 택했어.

밀레니얼-Z세대의 특징 중 핵심은 다양성이야. 개취존중, 싫존주의도 다양성을 기반으로 하지. 자기가 살고 싶은 대로 다양한 삶의 방식을 선택할 수 있어야 해. 부모도 이를 존중해야 해. 가족의 형태도 개취존중이야.

😐 다양성 존중이라는 그럴싸한 포장일 뿐이야. 실은 자녀 부양 의

무가 싫은 거겠지. 그동안 살면서 부모가 자기를 위해 얼마나 희생하는지 봤거든. 자신도 자녀를 낳으면 그런 희생을 해야 한다고 생각하니 엄두가 안 나는 거야. 본인은 그저 평생 자유롭게만 살고 싶은 거지. 자녀를 책임지는 건 지지리 싫거든. 이기적인 놈들! 부모한테 받을 건 다 받아놓고, 자기는 주기 싫다는 못된 심보잖아. 그래놓고 노후에 연금은 타 먹고 싶겠지. 어쩌나, 다들 자식을 안 낳으면 내 노후에 연금 비용 내줄 사람이 없는데? 아이고, 이 무책임하고 이기적인 젊은 애들아!

아빠 마음대로 상상해. 설령 아빠 말이 일부 맞다 치더라도, 근데 뭐, 뭐 어떡할 건데? 강제 결혼이라도 시킬 거야? 출산도 강제로? 그냥 내버려둬. 자기 인생 자기가 살고 싶은 대로 사는 거야. 왜 자꾸 간섭이야.

요즘 밀레니얼-Z세대를 'N포세대'라고도 불러. 연애, 결혼, 출산 세 가지를 포기한 삼포세대를 넘어, N가지를 포기한 N포세대라는 말이지. 바늘구멍 같은 취업문, 비싼 학자금, 치솟은 집값 등으로 연애도 결혼도 출산도 포기하는 젊은 세대의 아픔을 아빠가 알기나 해? 자녀를 갖고 싶지만, 현실이 된통 팍팍하단 말이야.

야! 그럼 우리 때는 사는 게 여유로워서 자녀를 몇 명이나 낳았겠냐? 응당 결혼하면 자식을 낳는 것이 순리지. 하여튼 요즘 것들은 약해빠져서… 조금만 힘들어도 징징거리며 현실을 원망하기만 해. 힘든 삶이라도 노력하고 도전해서 역경을 딛고 일어서야지. 기성세대도 다 그렇게 해서 성공한 거야.

😊 예예. 성공하셔서서 참 기쁘시겠습니다.

나는 베이비붐세대나 X세대의 삶의 방식도 존중해. 수십 년을 그 방식으로 살아왔으니 하루아침에 바꾸라는 것도 무리겠지. 다만 기성세대의 삶의 방식을 밀레니얼-Z세대에게 강요하지 않았으면 좋겠어. "내가 살아보니까", "내 나이가 ○○살인데", "네가 아직 어려서 세상살이를 잘 몰라", "네가 내 나이 되어보면 알게 될 건데", "내가 그거 해봤는데" 따위의 말 좀 그만해. 왜 자꾸 훈계질이야! 그냥 자기 편한 대로 살게 냅둬. 기성세대의 방식을 우리한테 강요하는 사람이 바로 꼰대야!

9장

디지털 성범죄,
가해자도 피해자도
Z세대

요즘 아이들은 이미 초등학교 때부터 성에 대해 웬만한 건 다 알아. 아무리 늦어도 중학생이 되면 다 알게 돼. 문제는 그 안다는 것의 주요 출처가 포르노라는 거지. 아빠 세대가 청소년이던 시절에는 음란물을 보려면 야한 잡지나 비디오테이프를 몰래 구해서 어렵게 봤어. 요즘 10대는 스마트폰이나 컴퓨터를 통해 손쉽게 포르노를 볼 수 있지. 딱히 자기가 찾아서 보지 않더라도 학교에 가면 친구들이 키득거리며 공유하고 있어.

포르노에서의 성은 현실과 달라. 심하게 과장하고 왜곡해. 다수의 포르노에서 남성은 거칠고 공격적으로 나오고, 여성은 순종적으로 그려져. 예를 들어 포르노에서는 남성이 여성의 목을 조른 채 욕설을 퍼부으며 강간하듯 섹스를 해도 여성은 기뻐하는 장면이 나와. 현실에서의 성관계는 이렇지 않아. 학대를 즐기는 여성은 없어. 포르노를 통해 처음 성을 접하는 10대의 성의식은 삐뚤어지기 십상이야.

포르노는 사전에 합의해 찍는 연출된 영상이야. 대부분의 포르노에서 주도적인 역할은 남성이 하고 있지. 그럼 왜 많은 포르노 감독들은 남성이 여성을 공격하는 폭력적인 성관계를 연출할까? 그 이유는 쉬워. 포르노는 철저히 돈을 벌기 위해 만든 영상인데, 소비자는 대부분 남성이거든. 문제는 이런 포르노를 계속 소비한 남성들이 포르노에서의 남녀 관계를 현실에서도 적용해버린다는 거야. 우리나라는 그렇지 않아도 남녀 관계가 불평등한데, 포르노가 그걸 더 심화시키고 있어. 10대 성교육에는 포르노를 비판적으로 보는 것도 포함해야 해.

또한 성관계 시 상대를 존중하는 법을 배워야 해. 상대가 원하지 않는데 억지로 하는 건 폭력이야. 10대가 성관계를 했는지 안 했는지는 중요하지 않아. 얼마나 평등한 관계에서 자유의지에 따라 했는지가 관건이야.

상업적으로 제작하는 포르노도 위험하지만, 불법 디지털 성범죄는 더더욱 문제야. 여자친구와 사이가 좋을 때 찍은 섹스 영상을 헤어진 후 인터넷에 유포하는 게 대표적이지. 몰래카메라로 성관계 영상을 찍어서 유포하는 경우도 있어. 변태 같은 사이트에서는 여자친구나 와이프의 알몸 사진을 인증샷으로 올리기도 한대.

복수심, 우월의식, 관종의식, 변태성욕이 뒤섞여서 이런 불법적인 행동을 일삼는다고 봐. 클럽 버닝썬 사건 조사 과정에서 밝혀진 남자 연예인들의 행태도 마찬가지야. 어느 유명 가수가 남자 연예인들이 있는 카카오톡 단체 대화방에 자신이 불법 촬영한 성관계 영상을 유포했잖아. 이런 나쁜 놈들 탓에 피해 여성의 삶은 끝장나.

직원 갑질 폭행 등의 혐의로 구속된 양○○ 회장은 자신이 운영하는 사이트를 통해 불법 음란물을 유통하는 데 관여했어. 피해자가 양○○ 회사 사이트에 올라온 불법 영상을 제발 삭제해달라고 부탁해오면, 앞에서는 그리하겠다고 해놓고 뒤에서는 더욱 반복적으로 올리는 비열한 짓도 했대. 더 웃긴 건 양○○ 회장이 디지털 장의사 업체도 실소유했다는 거지. 디지털 장의사 업체는 불법 촬영물로 상처받은 피해자에게 돈을 받고, 그 영상을 지워주는 일을 해. 말 그대로 병 주고 약 주고 였어. 피해자가 디지털 장의사 업체에 엄청난 돈을 주고 영상을 삭제해도 소용없어. 얼마 지나지 않아 또 어디선가 영상이 올라오거든. 때로는 '불륜 아줌마로', 때로는 '나이트 골뱅이로', 때로는 '발정 난 마누라로' 끝없이 제목이 바뀌면서 같은 영상이 올라오고 또 올라와. 이런 인간들 땜에 피해자들은 평생을 고통 속에서 살아야 하지.

😊 경찰청 디지털 성범죄 특별수사본부에 의하면, 2020년 5월 27일 기준으로 디지털 성범죄 594건 관련 664명을 검거했대. 피의자는 10대 221명(33%), 20대 274명(41%), 30대 117명(18%), 40대 38명(6%), 50대 이상 14명(2%)이었어. 경찰은 "해외 보안 SNS 등을 사용한 범죄인만큼 정보통신 기술에 익숙한 10대, 20대 피의자가 다수를 차지한다"라고 밝혔어.

피의자 중에도 10대가 많았는데, 피해자도 10대가 많았어. 경찰은 지금까지 확인된 피해자 536명 중 482명의 신상을 특정했어. 피해자는 10대가 62%인 301명으로 과반을 훌쩍 넘겼어. 이어 20대 124명(26%), 30대 39명(8%), 40대 12명(2%), 50대 이상 6명(1%) 순이었어. 그야말로 디지털 성범죄는 가해자도 피해자도 Z세대가 다수야!

😐 스마트폰이 보편화되면서 불법적인 성 콘텐츠가 급속하게 확장되고 있어. 스마트폰은 그 특성상 개인적으로 소지해. 텔레비전 같은 올드 미디어에 비해 한층 자유롭게 이용할 수 있어. 불법 영상물을 더 손쉽고 빠르게 소비할 수 있지. 사이버 성폭력이 스마트폰의 발달과 맞물리면서 통제 불능 수준의 심각한 사회문제로 대두되고 있어. n번방 사건도 스마트폰으로 유통되었잖아.

n번방 사건의 최연소 가해자는 불과 12세야! Z세대는 기성세대보다 스마트폰과 뉴 미디어에 보다 빠르고 쉽게 적응해. 불법 음란물에 대한 접근성도 더 높다는 말이지. 실제로 Z세대의 유해 미디어 경험은 해마다 꾸준히 증가하는 추세야. 특히 스마트폰으로 불법 촬영 영상물을 보는 경우가 크게 늘었어.

🙂 법 제도를 강화해야 해. n번방 사건 같은 디지털 성범죄가 발생하면 관련자를 엄벌에 처해야지. 선진국들은 대체로 성범죄에 대해 형량이 굉장히 높아. 우리는 반대지. 초범이면 초범이라고 봐주고, 술 먹었으면 술 먹었다고 봐줘. 성범죄자가 짧은 징역을 살거나 집행유예로 풀려나는 경우가 퍽 많아.

🙂 간만에 아빠랑 대화가 좀 되네. 10대 성교육이나 연애 문제도 이렇게 소통이 잘 되면 얼마나 좋아!

🙂 어~허, 우리 따님께서 또 자극하시네. 아빠도 성범죄에 대해서는 단호한 입장이야.

🙂 세계 최대의 아동 음란물 사이트를 운영한 손○○ 사건을 보면 우리나라가 성범죄자에게 얼마나 관대한지 단적으로 알 수 있어. 손 씨는 약 2년 8개월간 특정 브라우저로만 접속이 가능한 다크웹에서 '웰컴 투 비디오'라는 사이트를 운영했어. 사이트 회원들에게 아동·청소년 성착취 영상을 제공했지. 그 대가로 약 7,300회에 걸쳐 4억 원 상당의 암호화폐를 받았어. 영상 다운만 100만 건 넘게 적발됐어. 업로드된 영상은 중복자료 제외하고 25만 개 이상이었대. 미국,

영국, 독일, 한국 등 32개국이 공조 수사해서 힘들게 검거했어. 그런데 한국 법원은 1심에서는 손 씨에게 집행유예를 선고해서 풀어줬고, 2심에서 겨우 1년 6개월 징역형을 선고했을 뿐이야.

손 씨는 "이 사이트는 아동 음란물만 유통한다"라고 규칙을 정했어. '아동을 성착취하겠다'는 의지를 노골적으로 표방한 셈이지. 피해 아동 중에는 생후 6개월 아기도 있었어. 이 사이트에는 이런 갓난아기를 성폭행하는 영상뿐만 아니라 신체 일부를 훼손하는 영상까지 있대. 이런 것들을 하나의 장르로 분류해 관리했다는 거야. 와… 이따위 인간도 인간이라고 '분류'해줘야 하나!

더 충격적인 건 그의 나이야. 손 씨가 웰컴 투 비디오 사이트를 처음 운영할 때의 나이가 열아홉 살이었대. 아이고~ 열아홉 살짜리가 세계에서 가장 큰 아동 음란물 사이트를 운영하다니… 기도 안 찬다. n번방 사건도 그렇고 이 사건도 그렇고, 역시나 가해자도 피해자도 Z세대였어. Z세대에 대한 학교 성교육을 철저하게 한다면, 디지털 성범죄를 상당히 예방할 수 있다고 봐!

미국 법무부는 범죄인 인도조약에 따라 그를 미국으로 보내달라고 요구했어. 그가 미국 등 해외에서도 아동 음란물을 유통했기 때문에 미국에서도 기소되었거든. 이중 처벌 금지 원칙에 의거하여, 미국 정부는 그를 아동 성범죄자로 기소할 수는 없었어. 미국 정부는 어쩔 수 없이 다른 혐의인 범죄 수익자금 은닉 및 세탁으로 범죄인 인도 요청을 했어.

손 씨는 절체절명의 위기에 빠진 거지. 미국은 아동 성범죄자를 엄청난 중형으로 다스리거든. 비록 이중 처벌 금지로 아동 성범죄는 처벌받지 않더라도, 이른바 괘씸죄를 적용받아 중형을 선고 받을 게 불보듯 뻔했거든.

손 씨는 미국에서 재판받지 않기 위해 온갖 노력을 다했어. 그의 아버지가 청와대 게시판에 손 씨를 봐달라고 국민 청원을 올렸다가 여론의 뭇매를 맞기도 했지. 심지어 아버지가 아들을 직접 고소하면서 한국 법정에서 재판받게 해달라고 요구했어. 그의 아버지는 미국의 범죄인 인도 요청 혐의인 범죄 수익자금 은닉 관련으로 손 씨를 검찰에 고소한 거야. 얼마나 다급했으면 아버지가 아들을 의도적으로 고소했겠어. 안절부절못한 손 씨는 한국 검찰이 빨리 자신을 기소하라고 독촉했어. 그는 "현재 단계에서 검찰이 기소만 하면 한국에서 처벌받을 수 있다"라고 주장했어. 범죄자가 처벌을 못 받아서 안달 난 웃지 못할 상황이 연출됐지.

몹시 심각한 문제는 이러한 손 씨에 대해 한국 재판부가 미국으로의 송환을 불허하고 즉시 석방했다는 거야. 이 같은 한국 법원의 결정에 대해 국내는 물론이고 해외에서도 비판이 쏟아졌어.

손 씨의 미국 송환을 불허한 판사에 대해 청와대 국민 청원게시판에 비난 글이 무지 올라왔어. 그중 "손○○ 풀어준 판사의 대법관 후보 자격을 박탈하라"라는 취지의 글은 무려 52만 9,144명의 동의를 받았어. 십대여성인권센터는 "손○○에 대한 미국 송환 불허는 전 세계 디지털 성범죄자에게 '대한민국은 성착취 범죄자의 도피처'라는 인식을 심어준다"라고 밝혔어. "그동안 한국엔 몰카, 리벤지 포르노, 아동·청소년 성착취 영상물이 공공연히 유포·판매됐다"라며 "인터넷을 통해 그루밍, 성폭력·성매매 피해 등 범죄가 끊이지 않았다"라고 지적했어. "그럼에도 수사기관은 성범죄자를 찾으려는 의지가 없었고, 기소됐어도 솜방망이 처벌에 그쳤다는 점이 가장 문제"라고 질타했어.

해외의 비판도 이어졌어. 미국 《뉴욕타임즈(NYT)》는 "서울고등법원의 결정은 손○○의 미국 송환이 한국 성범죄 억제에 도움이 될 것으로 기대했던 반(反) 아동 음란물 단체들에게 커다란 실망감을 안겨줬다"라고 보도했어. 영국 BBC 방송의 서울특파원인 로라 비커는 자신의 SNS에 비판 글을 올렸어. 열흘 넘게 굶다가 배고파서 달걀 18개를 훔친 40대 남성에게 검찰이 징역 1년 6개월을 구형했다는 기사 링크를 첨부하며, "한국의 검사들은 배가 고파서 달걀 18개를 훔친 남성에게 18개월 형을 요구한다. 이것은 세계 최대 아동 음란물 사이트를 운영한 손○○와 똑같은 형량"이라고 풍자했어.

여기서 중요한 건 손 씨가 범죄혐의를 부인하지 않고 자신은 범죄자라며 빨리 기소하라고 독촉했다는 거야. 이유는 졸라 쉬워. 한국에서 재판받는 것이 미국에서 재판받는 것보다 훨씬 유리하기 때문이지. 그는 한국에서 아동 음란물 유포 혐의로 겨우 1년 6개월의 징역형을 받았잖아. 동일한 범죄에 대해 미국이었으면 어떻게 되었을까? 실례로 미국의 한 방송사 사장은 2만 6,000여 개의 아동 음란물을 소지했다는 이유로 1,000년 형을 받았어. 미국에서는 아동 음란물을 소지만 해도 이렇게 엄벌에 처하는데, 전 세계에서 가장 많이 유포한 손 씨는 어떻게 되겠어?

웰컴 투 비디오 사이트에서 아동 음란물을 단 1회 다운로드한 미국 국토안보부 직원은 징역 5년 10개월에 보호관찰 10년 형을 받았어. 이 사람은 앞으로 공무원은커녕 희망하는 직업을 갖기가 쉽지 않을 거야. 손 씨의 사이트에서 아동 음란물 2,686개를 다운로드한 또 다른 남성에겐 15년형이 선고됐어. 웰컴 투 비디오의 미국 이용자들은 이렇게 중형을 받았는데, 한국인 이용자들은 정반대야. 한국인 이용자 223명은 대부분 벌금형에 그쳤고, 대량으로 이용한 2명만 겨우 집행유예를 선고받았어. 이러고도 한국 사법부가 아동·청소년 성착취 근절 의지가 있는지 의심스러워.

😀 손 씨의 미국 송환을 거부한 서울고법 재판부의 결정문에는, "범죄인을 인도하지 않는 것이 아동·청소년 음란물 관련 범죄의 예방과 억제라는 측면에서 대한민국에 상당한 이익이 있다"라고 기재돼 있어. 손 씨는 한국에서 기껏해야 18개월 처벌받았는데, 우리나라에 어떤 상당한 이익이 있다는 건지 모르겠어.
결정문의 또 다른 페이지에서는 "대한민국이 범죄인의 신변을 확보함으로써 아동·청소년 음란물 관련 수사를 보다 적극적으로 철저히 진행할 수 있을 것이다"라고 했어. 그럼 그동안은 철저히 수사를 안 했다는 말이야? 그래서 결과가 고작 이거였어?

😊 손 씨에게 집행유예를 선고했던 1심 재판부는 신상 공개와 취업제한조차 하지 않았어. 재판부는 "취업제한 명령으로 인해 피고인이 입는 불이익의 정도와 예상되는 부작용 등을 종합적으로 고려할 때, 취업제한을 해서는 아니 되는 특별한 사정이 있다고 판단된다"라고 했어. 재판부가 밝힌 양형의 이유는 "나이가 어리고, 다른 범죄전력이 없고, 반성하고 있고, 직접 안 올린 음란물도 많다"라는 거였어. 앞서 본 경찰청의 발표에서 디지털 성범죄 피의자의 절대다수가 Z세대였어. 그럼 이 많은 범죄자는 다 감형해주겠네? 나이가 어리니까! 이러니 사이버 성범죄가 끊이질 않는 거야.
손 씨의 2심 판결문을 보면 "피고인은 아동·청소년 음란물이 경제적으로 더 이득이 될 것으로 생각… '이 사이트에 성인 음란물은 올리지 말 것'을 공지"했어. "범행 기간에 '아동·청소년의 성보호에 관한 법률'을 검색하거나 '성범죄 알림e'를 내려받는 등 범행의 위법성을 잘 알고 있었다"라고 나와 있어. 그는 일반 성인 포르노보다 아동·청소년 불법 영상물이 더 돈이 된다고 생각해서, 이것이 더 큰 범죄행위인 줄 알면서도 수년간 범죄를 저질렀다는 말이지. 이런 손 씨에 대해 우리나라 재판부는 그동안의 가벼운 처벌로도 부족해서, 미국으로의 범죄인 인도마저 거부한 거지.

만약 미국이었다면 손 씨의 판사들은 파면당했을 수도 있어.

《오마이뉴스》기사[24]를 보면, 미국 캘리포니아 주 산타클라라 카운티 상급법원의 아론 퍼스키 판사는 주민소환투표에 의해 법원에서 쫓겨났어. 6년간의 검사 경력과 5년간의 민사소송 대리, 15년간의 판사 경력이 한순간에 날아가 버렸지. 캘리포니아 사법 역사 80년 만에 처음이라는 불명예도 얻었어.

산타클라라 주민들이 아론 퍼스키 판사를 끌어낸 이유는 브록 터너라는 남성이 저지른 강간 사건에 대한 판결 때문이었어. 20세의 스탠퍼드대학교 수영 장학생이던 이 남자는 술에 취해 의식을 잃은 여성을 쓰레기통 뒤로 끌고 가 성폭행했어. 지나가던 한 학생이 신고해서, 현장에서 체포됐지. 배심원단은 브록 터너에게 유죄판결을 내렸어. 최고 14년 형을 선고받을 수 있는 결과였대. 최종 판결을 맡은 퍼스키 판사는 고작 6개월을 선고했어.

퍼스키 판사의 생각은 산타클라라 주민들의 상식과는 달랐어. 판사는 명문대에서 장학금을 받는 우등생 터너가 타인에게 위험하지 않다고 단정했어. 무거운 징역형은 학생에게 심각한 영향을 미친다고 우려했지. 초범에 대해선 구속이 아닌 다른 방법을 고려해야 할 법적이고 직업적인 책임이 있다고 말했어.

이에 산타클라라 주민들은 스탠퍼드대학교 로스쿨 교수를 주축으로 퍼스키 판사에 대한 리콜을 추진했어. 가해자 브룩 터너는 스탠퍼드 대 차원에서 퇴학 여부가 논의되자 스스로 자퇴했지. 전미 수영협회에서 제명되어 다시는 선수로도 뛸 수 없게 됐어. 퍼스키 판사는 지역 여자 고등학교 테니스 클럽 코치직에서도 쫓겨났어. 이제는 전 판사가 된 아론 퍼스키는 자신의 리콜을 추진한 단체가 청구한 소송으로 16만 1,825달러를 갚아야 하는 처지가 되었대.

미국처럼 우리도 잘못된 판결을 하는 판사를 응징할 수 있는 제도를 마련해야 해. 판결이 국민의 눈높이와 현격한 차이가 있으면 곤란해.

만약 판검사 소환 제도를 만들면 대다수의 판·검사는 격분하며 반대할 거야.

내 생각에, 고결하신 판검사님들께서는 우매한 민중은 지도 편달의 대상이라는 구시대적인 사고에 갇혀 있는 것 같아. 아마도 '어디 하찮은 국민 따위가 고상한 판사와 검사를 평가하고 소환하느냐'고 생각하겠지. 불손한 것들! 백성은 하늘이라 했거늘, 하늘 무서운 줄 모르는 오만방자한 것들 같으니라고!

그래서인지 사법기관에 대한 국민들의 불신이 굉장히 높아.

국민권익위원회에서 2019년에 행정 분야별 부패지수를 조사했는데, 검찰 교정 출입국관리 등 법무부 관련 분야에 대해 우리 국민의 52.6%가 부패하다고 응답했어. 정부의 전체 행정 분야 중 최악의 결과였지. 같은 조사에서 사회 분야별 부패지수를 보면, 사법 분야에 대해 우리 국민 69%가 부패하다고 응답했어. 이 역시 각 사회 분야 중 국회 다음으로 나쁜 결과였어.

이 부패인식도조사는 국민권익위원회가 일반 국민, 전문가, 기업인, 공무원, 외국인을 대상으로 해마다 하고 있는 거야. 해가 바뀌어도 검찰과 법무부, 법원에 대한 부패 인식 조사 결과는 거의 비슷해. 매번 하위권이지. 시대가 변해도 판사, 검사들의 오만불손한 태도는 변하지 않는다는 뜻 아닐까? 그러니까 국민들이 불신하거나 부패했다고 여기는 것 아닐까?

😀 아니면, 실제로 그들이 굵직한 부패행위를 자주 해서 다른 기관보다 더 부패했다고 판단하는 것일 수도 있지!

🙂 판사와 검사들에 대한 불신이 높으니까 '디지털 교도소' 같은 사적 응징이 나오는 거야.

2020년 5월 개설된 디지털 교도소 사이트 소개를 보면 "저희는 대한민국의 악성 범죄자에 대한 관대한 처벌에 한계를 느끼고, 이들의 신상정보를 직접 공개하여 사회적인 심판을 받게 하려 합니다"라고 나와 있어. "사법부의 솜빵망이 처벌로 인해 범죄자들은 점점 진화하며 레벨업을 거듭하고 있습니다"라며 "범죄자들이 제일 두려워하는 처벌, 즉 신상 공개를 통해 피해자들을 위로하려 합니다"라고 주장했어. 디지털 교도소는 특히 성범죄자에 대한 신상 공개에 앞장서고 있어. 디지털 교도소의 운영자는 "(성범죄) 피해자들의 고통은 평생 이어지지만 대한민국의 성범죄자들은 그 죄질에 비해 매우 짧은 기간의 징역을 살고 나면 면죄부가 주어집니다"라며 "이때까지 그 누구도 신경 쓰지 않았고, 아무도 해결해주지 않았던 온라인 지인 능욕(성범죄), 음란물 합성유포 범죄 역시 디지털 교도소가 응징"했다고 밝혔어.

디지털 교도소에는 악성 범죄자 100여 명의 신상이 공개돼 있어. 심지어 웰컴 투 비디오 사건 담당 판사의 신상도 있어. 성범죄자에게 솜방망이 처벌을 한 잘못이 있다는 거지. 이들 판사 이외에도 가벼운 선고를 한 다른 판사들의 신상도 공개되었어.

사적 응징을 하는 조직은 또 있어. n번방 사건 관련자들의 신상정보를 공개하는 텔레그램 단체 대화방 '주홍글씨'라는 곳이야. 텔레그램 자경단을 자처하는 주홍글씨는 성착취 음란물 가해자를 단죄하겠다고 밝혔어. 2019년 7월 개설된 주홍글씨는 성 착취 음란물을 제작, 구매, 관람하는 남성들을 찾아내 이름과 나이, 전화번호, 직업 등 신상정보를 공개해왔어.

😀 법원이 범죄자를 제대로 처벌하지 않으니, 사적 응징을 해서라도 강력히 처벌하겠다는 심정은 이해 돼. 나도 성범죄자에 대한 우리나라 법원의 가벼운 처벌에 불만이 많아. 그러나 법치주의 국가에서 사적 제재는 명백한 범죄행위야. 천하의 나쁜 놈이라고 하더라도 사법부가 아닌 개인이 응징하면 안 돼. 불법이야. 신상 공개도 법이 정한 기준으로, 법적 권한이 있는 국가기관이 해야 할 일이지. 민간이 함부로 신상 공개를 하면 크게 문제가 될 수 있어.

🙂 실제로 디지털 교도소 측의 실수로 피해를 본 사람이 있어. 가톨릭의대 정신건강의학과 채정호 교수는 "성착취물 구매 시도를 했다"라며 디지털 교도소에 개인정보를 공개 당했어. 채 교수가 그런 사실이 없다고 항의했지만, 디지털 교도소 운영진은 캡처된 대화 내용 등

을 공개하며 채 교수의 주장을 뭉개버렸어. 그 후 약 두 달간 채 교수는 10분에 한 번꼴로 모르는 이들의 전화를 받았고, 하루에 수백 통씩 저주와 욕설이 담긴 문자를 받았대. 《한겨레신문》 기사에 의하면, 채 교수는 "정말 가슴 아팠던 건 저한테 치료받은 환자가 잘 회복했는데 인터넷에서 이런 내용을 보고 '믿을 사람 없다'고 연락이 온 거다. 나만 죽이는 게 아니라 가족, 지인 그리고 내가 치료하는 환자들까지 죽이는 행위였다. 분명한 폭력이다"라며 분통을 터뜨렸어. 더불어 "가슴이 뛰고 그런 것을 정신과 전문의라고 해도 견딜 수 없었다. 울분장애라고 지칭할 수 있는 병이 생겼다. 불안하고 전화 올까봐 두렵고…. 불안장애, 우울증도 왔다. 정신과 의사이니 마음 다잡는데, 심장이 뛰는 걸 잡을 수 없다. 디지털 교도소 거론하면 또 심장이 1분에 100회 이상 뛴다"라며 고통을 호소했어.

채 교수는 진짜로 결백했어. 채정호 교수는 자신의 억울함을 풀기 위해 디지털 교도소 측을 명예훼손 혐의로 고소했어. 스스로 경찰에 휴대전화를 제출해서 포렌식 분석도 요구했지. 경찰의 수사 결과 채 교수의 결백이 밝혀졌어.

디지털 교도소에 갇힌 사람 중에는 채정호 교수 이외에 또 다른 피해자도 있었어. 그리고 텔레그램 자경단 주홍글씨도 억울한 피해자를 다수 양산했어. 이렇듯 민간에 의한 무분별한 사적 응징은 위험해. 무죄 추정 원칙도 훼손하고, 법치주의의 근간도 무너뜨리는 거야. 다만 이러한 사적 응징이 왜 나왔지 깊이 생각해야 해. 성범죄에 대한 사법부의 가벼운 처벌과 정부의 안일한 대처가 핵심 원인일 수 있어.

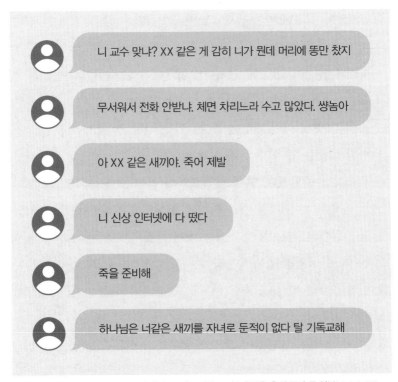

채정호 교수가 언론에 공개한 문자메시지. 모르는 사람으로부터 받은 욕설 문자 중 일부(이미지 재현)

사이버 성범죄뿐만 아니라 성폭력 전반에서 해외는 우리나라 보다 훨씬 엄격해. 미국 텍사스 주에서 3명의 소녀를 성폭행한 가해자는 4,060년 형을 받았어. 필리핀 법원은 친딸을 성폭행한 가해자에게 1만 4,400년 형을 선고했지.

이와는 반대로 우리나라는 강간범에게 무척 관대해. 법정형보다 낮은 처벌이 빈번하게 나오고 있어. 카톡으로 만난 13세 여자 어린이를 성폭행하고 휴대전화 카메라로 촬영한 20대 가해자에게 법원은 징역 6년을 선고했어. 이 경우 법정 하한형은 10년이야. 성폭행 전력이 없다는 이유로 절반 수준으로 감형해줬어. 친구의 딸인 8세 여아를 성폭행한 인면수심의 가해자에 대해서도 법원은 우리를 실망시키지 않았어. 성폭행은 무죄, 피고인이 자백한 유사성교 행위만 유죄로 인정해 고작 징역 3년 6개월을 선고했지. 이 경우는 원래 법정 하한형이 7년이야. 피고가 깊이 뉘우치고 있고 음주 상태에서 저지른 우발적인 범행임을 참작하여 감형했대. 우리나라 법정에는 주취감형(酒醉減刑)이라는 게 있어. 술에 취한 상태로 범죄를 저지르면 형벌을 줄여준다는 뜻이지. 음주에 관대한 문화가 범죄를 더 조장한다고 봐.

😊 선진국은 성범죄자에 대한 형량도 높지만, 성폭력 인식 수준도 앞서나가고 있어.

독일은 성폭력 피해자가 저항하지 않거나 저항을 포기한 사건도 강간죄를 인정해. 피해자가 두려움으로 몸이 굳어버려 저항하지 못했다면 성폭력으로 인정하지. 가해자에 대한 공포와 기타 심리적인 이유로 저항할 능력이 없었더라도 마찬가지야. 피해자가 타인의 도움을 전혀 기대할 수 없고, 가해자가 체력적으로 우월해 저항하는 것이 무의미하다고 생각한 경우도 성폭력이야.

미국도 비슷해. 피해자가 허락하지 않는 성적 접촉은 물리적 폭행이나 협박이 없어도 폭력성을 내포한 것으로 보아 성폭력으로 인정하고 있어. 미국 뉴저지 주 대법원 판결에서 "성행위에 대해 피해자가 긍정적으로, 자유로이 허락하지 않은 상태에서 이루어진 어떠한 성적 삽입도 성폭행을 구성한다"라고 했어. 동의 없이 성행위가 이루어졌다는 점만 입증되면 성폭력으로 인정되는 거지.

😀 성범죄가 발생한 후의 사법 처리도 필요하지만, 사전 예방을 위한 조치도 중요해. 가령 학교에서 정규과정으로 스마트폰을 비롯한

사이버상의 여러 문제에 대해 교육할 필요가 있어. 가정에서도 스마트폰 사용 규칙을 정해야 해. 스마트폰의 아버지쯤 되는 스티븐 잡스는 아이러니하게도 자신의 자녀들에게는 스마트폰을 주지 않았대. 자녀들이 스마트폰, 컴퓨터 같은 IT 기기를 가급적 사용하지 못 하게 했어. 너도 스마트폰 사용 시간을 좀 줄여라. 최근 들어 부쩍 많이 하더라. 고3은 공부에 집중해야 해.

🙂 아~ 또 시작하셨다. 그놈의 공부, 공부!

😄 N세대라는 말이 있어. 인터넷 제너레이션(Internet Generation)을 줄인 말로, 미국의 사회학자 돈 탭스콧(Don Tapscott)이 처음 사용한 용어야. 그는 N세대를 디지털 기술, 특히 인터넷을 아무런 불편 없이 자유자재로 활용하면서 그것이 구성하는 가상공간을 생활의 중요한 무대로 인식하고 있는 디지털적인 삶을 영위하는 세대로 규정했어. N세대는 인터넷 공간의 유해 정보도 자유롭게 검색하고 소비할 수 있어. 그뿐만 아니라 스스로 유해 정보를 제작하고 유통하는 단계에까지 이르고 있는 실정이야. 앞에서 본 웰컴 투 비디오 사건이 대표적인 사례지. 어찌 보면 사이버 성범죄는 작금의 시대에는 필연적이라고도 할 수 있어. 강력한 예방과 제재가 필요해.

🙂 역시나 Z세대가 디지털 성범죄의 가해자이자 피해자가 될 수 있다는 말이네.

😄 인터넷을 하다 보면 성적인 충동을 일으킬 만한 사진이나 글이 수시로 튀어나와. 특히 기사를 검색하면 웬 광고가 그리 많은지! 그

광고 중에는 성을 상품화하는 이미지도 꽤 많지. 청소년이 일부러 음란물 사이트에 접속하지 않아도 일상적으로 접하고 있는 거지. 이렇게 의도하지 않은 인터넷 음란물 노출은 청소년이 의도적으로 음란물에 접속하게 만들어. 인터넷 서핑을 하다 야한 장면을 보고 흥분한 청소년이 불법 영상물을 찾아서 보게 되는 거지. 뭐, 물론 이건 어른들도 마찬가지긴 해.

인터넷상의 불법 음란물에 대한 접근을 근본적으로 차단하기는 사실상 불가능해. 청소년을 양육하는 부모는 더욱이 어렵지. 부모가 자녀 인터넷 사용에 대한 올바른 습관을 길러주면 좋겠지만, 속수무책이야. 컴퓨터에 관해서는 대체로 부모의 능력이 자녀보다 낮거든. 자녀는 N세대인데, 부모는 그렇지 않잖아.

🙂 불법 음란물 접근을 근본적으로 차단하기가 어려우니까, 학교 성교육을 더욱더 철저히 해야지. 학교 성교육이 불법 음란물의 보호막이 될 수 있도록!

😊 음… 곰곰이 생각해보니 과히 틀린 말은 아니네.

🙂 오~ 웬일이래! 줄곧 반박하시더니?

😊 뭐… 인정할 건 인정해야지! 하하하.

🙂 어린 시절 성범죄에 노출됐던 사람이 충분히 치료받지 못한 채 성인이 되면 뇌 조직이 정상인보다 작아진대. 특히 이미지를 식별하는 시각 피질은 정상인보다 15% 이상 차이를 보여. 이런 뇌 조직 이상으

로 사물을 인지하는 과정에 장애가 발생할 수 있어. 성폭력 피해자는 살아가는 내내 심각한 후유증을 앓게 돼. 우울증, 대인기피증, 자살 충동, 거식증, 폭식증 등의 정신적 고통을 겪는 사람이 80%가 넘어.

다른 폭력도 나쁘지만, 성폭력은 한 사람의 삶 전체를 무너뜨릴 수 있는 최악의 범죄야. 해외 사례처럼 우리나라도 성폭력에 대한 형량을 대폭 늘리고, 사회 전반의 인식 개선이 필요해.

꼰대 아재가 된 내가,
까진 10대였던 나를 마주한다면…

나는 중학교 2학년 때 희미한 깨달음을 얻었다. '희미하다'는 것은 당시에는 아직 명확하게 정리하지 못했다는 의미다. 감히 '깨달음'이라고 칭한 이유는 40대 중반의 지금까지도 그것이 내 삶의 목표이자, 좌우명이자, 호(號)이기 때문이다.

소사(笑死) 정승호 '웃으며 죽을 수 있는 삶'

나는 중학교 2학년까지는 비교적 착하게 살았다. 우리 집안사람들은 워낙 법 없이도 살 사람들이었다. 착한 사람들에게 둘러싸여 있다 보니, 어렸을 때는 본격적으로 반항하지 못했다. 그들은 지금도 여전하다. 내가 만난 수많은 사람 중에 착하기로는 손가락에 꼽힌다.

인간의 근본을 속일 수는 없는 법. 나는 그들과는 달랐다. 법 없이도 살 수 있는 사람이 아니었던 나는 매사에 반항했다. 엄마는 내가 성인이 된 후에 "다섯 자식이 다 니 같았으면 나는 제 명에 못 살았을 끼다. 어이구, 이 만 빌어묵을 손아~" 같은 말을 자주 하셨다. 인정한다. 변명하자면, 내 '깨달음' 때문이다. (아… 물론 내가 반항적이고, 싸가지 없고, 괴짜인 것은 기본으로 깐다.)

중학교 2학년 때 독서실에 다녔다. 그 시절 10대에게 독서실은 일종의 유행이었다. 공부를 잘하거나 못하거나 다들 독서실에 다녔다. 깨달음은 바로 그 독서실에서 내게 찾아왔다. 낮이었으니 아마도 일요일이었을 테다. 하필 그때 독서실에는 아무도 없었다. 감성 풍부한 10대가 딴생각하기 딱 좋은 타이밍이다. 순간, 창가에서 햇빛 한 줄기가 내 책상을 내리쳤다. 고개를 돌려 창문을 봤다. 살짝 눈이 부셨다. 그때, 번개같이 어떤 생각이 스쳐 지나갔다. '내가 지금 왜 이러고 있지?' 허무함이 물밀듯 밀려왔다.

'지금 독서실에서 열심히 공부해서 뭐 하지? 중학생이니까 공부를 계속하면 인문계 고등학교 가는 거고, 고등학교에 가서도 지금처럼 열심히 공부하면 대학교에 가겠지. 대학을 졸업하면 취직할 테고, 그 후에는 남들처럼 결혼하겠지. 그러면 아이가 태어날 테고! 우리 엄마가 그랬듯 나도 최선을 다해 내 자녀를 키우겠지. 시간이 흘러 내 자식이 결혼할 때쯤, 나를 돌아보면 이제는 늙었겠지. 늙으면 그 다음은… 아… 곧 죽겠구나. 죽는다. 죽다. 아… 아… 어차피 죽을 텐데, 내가 지금 왜 이러고 있지?'

'어차피 죽는다'는 공허한 생각에 빠져 있다가 퍼뜩 정신이 들었다. '이렇게 살면 안 되겠다. 앞으로 학교 선생님이 시키는 대로 인생을 살면 안 되겠다. 엄마가 원하는 삶을 살아서는 안 되겠다. 그렇게 살았다간 죽을 때, 삶을 후회하고 공허함만 남겠다.' 그때부터 시작된 생각이 바로 소사(笑死)였다. 죽음을 맞이한 순간에 지난 삶을 반추했을 때, 이만하면 잘 살았다며 웃을 수 있는 삶을 살자. 물론 당시에는 희미했다. 지금처럼 정확한 어휘로 표현하지 못했다. 그저 주어진 대로 사는 건 안 된다고 생각했다. 엄마나 선생님이 원하는 삶이 아닌 나의 삶을 살아야 한다고 생각했다. 먼 미래가 아니라, 지금 당장 내가 살고 싶은 삶을 살아야 한다고 생각했다. 그 길로 학교 공부를 작파하고 사회 공부를 시작하고 싶었다. 싶었다… 싶었다…는 말은 하지 못했다는 말은 아니다. 원하는 만큼 실행에 옮기지는 못했다 정도라고 자기합리화해본다.

아직 많은 것이 서툰 나는 전교조 선생님을 만나는 게 소원이었다. 마치 전태일 열사가 대학생 친구를 갈망했던 것처럼! 하지만 내 인생에 그런 선생은 없었다. 가정방문을 핑계로 대놓고 촌지를 받는 선생, 어린 남자아이를 외진 곳에 불러 매서운 눈초리와 근엄한 목소리로 "차렷"을 외친 후 아랫도리를 벗겨서 성기를 만지는 남자 선생,* 교단부터 교실 끝까지 마치 복싱하듯이 몰아붙이며 끝없이 뺨을 때리는 선생, 모든 교사가 다 있는 교무회의 시간 직전에 교무실에서 "애비 없는 호로새끼"라고 욕하며 주먹과 발로 온몸을 구타하는 선생. 내가 12년간 만난 학교 선생이라는 인간들 중에는 이런 부류가 많았다. 요즘 같았으면 학교에 경찰이 출동할 일이다. 지금 10대가 들으면 전체 교사 중 소수의 극단적으로 나쁜 인간이겠거니 할 수도 있겠다. 내 경험에서 이들은 소수가 아니다. 학교는 인성의 전당이 아니라 폭력이 난무하는 정글이었다.

국민학교 6학년 때 담임은 요즘 말로 꼰대였다. 경청은커녕 귀가 없

---

* 40대 중반의 어느 날 무심코 국민학교 졸업 앨범을 뒤적였다. 그 인간을 봤다. 비열한 웃음을 보이는 얼굴. 앨범 속 표정과 그날 그 순간의 표정이 어쩌면 이리도 닮았을까! 저절로 내 입에서 욕이 튀어나왔다. 30년도 넘게 지났지만, 그날의 기억이 아직도 생생하다. 그 공간, 그 표정, 그 목소리, 그 손길, 그 체온, 그 웃음소리….

는 수준이었다. 자기주장만 옳았다. 학생의 말은 듣지 않았다. 아, 정정! 가난한 집 학생의 말은 듣지 않았다. 내가 다닌 국민학교의 전교 어린이회장은 부잣집(그냥 부잣집이 아닌 어마어마한 부잣집) 아들이었다. 그 녀석이 부잣집 아들이라는 것 말고 전교 어린이회장으로 (선출이 아닌) 임명된 이유를 알 수 없다. 증거는 없으니, 나의 열등의식에 의한 음모론으로 치부해도 좋다. 내가 듣기에 전교 어린이회장의 어투는 어눌했다. 그의 어버버대는 말을 듣던 선생들은 발표력이 뛰어나다고 칭찬했다. 쓰다 보니 열등의식이 맞는 것 같다. 그만하고 다시 꼰대 담임 이야기로 돌아가자! 꼰대가 시험 문제로 '단군이 건국한 나라의 이름은?'이라는 주관식 문제를 냈다. 나는 마침 단군 신화 책을 읽은 지 얼마 지나지 않았기에 정확한 답을 알고 있었다. 조선. 자신 있게 답을 썼다. 얼마 후 채점 결과에 X 표시가 돼 있었다. 담임 꼰대가 착각하고 잘못 채점한 것이 확실하다고 생각했기에, 용기 내서 시험지를 들고 교단으로 갔다.* 다리가 후들거리고 목소리가 절로 떨렸다.

"선생님예~ 이거 맞는데, 틀렸다고 하셨는데예."

"인마, 단군이 세운 나라가 고조선이지, 조선이가? 니는 국민학교 6학년이 되가 이 정도도 모르나?"

(일단, 이 타이밍에서 이미 꿀밤 2대를 맞았다.)

"아닌데예. 단군이 세운 나라는 조선이 맞는데예. 단군이 건국하면서 나라 이름을 조선이라고 정했는데, 후대에 이성계가 또 다른 조선

---

* 성적 정정 요구는 내 평생 이때가 처음이자 마지막이었다. 대학 때 D를 받아도 선생님께 "F가 아니라서 감사하다"는 인사를 하러 갔었다. 툭하면 교수 연구실에 찾아가서 서관모 선생님, 허석렬 선생님과 즐거운 이야기를 나눴었다. 교수 연구실에서 내가 담배를 피워도 전혀 뭐라고 하지 않는 개방적이고 인자한 분들이셨다. 10대 시절 그토록 만나고 싶었던 스승을 20대 들어서 만났다. 이제는 두 분 모두 정년퇴임을 하셔서 가끔 모교에 가도 교수 연구실은 갈 일이 없다. 문득 그 시절이 그립다.

을 건국한 건데예. 후대 사람들 입장에서는 둘 다 조선이니까, 구분하기 위해 앞의 조선을 '고조선'이라고 부른 거잖아예."

(지금 생각해도 내가 영특하다. 국민학교 6학년이 역사를 이렇게도 정확히 알고 있다니!)

"이 새끼가 뭐라캐쌌노! 헛소리 작작 해라. 인마 손바닥 대"

그날 손바닥을 한 10대쯤 맞았던 것 같다. 40여 년 살면서 억울한 일이 여러 번 있었는데, 이날은 못 잡아도 베스트 5에 들어간다. 내가 만약 담임선생이었다면, 이렇게 말했을 것이다.

'와~ 승호 니 대단하네. 그렇게 자세한 역사를 어찌 알았노? 이런 거는 교과서에도 안 나오는데, 무슨 책을 읽었노? 니는 역사에 관심이 참 많은 갑네. 그래, 앞으로도 이렇게 역사 공부 잘 해래이~'

최소한 이 정도의 칭찬은 해줬어야 했다. 그가 진정한 어른이라면! 그런데 헐… 손바닥 회초리라니!

이때 학교 공부를 완전히 작파했어야 했는데, 법 없이도 살 수 있는 가족들 탓에 그럴 수도 없었다. 특히 엄마가 나를 붙잡았다. 멋진 말로 나를 설득한 적은 한 번도 없지만, 늘 자신의 삶으로 모든 것을 말했다. 아버지가 국민학교 2학년 때 돌아가신 후, 지금의 내 나이보다 젊었던 엄마는 홀로 구멍가게를 하며 우리 오 남매를 모두 대학교까지 졸업시켰다. 연탄보일러와 몹시 좁은 재래식 공동화장실을 쓰는 오지게 가난한 집이었지만, 엄마는 술을 마시며 신세 한탄하는 일도 없었다. 그저 묵묵히 일만 하셨다. 엄마의 구멍가게는 1년 365일 중 설 추석 당일 딱 2일만 쉬었다. 아침 일찍 문을 열어 밤 12시 넘어서까지 혼자 일했다. 당시 엄마는 인근에 있는 구멍가게인 만물상회를 부러워했다. "하이고~ 나는 만물상회가 제일 부럽데이~ 저그는 부부가 교대로 가게를 한다 아이가. 나는 어데 화장실 갈 시간도 없데이~ 이 쫍은 데서 지져버레이~" 엄마가 없었다면, 내 결심은 더 빠르고 강했을 것이다. '학교를 자퇴하고 내 인생을 살겠다.' 10대 시절 내 머리에 맴돌았던 이 생각을 나는 반만 실천했다. 애비 없는 호로새끼라 욕하는 담임선생 밑에서 학교에 다니되, 내 인생을 사는 방식으로!

내 인생을 살기 위한 여러 방편 중에 방송부를 빼놓을 수 없다. 학교에서 방송부 생활을 했다. 남들처럼 그저 써클 활동 수준이 아니었다. 방송실에서 보내는 시간이 썩 길었다. 수업 중에도 땡땡이치고 방송실에 가서 음악을 듣고 영화를 보고 책을 읽을 때가 많았다. 점심 시간에는 학교 전체에 방송도 했으므로 당연히 방송실에서 시간을 보냈다. 우리 기수 중 내가 유일한 아나운서라서 다수의 방송을 내가 진행했다.

왜 금지인지 이해할 수는 없으나, 학교 선생들은 방송 중에 헤비메탈이나 록 음악을 내보내면 안 된다고 했다. 그렇다고 틀고 싶은 음악을 틀지 않을 내가 아니었다. 본 조비, 헬로윈, 메탈리카, 레드 제플린, 시나위 등을 내보냈다. 하루는 on air 켜진 방송실 문을 박차고 교감이 들어와서는 큰 목소리로 쌍욕을 해댔다. 교감의 목소리는 마이크를 타고 전교에 퍼졌다. 곧이어 나는 귀싸대기를 맞았다. 교감이 믹서기 전원케이블을 뽑아버리고 방송실을 나갔다. 한동안 정적이 흘렀다. 이를 악물고 나는 다시 음악을 틀었다. 더 시끄러운 헤비메탈 음악을 골랐다. 아! 물론 방송실 문은 잠갔다. 또 쳐들어올지도 모르니, 교감이 문을 강제로 못 열도록 후배들에게 문을 밀고 있으라고 했다. 기도 안 차는 건, 레드 제플린 'Stairway To Heaven'을 틀면 앞부분까지는 교감이 쳐들어오지 않는다는 거다.* 이들은 록 음악을 싫어하는 게 아니라 그저 '데시벨 높은 소리'를 싫어하는 것이었다.

부산지역 고등학생 협의회(부고협)라는 단체의 활동을 경배하며, 방송부 연합도 만들고 싶었다. 결심하면 실천한다. 전단지를 만들어서 부산지역 모든 학교 방송부에게 제안서를 보냈다. 수백 개의 학교에 우편을 다 보냈으니 되게 양이 많았다. 예문여고 방송부가 꼰질렀다. 나는 교무실에서 교감에게 온갖 욕설과 함께 뺨을 맞았다. 교감은 내게 이유도 묻지 않았다. 학생이 공부나 할 것이지 무슨 연합체를 만드느냐고 쌍욕만 해댔다. 시작도 하기 전에 나는 불온 단체의 괴수로 낙인찍혔다.

고등학교 2학년 2학기 기말고사 치는 당일 아침에 방송제 대본을 쓴 일도 있었다. 기말고사가 끝나면 연이어 방송제를 하는 일정이었기에 대본은 발등의 불이었다. 당시 나는 방송제 7개 프로그램 중 1학년들끼리만 하는 특집 프로그램을 제외한 모든 프로그램의 출연 및 연출을 맡았다. 당연히 대본도 대부분 내가 써야 했다. 나에게 기말고사는 크게 중요하지 않았다. 한 치의 망설임도 없이 기말고사 당일 아침에 대본을 열심히 쓰고 있었다. 담임이 봤다. 그날도 어김없이 나는 애비 없는 호로새끼가 되어 무차별 구타를 당했다. 시험 당일 아침에 방송제 대본을 쓰는 것이 왜 잘못된 행동인지는, 그때나 지금이나 알 수 없다. 담임은 나를 교무실로 끌고 갔다. 전교의 교사가 다 있는 앞에서 손목시계를 풀었다. 평소 자신은 국문학 박사학위자로 교양인이라며 으쓱대던 담임은 가히 문학적 멘트와 함께 무하마드 알

---

* 참고로 'Stairway To Heaven'의 앞부분은 비교적 조용하다. 혹시 못 들어본 분은 꼭 들어보시라. 요즘 말로 감수성을 젖어놓는 음악이다.

리로 변신했다. "이 애비 없는 호로새끼야! 정신 못 차리지. 니가 애비 없는 티를 꼭 내는구나!" 샌드백이 되어 정신을 잃을 정도로 맞았을 즈음, 어떤 선생이 마치 KO 당한 선수를 보호하는 심판처럼 국문학 박사님께 몸을 던지며 말렸다. 학생과 이○○ 선생님이었다. 이○○ 선생님은 평소 학생과 선생으로서의 본분에 충실한 분이셨다. 바리깡을 들고 다니며 머리카락이 3cm 이상 긴 학생의 머리에 고속도로를 내셨다. 매일 아침 교문에 서서 지각하거나 두발 및 복장이 불량한 학생을 잡으셨다. 물론 그 학생들은 빳다를 맞거나 오리걸음으로 운동장을 돌아야 했다. 불시에 교실에 쳐들어와서는 학생들의 가방과 책상을 털기도 했다. 담배나 야한 잡지 등이 나오는 친구들은 어김없이 빳다 신세를 면치 못했다. 그런 이○○ 선생님이 담임을 말린 것이다. 이윽고 상담실로 데리고 갔다. 나를 상담실 소파에 앉힌 이○○ 선생님이 불쑥 담배를 내밀었다.

"피아라. 개안타. 니 담배 피는 거 다 안다. 한 대 피고 잊아뻬아라. 살다 보면 별일이 다 있는 법이다. 너그 선생님도 평소에는 그런 사람이 아닌데, 오늘따라 뭐가 좀 안 좋은 일이 있는 갑다. 우짜겠노! 오늘 마~ 운 없는 날이라 생각하고 그냥 잊아뻬아라."

눈물, 콧물 다 흘리며 담배를 피웠다. (이 글을 쓰는 지금 이 순간에도 그날의 기억이 떠올라 눈물, 콧물 범벅이다. 부러, 딥 퍼플 Highway Star를 크게 틀고 방문을 잠그고 글 쓰는 중이다.) 학생들은 이○○ 선생님이 지리 과목 선생이고 학생과라서 '쥐돌이'라고 불렀다. 나는 더는 그를 쥐돌이라고 부르지 않았다. 그날의 담배 한 개비를 잊을 수 없다. 억수로 감사하다.

체벌에도 계급(?)이 있다. 똑같은 잘못을 하더라도, 구타당하는 계급의 학생과 구타당하지 않는 계급의 학생이 있다. 내가 다닌 고등학교에서는 제2외국어를 독어와 불어 중 선택할 수 있었다. 대부분의 학생이 독어를 선택했으므로, 불어를 선택한 학생은 제2외국어 수업 시간이 되면 불어 교실로 이동해야 했다. 내 친구 두 명이 불어 교실 가는 길에 매점에 들렀다. 배가 고파 라면을 사 먹었다. (그 시절에는 하루 4끼 이상은 먹었다. 그래도 살이 안 쪘었다. 부럽다.) 수업 시간 종이 울렸고, 두 녀석은 흡입하다시피 라면을 먹고 허겁지겁 교실로 갔다. 늦었다. 이미 불어 선생이 교실에 와 있었다.

"이 새끼들이 장난치나. 수업 시간 종 쳤는데 이제야 교실로 쳐들어 와! 이 씨팔 새끼들이 죽고 싶나. 일로와!"

두 녀석은 귀싸대기를 된통 맞았다. 차례로 맞고 자리에 앉았는데, 또 다른 학생이 불어 선생 앞에 섰다. 늦게 들어온 학생이 한 명 더 있었던 것이다. 바로 내가 다닌 국민학교의 전교 어린이회장님이었다. 드디어 부잣집 도련님에게도 귀싸대기 맞을 순간이 온 것이다.

두둥~!

불어 선생은 그 친구를 가만히 쳐다보더니 이렇게 말했다.

"어… 니는… 보자… 착하게 생겼네. 공부 잘하겠네. 들어가!"

엥? 뭐야? 그게 끝이었다. 귀싸대기는커녕 욕지거리도 안 듣고, 도리어 칭찬을 들었다. 착하게 생겼다니! 공부 잘하겠다니! 그 친구는 아무 일 없었다는 듯 자연스럽게 자리에 앉았다. 불어 선생은 그 친구의 집안에 대해 잘 알고 있었다. 아, 불어 선생만이 아니라 모든 선생이 다 알았다. 그 친구는 그냥 부잣집이 아닌 슈퍼 울트라 부잣집 자식이었으니까!

이제 와 생각해보니, 부잣집 도련님에게는 너무나 익숙한 상황이었을지도 모르겠다. 일상적으로 맞는 것에 익숙한 우리. 일상적으로 존중받는 그. 이렇듯 계급은 사람의 일상을 차별했고, 존중의 개념을 바꿨으며, 길들여지기를 강요했다.

내 친구들은 아직도 그날의 기억이 생생하다.

"그 개새끼! 불어 선생, 그거 인간 아이데이. 씨바 존나 억울하다."

불어 선생은 한때 우리의 안줏거리였다. 부잣집 도련님도 찌개다시 (쓰키다시의 부산식 표현) 안주로 함께 올라오곤 했다.

"우리가 매점에서 라면 묵을 때, 글마도 옆 테이블에서 라면 묵었 거든. 내가 딱 봤단 말이다. 와… 씨바! 똑같이 라면 묵고, 똑같이 늦 게 들어갔는데… 존나 짜증 난다."

그렇지 않아도 가난이 서러웠는데, 체벌에도 계급이 있었으니 내 친구들은 억울할 만했다. 게다가 여기는 학교였다. 학교는 인성교육을 하는 곳이랬는데, 현실은 언제나 실망스러웠다. (참고로 불어 선생에게 귀싸대기 맞은 친구들은 아이러니하게도 지금 고등학교에서 역사 선생, 국 어 선생을 하고 있다. 반면교사 했는지, 좋은 선생으로 산다.)

요즘은 체벌이 금지됐지만, 그때는 일상이었다. 안 맞은 날이 어색 할 지경이었다. '학교폭력'(학생에 의한 학교폭력이 아닌 선생에 의한 학교 폭력)의 이유도 가지각색이었다. 심지어 학교 올 때 걸어서 오지 않고 버스 타고 온다는 이유로도 때렸다. 중학교 1학년 담임의 별명은 '한 박사'였다. 박사 학위를 취득한 사람은 아니고 학교 폭력의 박사라서 한박사라고 불렸던 것 아닌가 추정한다. 한박사는 과장법 하나도 안 쓰고 정말 매일 학생들을 때렸다. 당시 내가 다닌 중학교는 산에 있었 다. 우리 집에서 걸어서 한 30분쯤 되는 거리였다. 만 12세 중학생이 매일 걸어가기에는 직사하게 멀고 높았다. 아랑곳하지 않고, 한박사 는 버스 타고 등교하면 때렸다. 나도 몇 번 걸려서 빳다를 맞았는데,

그때는 억울한지도 몰랐다. 선생이 때리면 그냥 맞아야 하는 건 줄 알았다. 글씨 삐뚤빼뚤하게 쓴다고 빳다 치고, 수업 시간에 졸았다고 싸대기 날리고, 준비물 안 챙겨왔다고 엎드려뻗치고, 세수 안 해서 눈곱 끼었다고 대가리 때리고, 멍하니 있었다고 꿀밤을 날렸다. 폭력의 생활화였다.*

당시에는 선생들에 의한 학교폭력을 훈육 목적의 체벌이라고 포장했지만, 사실 체벌도 아니었다. 공식적으로 허용된 합법적 폭행이었다. 선생이라는 이름으로 10대를 성추행하고, 폭행하고, 온갖 쌍욕을 해도 정당한 것으로 간주되었다. 그나마 몽둥이로 때리는 선생은 좋은 선생이었다. 주먹, 발, 손바닥, 팔꿈치, 무릎 등으로 무차별 폭행하는 작자들이 많던 시절이었기 때문이다. 이렇게 비인간적인 폭력(? 아… 물론 인간적인 폭력은 존재하지 않는다.)이 일상인 시절이었으니, 각목 같은 몽둥이로 허벅지를 때리는 선생은 쿨하고 젠틀하다고 착각했다. 고3 때 친구와 화장실에서 담배를 피우다가 어떤 젊은 선생에게 들켰는데, 그 선생은 우리에게 이렇게 제안했다.

"너그들 빳다 몇 대 맞고 끝낼래? 아니면 학생주임 선생님께 갈래?"

학교에서 맨날 맞는 게 일상이었던 우리는 그 선생이 정말 고마웠다. 당연히 우리의 선택은 빳다 몇 대였고, 그 자리에서 바로 엎드려뻗친 채로 맞았다. 빳다를 다 맞고 벌떡 일어서서 머리를 조아리며 "선생님 감사합니다"라고 외쳤다. 요즘 같았으면 뉴스에 나올 수도 있는 일인데, 그때는 진심으로 고마웠다. 그렇게 그는 쿨하고 젠틀한 선

---

* 이듬해 한박사는 죽었다. 자기가 얼마나 술을 잘 마시는지 백번도 넘게 자랑하더니, 결국 간암으로 죽었다. 나름 감수성 여린 나였지만, 하나도 슬프지 않았다.
　그해 나는 한박사가 소속되었던 극단의 연극 공연을 봤다. 내 생애 첫 연극은 한박사의 극단 동료들이 만든 〈막차 탄 동기동창〉이라는 작품이었다. 후술하겠지만, 연극은 내 인생을 바꿨다.

생이 되었다.

우리 엄마가 가정방문을 온 나의 담임선생을 만났을 때, 없는 형편에도 돈봉투를 건네면서 이렇게 말씀하셨다.

"선생님, 우짜든가 우리 승호 마이 때려주이소~ 아아는 마이 맞아야, 똑바로 큰다 아입니꺼. 우짜든가 마이 때려주이소~"

자식을 많이 때려달라는 우리 엄마의 부탁은 사실 우리 엄마만의 부탁이 아니었다. 그 시절 달동네 사는 많은 부모가 학교 선생에게 하는 부탁이었다. 학교폭력은 곧 훈육의 효과적인 수단으로 인식되던 시절이었다. 생계에 바빠 아이를 돌볼 시간이 없던 그 시절 부모들은 공공연하게 선생들에게 학교 폭력을 주문했다. 그렇게 학교는 정글이 되었다.

주어진 삶이 아닌 내가 주체가 되는 삶을 살고 싶었지만, 쉽지 않았다. 방황하는 별처럼 살다가 운명처럼 연극을 만났다. 연극배우의 삶은 달라 보였다. 드디어 웃으면서 죽을 수 있는 일을 찾았다고 생각했다. 무작정 연극 공연장을 찾아갔다. 마침 우리 동네에 가마골 소극장이라는 당시 유명한 연극 공연장이 있었다. 거기만 가면 연극배우가 될 수 있다고 생각했다. 학교를 마치자마자 가방을 메고 터질 것 같은 심장을 겨우 진정시키며 소극장에 들어갔다. 돼지와 오토바이라는 공연을 시작하기 전이었다. 책가방 멘 까까머리 10대가 이상하게 보였는지 입구에서 매표하는 아저씨가 물었다.

"니 누고? 여는 왜 왔노?"

"아… 저는 정승호라고 하는데예. 연극배우가 될라고 왔는데예."

"여기는 공연장인데?"

"예?"

"연극배우가 되고 싶으면 극단을 찾아가야지."

"아… 그럼 극단은 어디 있는데예?"

"오늘 공연하는 극단은 '부산레파토리시스템'이라는 곳인데, 들어 본 적 있나?"

"모르는데예."

"하… 그러면… 우짜꼬… 음… 일단 여기서 오늘 오는 손님들한테 표를 팔아라."

인터넷도 없던 시절이라 정보를 어디서 찾아야 할지 몰랐다. 여하간 그날 바로 표를 팔았고, 다음 날부터 남포동에 나가 공연 전단지를 돌리고 포스트를 붙였다. 허드렛일이었지만 즐거웠다. 학교에서는 느끼지 못했던 쾌감이 있었다. 연극은 내게 해방구였다.

학교 안에서 전교조 선생님을 만나지는 못했지만, 연극을 통해 학교 밖에서 인생의 스승을 여럿 만났다. 연극판에서 시다바리 생활을 이어가다 '청소년 극단'을 알게 되었다. 이제 막 창단한 청소년 극단에 1기 단원으로 들어갔다. 극단의 모토가 마음에 들었다.

'건강한 청소년 문화는 청소년 스스로의 힘으로!'

'건전한'이 아니고 '건강한'이라고 했다. 건전하다는 건 권력자들의 불순한 의도가 숨어 있는 이데올로기라고 했다. 지배층이 원하는 방식으로 민중을 지배하기 위해 만들어낸 논리라는 것이다. '청소년 스스로의 힘으로' 청소년의 문화를 만들어야 한다고 했다. 어른들이 만들어주거나 요구하는 청소년 문화가 아니라, 청소년 스스로가 자주적이고 주체적으로 자신들의 문화를 만들어나가야 한다는 것이다. 급기야 기존 질서에 반기를 들어야 한다고 했다.

당시 극단의 어떤 선생님이 나를 따로 국제시장의 모처로 불렀다. 밥을 먹고 차를 마시는 내내 '시대'에 대한 이야기를 하셨다. 때로는

10대인 내게 술과 담배를 권하며 '인생'을 논하셨다. 필터를 제거한 담배를 내게 건네며 "담배의 순수한 맛 그대로를 느껴보라"라고 하셨다. "필터 같은 보호막 없이 맨몸으로 싸워 이길 힘을 길러야 한다"라고 했다. 어떤 선생님은 '변화의 가능성'을 믿는다고 하셨다. 기울어지고 왜곡된 이 세상도 언젠가는 변할 거라고 하셨다.

연극에 대한 내 관심이 사회로 옮겨붙었다. 그때부터 닥치는 대로 '사회'에 대한 책을 읽었다. 내 인생의 방향타가 크게 꺾였다. 10대 후반의 어느 날, 이름을 고쳤다. 채의수(囍意壽). 사람 이름 채, 뜻 의, 목숨 수. 뜻한 바를 목숨과 같이 여기는 사람. 예명이었지만 본명처럼 대했다. 처음 만난 사람에게 내 소개를 할 때 본명은 생략한 채 예명으로만 말했다. 연극 공연 포스트와 팸플릿에도 예명을 넣었다. 대학교에 가서도 예명으로만 소개했다. 다른 과 친구 중에는 내 예명이 본명인 줄 아는 이도 종종 있었다. 대학 때 총학생회장을 했는데, 본명으로 나온 포스트를 보고 의아해하며 연락해온 친구도 있었다. 교수님도 가끔 나를 예명으로 불렀다. 10대 후반부터 20대 내내 예명으로 살았다. 그 시절 만났던 사람 중에는 아직도 나를 예명으로 부르거나 기억하는 사람이 많다. '채의수'는 '소사(笑死)'의 10대, 20대 버전이다. 웃으며 죽을 수 있는 사람이 되기 위해서는 내가 뜻한 바를 목숨과 같이 여기며 강고한 실천을 해야 한다고 생각했다. 사회에 대한 변화의 가능성을 믿으며, 결의에 가득 찬 과격한 시절이었다. 비록 서툴고 거칠었지만, 그 시절의 뜨거운 심장이 너무나도 그립다.

20대와 30대를 관통하면서 나는 '사회'에 온몸을 불태웠다. 10대 때 내가 희미하게 느끼고 갈망했던 그 무언가를 실천으로 옮겼다. 지금 당장 행복한 삶, 웃으며 죽을 수 있는 삶을 위해 노력했다. 더 나

아가, 나 혼자 행복한 삶이 아닌 다 함께 행복해지는 삶을 위해 노력했다. 중학교 2학년 때 얻은 '희미한' 깨달음을 점점 선명하게 느꼈다. 비로소 '소사 정승호, 웃으며 죽을 수 있는 삶'을 명확한 워딩으로 말할 수 있게 되었다. 변화의 가능성을 믿으며 세상의 변화를 위해 기꺼이 이 한 몸 바쳤다.

시간이 흘렀다. 이제 40대 중반이 되었다. 흘러간 시간과 함께 깨달음은 다시 흐려졌다. 인생을 내내 모 아니면 도로 살았던 혈기왕성한 '채의수'는 어느덧 사라졌다. 배가 나오고, 정신은 물러졌다. 그나마 '소사'라도 겨우 움켜쥐고 발버둥 치는 것으로 자기 위안하고 있다.

요즘 꼰대라는 말이 유행이다. 그 유형을 찾다 보니 가슴이 뜨끔거렸다. 10대의 뜨거운 심장으로 인생을 살고 싶었으나, 꼰대의 옹색한 머리로 살고 있는 듯하다. 10대의 내가 지금의 나를 만난다면, '인간아 정신 차려. 왜 이렇게 갑갑한 사람이 되어버렸어'라고 욕할 것 같다. 글을 쓰는 내내 지금의 10대에게 미안하다고 말하고 싶었다. 내가 10대 때 느꼈던 가슴 속 응어리진 그 무언가를 지금의 10대에게서도 느낄 수 있었다. 그러면서도 자꾸만 '아빠'의 꼰대 말씀에 머리가 끄덕여졌다. 경청이라는 핑계로 '아빠'의 말씀에 귀를 기울여, 그 생각도 일리가 있다며 회색을 선택하고 있는지도 모른다. 아직 내 심장은 뜨거운데, 아니 뜨겁고 싶은데, 시나브로 차가운 기성의 논리에 순응하는 나를 발견한다.

우리 나이로 15살은 통상 중학교 2학년이다. 그들은 언젠가부터 '중2병'이라는 질병을 가진 환자로 규정당하여 보호와 치료와 관리의 대상이 되었다. (물론 중2만이 아니라 모든 10대는 근대 이후 언제나 보호와 치료와 관리의 대상이었다.) 중2병 논리에 익숙한 기성세대가 나의 중2 시절의 '깨달음'을 들으면 비웃는 경우가 많다. 사춘기 설익은 방황으로 평가절하하고 외면한다. 그렇지만 기성세대 모두는 과거에 15살이었다. 지금은 까먹었을지 모르겠으나, 그들의 15살은 중2병 환자가 아니었다. 제 나름은 진지하고 소중한 삶의 어느 한 지점이었다. 누가 감히 '진지하고 소중한 삶'에 조소를 보낼 수 있단 말인가! 이제 우리 기성세대는 자신의 10대 시절을 떠올려야 한다. 추억으로 끝내지 말고, 10대 시절의 어느 한 지점으로 타임머신을 타고 돌아가야 한다. 과거를 기억하기가 어렵다면 낡은 앨범이라도 뒤적여라. 10대 시절의 사진을 보며, 그 때 내가 고민했던 삶에 대해 곱씹어라. 깊은 성찰 후에 다시 현재로 돌아와 나와 가장 가까이 있는 지금의 10대와 대화해야 한다. 그러면 그들이 더는 환자가 아니라는 걸 깨달을 것이다.

내가 겪었던 선생에 의한 학교 폭력은 상당히 개선되었지만, 작금의 10대에게 있어 꼰대들의 억압은 여전하다. 형식만 달라졌을 뿐 본질은 같다. 10대에게 가하는 억압을 걷어내야 한다. 그것이 성과 관련된 것이든, 입시와 관련된 것이든, 미래의 직업과 관련된 것이든! 억압속에 자란 10대에게 희망을 기대하기 어렵다. '나도 당했으니 너도 당해봐라' 혹은 '나도 견뎠으니 너도 견뎌내라'는 논리는 불행을 연장할 뿐이다. 누군가는 그 억압의 연결고리를 끊어내야 한다. 기성을 살아가는 우리는 10대였던 나를 만나야 한다. 10대인 나를 가슴 깊이 안아주어야 한다. 10대인 내가 토로하는 고민을 진지하게 들어야 한다. 기성의 논리가 아닌 10대인 나의 입장을 이해하기 위해 노력해야 한다. 그 후, 지금의 10대를 마주해야 한다. 꼰대가 아닌 10대인 나의 입장으로 지금의 10대와 만나야 한다. 당신이 그랬듯, 아름다운 방황을 하는 별들은 언제나 우리 곁에 있다. 별을 바라보는 마음으로 10대를 보아야 한다. 현재의 10대를 '까진' 10대가 아닌 '아름다운' 10대로 바라보는, '꼰대' 기성세대가 아닌 '아름다운' 기성세대가 필요하다.

뱀발(蛇足) - 왼발

작가 소개에 나오는 '방황하는 별', '꿈꾸는 별', '불타는 별'은 극작가 윤대성의 별 시리즈에서 따온 것이다. 윤대성의 「방황하는 별들」(1985), 「꿈꾸는 별들」(1986), 「불타는 별들」(1989)은 10대의 고뇌와 희망을 그린 작품으로 당시 청소년들에게 초대형 인기를 끌었다. 그 이후에도 오랜 세월 앙코르 공연이 이어졌다. 이른바 청소년 연극의 고전이라고 할 수 있다. 이 책이 10대의 목소리를 담았기에 부러 인용했다.

윤대성의 수많은 히트작 중 「출세기」(1974)라는 작품도 있다. 출세기 주인공의 이름이 '김창호'인데, 이 책의 아빠 이름도 김창호이다. 김창호는 정승호 작가가 10대 시절 처음으로 연극 공연을 했을 때 맡았던 배역이다.

출세기 작품에서 김창호는 본래 순박한 광부였다. 우연한 계기로 자본과 매스미디어의 주목을 받게 된다. 일약 유명인사가 된 김창호는 자본의 꿀맛에 취해 방탕한 생활을 이어간다. 시간이 흘러 상품가치가 없어진 김창호는 냉혹한 자본과 미디어의 세계에서 버림받는다. 윤대성은 "이 작품은 매스컴의 역기능을 주제로 하여 매스컴에 의해 조작되는 인기, 그 인기에 영합하는 대중, 그로 인해 파멸되어 가는 인간성에 초점을 맞춰 집필했다"라고 밝혔다.

자본의 논리에 휘둘리지 않는 '자유로운 인간들의 공동체'를 희망한다. 인간성이 상실되지 않는 사회를 꿈꾼다.

뱀발(蛇足) — 오른발

이 책은 본래 두 부분으로 나누어 기획하였다. 1부에서는 부모와 자녀(혹은 보수와 진보)의 갈등과 대립을 다루고, 2부에서는 가족 간(혹은 세대 간) 화합과 치유를 다뤘다. 초고를 완성한 후 다시 살펴보니, 분량도 대단히 많았고 내용상으로도 약간의 이질감이 있었다. 역시나 세상일은 생각한 대로 되지 않나 보다. 결국 각각의 책으로 시차를 두고 출판하기로 했다. 가족 간, 세대 간, 이념 간 갈등으로 골치 아픈 사람에게는 곧이어 나올 2권을 추천한다.

참고자료

1 위키백과, https://commons.wikimedia.org/wiki/File:Shakespeare_grave_-
   Stratford-upon-Avon_-3June2007.jpg

2 정세준 외 2명, 〈청소년 성교육 이대로 좋은가?〉, 《경남도민일보》, 2019,
   http://www.idomin.com/news/articleView.html?idxno=594042

3 2015년 국가 수준 학교 성교육 표준안 전달 연수 자료.

4 조영주·김동식·남궁윤영·이혜경, 「청소년 성교육 수요조사 연구: 중학생을
   중심으로」, 한국여성정책연구원, 2018.

5 이보라 외 4명, 〈성교육, 이젠 젠더교육이다〉, 《경향신문》 기획보도(연재 6회,
   기사 13건), 2019.

6 황정임 외 4명, 「청소년성문화센터 운영실태와 발전방안」, 한국여성정책연구
   원, 2017, 104-105.

7 facebook.com/byongwook.kim/posts/3079929618722617

8 http://www.yes24.com/campaign/KidsImpression/viewkids.aspx?
   qChild_Mem_Id=jaeyun127&qChild_Mem_Nm=%bf%ec%c1%d8%
   c7%f5&qReport_seq_no=322746

9 최윤정 외 5명, 「해외 국가의 초중등 성평등교육 연구」, 한국여성정책연구
   원, 2018.

10 황정임 외 4명, 「청소년성문화센터 운영실태와 발전방안」, 한국여성정책연구
   원, 2017, 158-160.

11 유튜브(Carolyn Nichols 채널) 영상에서 장면 갈무리, https://youtu.be/QLP_ y8ZakoE

12 질병관리청 국가건강정보포털, 피임, https://health.cdc.go.kr/healthinfo/ biz/health/gnrlzHealthInfo/gnrlzHealthInfo/gnrlzHealthInfoView.do

13 제19대 국회 교육문화체육관광위원회 320회 회의록, 2013년 국정감사, p. 7.

14 정해숙 외 2명, 「학생 미혼모 학습권 보장 방안」, 한국여성정책연구원, 2014, 123-131.

15 신학용 국회의원실, 2013.

16 김현수 외 6명, 「학교생활에서 학생의 인권보장 실태조사」, 국가인권위원회, 2016.

17 이영선 외 6명(한국청소년상담복지개발원 상담 연구지원팀), 「이성교제 관련 상담 사례 동향 분석」, 청소년의 사랑 '감춰진 10대의 이성교제' 청소년 상담 문제보고서, 2013.

18 이병련, 「독일 김나지움 졸업시험 아비투어(Abitur)의 역사시험 문제」, 《역사 와 담론》 62, 2012, 139-181.

19 이재흔·송혜윤. 「1934세대의 라이프스타일 및 가치관 조사」, 대학내일20대 연구소, 2018, https://www.20slab.org/archives/27205

20 이재흔·이은재. 「세대별 가치관 비교 조사」, 대학내일20대연구소, 2020, https://www.20slab.org/archives/37633

21 송혜윤·이은재. 「2020 세대별 워킹 트렌드」, 대학내일20대연구소, 2020, https://www.20slab.org/archives/37654

22 호영성 외 3명, 2019 세대별 워킹 트렌드, 대학내일20대연구소, 2019, https:// www.20slab.org/Archives/33214

23 정은미 외 3명, 「밀레니얼-Z세대의 연애와 결혼에 대한 실태 및 인식 조사」, 대학내일20대연구소, 2019, https://www.20slab.org/Archives/32555

24 최현정, 〈"빌어먹을 S코리아, 손○○ 보내라" 미국민들 이유 있는 분노〉, 《오 마이뉴스》, 2020, http://omn.kr/1o9cc

요즘 10대

초판 인쇄 | 2021년 1월 13일
초판 발행 | 2021년 1월 20일

지은이 정승호
펴낸이 최종기
펴낸곳 좁쌀한알
디자인 제이알컴
신고번호 제2015-000058호
주소 경기도 고양시 일산동구 장항로 139-19
전화 070-7794-4872
E-mail dunamu1@gmail.com

ⓒ 정승호, 2021

ISBN 979-11-89459-10-9 03330

판매·공급 | 한스컨텐츠㈜
전화 | 031-927-9279
팩스 | 02-2179-8103